国际中文教育课程思政研究丛书
本书受北京市重点建设一流专业（来华留学生汉语言专业）项目资助

国际中文本科教育课程思政案例

主 编 张 浩

北京理工大学出版社
BEIJING INSTITUTE OF TECHNOLOGY PRESS

版权专有　侵权必究

图书在版编目（CIP）数据

国际中文本科教育课程思政案例 / 张浩主编. --北京：北京理工大学出版社，2023.1

ISBN 978-7-5763-2054-1

Ⅰ.①国… Ⅱ.①张… Ⅲ.①高等学校-思想政治教育-教案（教育）-中国 Ⅳ.①G641

中国国家版本馆 CIP 数据核字（2023）第 008692 号

出版发行 / 北京理工大学出版社有限责任公司	
社　　址 / 北京市海淀区中关村南大街 5 号	
邮　　编 / 100081	
电　　话 / （010）68914775（总编室）	
（010）82562903（教材售后服务热线）	
（010）68944723（其他图书服务热线）	
网　　址 / http：//www.bitpress.com.cn	
经　　销 / 全国各地新华书店	
印　　刷 / 三河市华骏印务包装有限公司	
开　　本 / 787 毫米×1092 毫米　1/16	
印　　张 / 17.75	责任编辑 / 徐艳君
字　　数 / 365 千字	文案编辑 / 徐艳君
版　　次 / 2023 年 1 月第 1 版　2023 年 1 月第 1 次印刷	责任校对 / 周瑞红
定　　价 / 99.00 元	责任印制 / 施胜娟

图书出现印装质量问题，请拨打售后服务热线，本社负责调换

前　言

为了全面贯彻党的教育方针，落实立德树人根本任务，全国高校大力开展课程思政建设，取得了丰硕成果。来华留学生教育是我国高等院校人才培养的重要组成部分，推进课程思政建设，实施课程思政教学改革，同样是来华留学生教育工作的一项重要内容。由于文化习俗、法律制度、宗教信仰等方面的差异，面向来华留学生的课程思政教育有其特殊性，面临不少困难和挑战。目前，全国各高校对来华留学生课程思政工作高度重视，进行了大量卓有成效的探索和实践。

北京语言大学汉语学院主要承担来华留学生的汉语言专业和国际中文教育专业的本科学历教育，是中华人民共和国最早从事来华留学生汉语专业学历教育的教学机构，累计为世界170多个国家和地区培养了7000余名汉语人才，现有在校本科留学生近千名。学院拥有一支数量大、素质高，专门从事汉语言专业、国际中文教育专业本科学历教育和国际中文教育专业研究生教育的教学团队，曾经荣获"北京市优秀教学团队""国家级优秀教学团队"称号。团队教师专业背景完整、教学经验丰富、科研能力强，专职从事汉语教学工作。在长期的国际中文教育教学实践中，学院一向高度重视面向留学生的课程思政建设，立足于学院学科优势和特色，坚持以学生为中心。以培养知华、友华、爱华，具有国际视野和跨文化交际能力的国际汉语人才为目标，以课程思政建设推动专业建设和课程建设，紧抓教师队伍"主力军"、课程建设"主战场"、课堂教学"主渠道"。根据2020年教育部印发的《高等学校课程思政建设指导纲要》，针对不同专业、不同课程的特点和课程教学内容，积极组织开展课程教学大纲修订工作，明确课程思政培养目标，深入挖掘课程思政资源，优化教学内容，选择合适的教学方法，将思政元素融入专业知识课程体系，构建全员、全程、全课程的育人格局，充分发挥课堂教学育人主渠道的作用，讲好中国故事，传播好中国声音，实现知识教育、能力培养与价值引领的有机结合。经过长期不懈的探索和实践，汉语学院师生对课程思政的认识不断提升，实践逐步深入，研究持续深化，陆续打造出了一批课程思政精品示范课和课程思政教学名师。

本套丛书包括《国际中文本科教育课程思政指南》《国际中文本科教育课程思政案例》及《国际中文本科教育课程思政研究》。

《国际中文本科教育课程思政指南》阐述了国际中文教育专业课程思政的教学理念与教学原则、课程思政的八个维度及其诠释、教学评价原则与标准，收录了留学生国际中文教育专业20门课程的思政课程指南，包括11门专业类课程和9门文化类课程。根据国际中文教育专业的特色优势和育人目标，结合多年教学实践和积累，思政指南从课程任务和教学目标、课程基本内容及要求、课程思政教学设计等方面，为课程思政真正落实于教学提供了可资借鉴的参考。

《国际中文本科教育课程思政案例》收录了留学生国际中文教育专业 25 篇课程思政案例，涵盖了初、中、高不同层次的各类课程。这些案例结合课程特点，确立课程的思政教学目标，深度挖掘提炼课程中所蕴含的思政元素，将教学目标、情感目标、价值目标结合起来，使思想价值引领贯穿于教学过程的各个环节，具有较强的系统性和可操作性。

《国际中文本科教育课程思政研究》收录了留学生国际中文教育课程思政研究论文 21 篇，有对课程思政的理论研究，也有对教学实践的探索，以及教学设计分析，对于课程思政的教学理念、教学原则、路径方法等方面进行了深入探讨，对课程思政教学实践和教学设计的做法进行了总结分析，为推进课程思政建设提供了重要的理论基础和实践经验。

本套丛书是北京语言大学汉语学院师生们几年来在国际中文教育专业教学中的有益探索，是留学生思政课程建设的阶段成果，是在国际中文教育专业课程思政建设征程上迈出的第一步，希望可以为其他高校的留学生国际中文教育专业课程思政建设工作提供参考和借鉴。

本套丛书受北京市重点建设一流专业（来华留学生汉语言专业）项目资助，是该项目的基础研究成果之一。由于编写时间仓促，书中难免有不够严谨之处，敬请广大读者批评指正，我们将在今后的教学与研究中不断加以完善，也期待抛砖引玉，同国际中文教学的各位专家学者一道继续探究来华留学生课程思政教学规律，全面推进体系化、规范化建设，将来华留学生课程思政教学引向深入。

张 浩

2022 年 9 月

目 录

上篇 绪论

中篇 专业类课程思政设计案例

现代汉语语音——《塞擦音声母》 ………………………………………………（015）
现代汉语词汇——《词的感情色彩》 ……………………………………………（022）
新闻语言基础——《伦敦书展的"中国风"》 …………………………………（029）
新闻语言基础——《杨欣：可可西里的环保斗士》 ……………………………（038）
新闻语言基础——《英国女孩眼里的春节》 ……………………………………（047）
汉语新闻阅读——《智慧交通，改变的不只是出行方式》 ……………………（055）
当代中国经济——《居民生活及其保障》 ………………………………………（065）
日汉翻译基础——《日语被动句的汉译》 ………………………………………（074）
英汉翻译实践——《Head Injuries》 ……………………………………………（082）
英汉翻译实践——《Save the Library》 …………………………………………（091）
高级英汉翻译实践——《Things You can Do to Help the Environment》 ………（100）
高级英汉翻译实践——《LVMH Reports Strong Sales》 ………………………（113）

下篇 语言文化类课程思政设计案例

初级汉语综合课——《女儿的婚礼》 ……………………………………………（125）
高级汉语综合课——《鹤》 ………………………………………………………（138）
高级汉语综合课——《现代技术的危险何在？》 ………………………………（149）
高级汉语综合课——《茶馆》 ……………………………………………………（156）
中级汉语口语课——和睦家庭 ……………………………………………………（163）

新闻视听——气候 ……………………………………………………………（171）
初级汉语阅读课——《中国的春节》 …………………………………………（187）
初级汉语阅读课——《中国的茶文化》 ………………………………………（197）
中国文化基础——《长城》 ……………………………………………………（207）
文化专题讨论——《三字经》 …………………………………………………（219）
中国国情——《环境保护》 ……………………………………………………（228）
当代中国话题——《家庭是社会的细胞》 ……………………………………（236）
当代中国话题——《什么是真正的财富》 ……………………………………（252）
走进中国：中国国情和社会——《中国的民主政治》 ………………………（267）

上篇
绪论

党的十八大以来，以习近平同志为核心的党中央高度重视高校思想政治工作。2016年，习近平总书记在全国高校思想政治工作会议上强调"把思想政治工作贯穿教育教学全过程，开创我国高等教育事业发展新局面"，提出"要利用好课堂教学这个主渠道，思想政治理论课要坚持在改进中加强，提升思想政治教育亲和力和针对性，其他各门课程都要守好一段渠、种好责任田，使各类课程与政治理论课同向同行，形成协同效应"①。习近平总书记的讲话为高校全面推进高校课程思政建设、落实立德树人的根本任务指明了方向和路径。2020年教育部等八部门提出《关于加快构建高校思想政治工作体系的意见》，将高等院校课程思政从工作要求转化为实际措施落地。在专业课程中全面深入地开展课程思政建设，围绕"培养什么人，如何培养人，为谁培养人"这一教育的根本问题，把立德树人作为中心环节，将思想政治工作贯穿于高等学校教育教学的全过程，赋予专业课程以更广阔的育人视野和更鲜明的价值引领责任，深入推动专业教育与思政教育的紧密融合，是新时代广大高校教师的重要使命。

作为我国高等院校人才培养的重要组成部分，在来华留学生教育中实施课程思政教学改革，提高人才培养质量，是当前来华留学教育工作的重点。由于来华留学生文化背景差异大，以往在对来华留学生的教学中，较为注重语言知识的传授和专业技能的培养，对于思政方面的关注和研究较少。因此，当前高校国际学生课程思政建设相对薄弱，课程思政教学缺乏系统性和规范性。在国际学生培养中，如何通过专业教学以"润物细无声"的方式实现价值观念的传递，使专业技能培养目标和思政育人有机结合，实现专业能力培养与认知能力提升协同并进，是高校国际学生课程思政教育研究的一个重要课题。

一、留学生国际中文教育课程思政建设的必要性

国际中文教育经过几十年的探索和实践，形成了较为成熟和完善的教学体系、教学内容和教学方法，培养了大量高素质的国际化人才。新的历史时期对国际中文教育提出了新的要求。在留学生国际中文教育专业教学中实施课程思政，既能适应新时代国家战略和教育发展的新形势和新要求，也是实现专业培养目标的必由之路，是更新教育理念、推进教育教学改革的新路径。

（一）适应新时代国家战略和教育发展的新形势和新要求

实施来华留学生课程思政是依据全国教育大会精神，落实立德树人根本任务，全面贯彻党的教育方针，实现国家战略目标，服务中国总体外交大局的必然要求。教育部明确指出，向世界推广汉语，传播中华民族的优秀文化，增进中国和世界各国人民的相互了解和

---

① 新华网 http://www.xinhuanet.com/politics/2016-12/08/c_1120082577.htm.

友谊，培养更多的对华友好人士，扩大中国与世界各国的经济、文化、语言等各方面的交流与合作，对提高汉语在国际上的影响力具有重要的战略意义。2017 年 2 月，中共中央、国务院印发的《关于加强和改进新形势下高校思想政治工作的意见》中提出，坚持全员全过程全方位育人。高校要落实立德树人的教育目标，发挥思想政治教育的三全育人功能。国际中文教育作为我国高校教育的重要组成部分，是向留学生展示中国教育和中国形象的平台，也应紧紧围绕"培养什么样的人、如何培养人以及为谁培养人"这一根本问题，开展来华留学教育和课程思政，在国际学生的"拔节孕穗期"加强引导，培养一批"知华、友华、爱华"、专业扎实且具备卓越汉语言能力与人文素养的复合型优秀国际人才。

（二）实现专业培养目标的必由之路

留学生国际中文教育专业以培养具备从事汉语教学能力及从事中国文化交流与传播能力的汉语人才为目标，承担着传播中华优秀文化的重要使命。与中国学生相比，留学生来自世界各地，他们的价值观、世界观、人生观受自身教育背景、成长环境和国家制度等的影响，更具复杂性，因此除了专业知识教育，让他们全方位了解中国、认识中国并认同中国文化是来华留学生教育的核心目标，而针对来华留学生的思想政治教育是实现上述目标的根本途径。在国际中文教育专业教学中，一方面要通过课程学习和技能训练让留学生获得扎实丰富的专业知识以及语言交际等能力；另一方面，还要让学生了解并理解中国的传统文化和现当代中国国情及发展状况，用潜移默化的方式对留学生的意志品质、心理健康等方面产生积极、正面、有效的引导和促进作用。

（三）更新教育理念、推进教育教学改革的需要

课程思政是一种综合教育理念，在以"立德树人"作为教育根本任务的前提下，要求在各类课程中有目的、有计划地将思政内容有机地融入整个教学过程中，构建起全员、全程、全课程育人的格局，使每门课程与思想政治理论课同向同行，形成协同效应。课程思政强调实现知识传授、价值塑造和能力培养的多元统一，在教学中应更加注重学生的素质教育和能力培养。以往由于各种因素的影响，在教学中三者常常被割裂开来，各自为政，因此从某种意义上来说，实施课程思政可以达到使这三者重新统一的目的。在国际中文教育专业的教学中，不仅要让学生掌握流利的汉语和专业知识，提高汉语交际能力，还应该思考如何更好地将课堂打造成讲好中国故事、传播中国声音的渠道，充分利用好来华留学生这一连接中外的桥梁，向世界展示更加立体、更加真实、更加全面的中国。为了实现这一目的，在教学中应广泛采用启发式讲授、互动式交流、探究式讨论等多样融合的思政教学方法，充分发挥学生的主体地位，使留学生在潜移默化中自然地接受中华优秀文化的熏陶与教育。

二、留学生国际中文教育课程思政建设的路径选择

2020年教育部印发《高等学校课程思政建设指导纲要》,明确要求在所有高校、所有学科专业全面推进课程思政建设,指出要结合专业特点分类推进课程思政建设,并对课程思政建设的目标要求、内容重点等进行了细化和指导。留学生国际中文教育专业的各类课程中蕴含着丰富的思政元素,如何将思政元素有机融入专业课程体系,充分发挥好每门课程的立德树人作用,实现知识教育、能力培养与价值引领的有机结合,是国际中文教育专业课程思政建设面临的一个重要课题。

(一) 提升教师对于课程思政的认识和开展课程思政的能力

习近平总书记指出:"建设政治素质过硬、业务能力精湛、育人水平高超的高素质教师队伍是大学建设的基础性工作。"作为课程思政的施教主体,教师的理论高度、知识水平和道德素养,直接影响着课程思想教育教学的成效。《高等学校课程思政建设指导纲要》中明确指出:"全面推进课程思政教育创新建设,教师是关键。要推动广大教师进一步强化育人意识,找准育人角度,提升育人能力,确保课程思政建设落地落实、见功见效。"切实加强教师队伍建设,打造一支跨学科的具有较强思政能力的教师队伍,是课程思政建设和实施的重要保障。强化教师育人的思想自觉,完善师德师风教育养成机制,突出"课程思政"育人质量在教师职业能力中的核心地位。充分发挥教研室、教学团队等基层教学组织的作用,建立课程思政集体教研制度,明确教师在课程思政教学中需要完成的任务和教学方法。搭建课程思政建设交流平台,组织专业课教师通过参加讲座、现场教学观摩、教师教学培训、进修等形式,提升理论水平。不断充实师资力量,吸收马克思主义理论专业的思政教师加入教学团队,以指导课程思政目标的实现,并担任有关章节的教学任务。

(二) 全面修订培养方案和教学大纲

围绕"立德树人"根本任务,深入贯彻落实习近平总书记关于教育的重要论述和全国教育大会精神,全面修订留学生国际中文教育专业培养方案和课程大纲,明确专业人才培养的知识目标、价值目标和能力目标,突出具有汉语教学能力及中国文化交流与传播能力的国际传播人才培养特色。将课程思政落实到课程教学大纲,实现课程全覆盖。细化教学目标,在课程大纲中增加价值塑造目标,做到知识传授、能力培养和价值塑造三位一体。根据本专业的特色和优势,深度挖掘提炼专业知识体系中所蕴含的思想价值和精神内涵,构建符合留学生特点和专业要求的课程思政教学体系,发挥好每门课程的"立德树人"作用。

(三) 编写修订留学生国际中文教育课程思政教材

作为课堂教学活动的三大基本要素之一，教材是教学内容的载体，也是完成教学任务的依据，在教学中的地位极为重要。为了更好地实施课程思政，编写体现思政理念、融入思政内容的教材，是一项意义重大且极富挑战性的工作。新教材以"立德树人"为指导思想，以服务国家发展战略作为根本落脚点，突出国际中文教育和文化传播的人才培养特色。在专业课教材编写中，融入思政相关内容，大力宣传弘扬中华优秀文化和价值观，将专业知识传授、能力培养和价值塑造相统一，体现教材的育人功能。为了使留学生更客观全面地了解、理解当代中国，结合习近平新时代中国特色社会主义思想，教材中汇入了更多的时代性元素，增加了中国基本国策和时事政治教育内容，可以帮助留学生更好地了解新时代中国治国理政的思路，成为真懂中国、知华友华的国际化人才。教材根据留学生特点，创新教材形态，做到内容多元呈现，在教学中可以充分地调动留学生的兴趣。在出版传统纸质教材的同时，开发知识点视频、MOOC教学视频、案例库等数字教学资源，建立具有专业特色的课程思政内容资源库，收集思政教学资源，使教材的内容多元化，从而让使用教材的教师可以充分利用配套课程资源，实现翻转课堂与混合式教学，使用教材的留学生也可利用上述资源，实现自主学习，为教师实施课程思政改革和留学生自主学习提供方便。

(四) 全方位打造一批课程思政精品课

课程是人才培养的核心要素，是课程思政建设的基本载体和主要阵地。目前，面向留学生的国际中文教育课程思政还处于起步和探索阶段，集中优势力量，强化专业特色，打造一批具有推广价值的高质量课程思政精品课，在留学生的国际中文教育课程思政建设中可以起到引领示范作用。从国际中文教育专业各门课程的教学内容和特点出发，准确把握知识传授和价值引导的关系，充分认识各类课程所蕴含的思政育人价值，精心做好各章节的课程思政教学设计，深入提炼和挖掘课程中所蕴含的思政教育元素和所承载的思政教育功能，使思政教育有机地融入相关章节之中；明确讲授的重点，调整和充实各门课程的教学内容，在课程思政建设、方案制订、课堂教学中实现知识传授、能力培养和价值育人的有机统一，形成协同效应。教学中，在把握留学生的特点和发展需求的基础上，整合教学资源，创新教学方法，切实提高课程思政育人能力。

(五) 完善实施课程思政教学改革的体制机制

课程思政建设是一个系统工程，涉及教师、学生、教材、课程、质量评估、保障机制等多种因素，需要多方参与、协同联动。建立科学有效的评价激励机制，建立健全相关的规章制度，对于课程思政建设具有重要的导向作用。目前，很多高校设立了课程思政教改专项，将课程思政纳入学校教育教学改革项目，为课程思政工作的开展提供资助和保障。人才培养效果是课程思政建设评价的首要标准，除了通过检查课程标准、教案、教学大纲和组织课程思政教学大赛、随堂听课等方式来考核课程思政的效果，还要注重从留学生的角度来评价课程思政的效果，确保来华留学生教育课程思政的育人成效经得起检验。

（六）丰富课程思政实施载体

构建"第一课堂"与"第二课堂"深度融合的育人模式，以教师讲授、案例分析、学生讨论等形式将思想政治元素融入第一课堂，以参观体验、调查访谈、社会实践以及学科竞赛等形式将思想政治元素融入第二课堂。通过实践活动，一方面培养和锻炼留学生的综合创新能力、自主学习能力、团队精神和合作意识等，另一方面使留学生近距离真切感受中国的变化发展和巨大成就，加深对于中国社会的了解，引导留学生理解和认同中国特色社会主义道路和核心价值观，达到"立德树人"的总体教育目标。

三、课程思政教学设计的原则

来华留学生国际中文教育专业，面对的情况与中国学生课堂有所不同，如果照搬国内大学生的课程思政，往往达不到预期的效果。因此，在课程思政教学设计中，必须坚持适合本专业特点和要求的原则。

（一）循序渐进原则

国际中文教育专业的留学生，具有不同的文化背景和成长环境，他们的语言水平也各不相同。因此，在课程思政教学设计时必须尊重教育对象的个体化和差异性，因材施教，绝不能搞"满堂灌""一刀切"。要循序渐进，选取与留学生的内在需求和语言水平相契合的思政元素，按照认知顺序由浅入深、由表及里地进行教学。对于低年级汉语水平较低的来华留学生，思政教学的重点在于帮助他们了解真实的中国国情并快速适应在华生活。对于高年级留学生的课程思政教学，不但要帮助他们全面了解中国国情、制度政策和社会的发展变化，而且还要引导他们了解中国发展背后的深层逻辑，结合其自身的文化背景和经历，从国际视角理解中国，寻找不同文化中共同的理念，站在人类命运共同体的立场去分析和探讨相关问题，从而实现由学习语言技能到传播中华文化的重要转变。

（二）显性与隐性教育相结合的原则

习近平总书记在全国高校思想政治工作会议上强调："好的思想政治工作应该像盐，但不能光吃盐，最好的方式是将盐溶解到各种食物中自然而然吸收。"与单独开设的思政课不同，课程思政的核心特点是隐性教育，思政元素以隐性的形式渗透在专业课程中，思政元素与该课程固有的知识和技能有机融合，通过课堂教学由隐而显，强调润物无声的效果。国际中文教育专业的课程以专业知识和语言文化类课程为主，价值塑造应当融入教学知识传授和能力培养过程中，使留学生在理解的基础上，进一步加深对中华文化的理解和认同，从而实现立德育人的教学目的，切忌生硬地向留学生灌输道理。

（三）创新性原则

课程思政是一种综合教育理念，在以"立德树人"作为教育根本任务的前提下，有目的、有计划地将思政内容有机融入整个教学过程中。在来华留学生国际中文教育专业的语言文化类和专业类课程教学中融入思政内容，更需要创新思维。一方面充分利用现代教育信息技术，以加强价值引领、着重培养留学生创新意识和实践能力为目标，构建基于网络课程资源和智慧化教育的教学平台，激发留学生的学习兴趣，引导留学生深入思考。另一方面，无论是专业课还是语言文化课的教学，都强调以留学生素质教育和能力培养为中心，通过启发式讲授、互动式交流、探究式讨论等多样融合的思政教学方法，在师生共同参与、问题导向、理性探究、情感体验、多维感知的课堂氛围中，充分发挥留学生的主体地位，使留学生在潜移默化中自然接受中华优秀文化的熏陶与教育。

（四）理论与实践相结合的原则

课程思政的内容并不仅仅局限于课堂教学过程中，因此一定要充分利用好第二课堂，促进课堂内外联动，实现全方位育人目标。"纸上得来终觉浅，绝知此事要躬行。"研究表明，一个人的知识80%是由亲身体验得到的。理论知识枯燥抽象，通过亲身体验与尝试往往更易理解和掌握，理论知识要同实践相结合，才能取得最佳效果。在思政设计中除了课堂教学环节，还要在课堂之外多创造机会，组织适当的教学实践活动，让留学生近距离地真切感受中国的发展和进步，加深对中国社会的了解，提升对中国的认同度。各类课程还可结合自身特点组织教学实践大赛、英汉笔译大赛、影视剧配音竞赛等，在理论与实践相结合的过程中实现育人的"知行合一"。

（五）共性与个性相结合的原则

任何事物的发展都是共性与个性的结合。课程思政教学设计，也应遵循共性与个性相结合的原则，在立德树人核心育人理念指导下，结合专业课专业知识的内容与课程特点，进行个性化设计，做到有的放矢、因课施策。《高等学校课程思政建设指导纲要》中指出，要深入梳理专业课教学内容，结合不同课程特点、思维方法和价值理念，深入挖掘课程思政元素。文学、历史、哲学课程要在课程教学中，加强中华优秀传统文化教育，让学生深入理解中华优秀传统文化的核心要义，丰富其文化素养。在国情与社会类课程中，展示当代中国社会、经济、文化、教育等各方面的情况,只有全方位的了解,才能让留学生更深刻、更透彻地理解中国,从而认同中国文化和中国制度。在教学技能、教学理论等课程教学中,注重加强师德师风教育,引导留学生树立学为人师、行为世范的职业理想,培育其规范从教的职业操守。

四、留学生国际中文教育课程思政教学设计的步骤和方法

教学设计是课程思政的重点。没有好的教学设计,课程思政就会成为无源之水、无本之木。在进行教学设计时,应结合课程思政的内涵和要求,从教学内容、教学方法和教学过程等方面精心设计,将思政元素有机地融入课程教学中,努力实现知识传授、能力培养和价值引领的有机统一。

(一) 确立思政教学目标

在各门课程的课程思政教学设计过程中,首先要确立课程的思政教学目标,将课程的教学目标、情感目标、价值目标结合起来。坚定习近平新时代中国特色社会主义思想的指导地位,围绕中华优秀传统文化、当代中国国情与社会、时事热点、大国外交、人类命运共同体等方面选取案例素材,与课程内容有机地融合,寓价值观引导于知识传授、能力培养之中,使目标清晰明确,符合课程标准,体现学科素养。当代中国经济课程是经贸方向选修课,主要向外国留学生全面系统讲授当代中国经济发展历程,使留学生从宏观层面了解中国经济制度由确立社会主义基本经济制度和社会主义分配制度到实施社会主义市场经济体制、不断深化改革开放的变迁背景和具体过程,动态把握中国经济融入世界经济、参与世界经济的历程,可以加强留学生对中国经济制度的认识能力和分析能力。中国文化基础课程将文化目标与语言目标相结合,通过对课文的讲解、分析与讨论,使留学生了解具有代表性的中国文化内容。教学文本注重语言与文化相互融合,以帮助留学生进一步拓宽文化视野。与此同时,通过视频、音频等立体化教学手段和中外文化对比,增加留学生对中国文化的直观感受和切身体验,提高留学生的文化理解能力与汉语表达能力。在思政教学方面,注重对留学生进行价值塑造和能力培养,全面提升留学生的人文素养和跨文化交流能力,以润物无声的方式丰富和加深其对中国文化以及人类文化多样性和差异性的感知与理解。翻译类课程思政教学目标是在翻译训练的基础上,结合各种文化教育资源开展思政教学,让留学生身临其境地体验和感受中国历史文化的独特魅力和恒久价值,学习并感悟中国文化,在翻译实践中理解和认同中国价值观,增进文化理解。在确立了每门课程总体的思政教学目标之后,每一课都有细化的、具体的思政教学目标。

(二) 深入挖掘课程思政内容

在思政教学设计中,深入挖掘教材和课程中蕴含的思政资源,将思政元素与教学内容

进行整合优化，形成以知识技能为内容、以价值塑造为内涵、以能力培养为旨归的国际中文教育课程体系。在思政教学内容方面，要做到丰富有效，既要内容难易适度、符合留学生实际，也要注重新时代、新思想、新理念、新成就的融合，以及学科间知识的整合，使课堂积极向上、健康科学，在课堂教学活动的设计上，要充分调动留学生参与课堂教学活动的积极性。高级汉语综合课是针对来华留学生的高级阶段汉语教学的主干课程与专业必修课程，作为高级汉语综合课的教学内容核心的课文，既是语言教学所依托的材料，也承担着针对留学生的文化教学任务。课文题材丰富，体裁多样，留学生可以较为全面地了解汉语使用的全貌，这有助于留学生更好地掌握汉语，也为留学生的中国国情教育与思政教育提供了丰富的素材，是高级汉语综合课实施丰富而有效的思想政治教育的基础。通过课文，留学生接触到了中国的古都文化、园林艺术、古典文学、敦煌壁画、中国绘画、家庭教育、民族精神、宗教、哲学等一系列中华文化主题，对于中华民族尊老爱幼、注重家庭家风家教、诚实守信、爱岗敬业、生态文明等价值观念有了较为全面的了解和感受。

当代中国话题课程是针对四年级本科留学生开设的一门必修课，该课程在内容上选取了当今社会关注较广的六个话题，即城市情调空间的建设、压力与身心健康、社会变迁与家庭、手机文化、中外教育理念互鉴、财富观漫谈，带领留学生从不同视角了解当今中国社会的状况与变化。该课程注重训练留学生阅读和口语两方面的能力，课文生词量大、篇幅长、阅读难度较高。为配合口语练习，每篇话题均要求留学生自行选取一个观点进行口头表述，所以该课程兼顾阅读和口语表达两项任务，以"读"导入并充实"说"，以"说"检验并深化"读"，"读"和"说"并重，力图培养留学生高层次的阅读与口语表达能力，为其进一步深造或踏入社会工作打下良好的基础。鉴于这门课的教学内容与中国社会发展息息相关，故将习近平新时代中国特色社会主义思想融入教学实践显得尤为必要，这将推动新时代新思想在留学生层面的延伸扩展，以德感人、以理服人、以美育人、以文化人，将加强留学生对新时代中国特色社会主义思想的认同感和获得感。英汉、韩汉、日汉等翻译课程要结合习近平总书记有关"文化自信""中华优秀传统文化"等方面的阐释，在翻译文本中加入"致歉信"内容，使留学生了解中国人信守承诺、"一诺千金"的思想；加入"欢迎词"，使留学生了解中国人热情好客、重视礼仪的文化传统；加入"感谢信"，使留学生了解中国人重视报恩、"滴水之恩当涌泉相报"的思想。留学生通过翻译以上文本、听取任课教师进一步解读以及进行相关话题的讨论，对中华优秀传统思想和文化有了更深刻的认识。

（三）采用多样化教学手段和教学方法

在国际中文教育专业的课程思政教学中，合理有效地应用现代教育技术，创新课堂教学模式。疫情以来，国际中文教育专业大量采用了线上教学和线上线下混合教学的方式，充分利用现代教育信息技术，完善教学设计，融入先进的教学理念和思想，以加强价值引领、着重培养留学生的创新意识和实践能力为目标，构建基于网络课程资源和智慧化教育的教学平台，推进现代信息技术在课程思政教学中的应用。

国际中文教育专业的创新原则，不仅体现于创新平台的搭建，也体现于教学方法的创新。无论是专业课还是语言文化课的教学，都强调以留学生素质教育和能力培养为中心，通过启发式讲授、互动式交流、探究式讨论等多样融合的思政教学方法，引导留学生深入思考，增强留学生学习的主动性，提升课程教学质量，在潜移默化中扩大中华扩大文化的熏陶与教育。中级汉语口语课程采用视听教学和任务型教学法，用取材来源于真实生活的视频、照片，从视觉、听觉上给予留学生真实的语言、文化和情景输入，通过设计完整的任务，给留学生提供真实的交际活动机会。高级汉语综合课程积极开展师生参与、问题导向、理性探究、情感体验、多维感知的课堂教学，采用任务型语言教学法、自主探究式学习、视听结合教学、体验式教学等多种方法，使留学生在潜移默化中接受中华优秀文化的熏陶。文化专题讨论课程的学习形式是"阅读+讨论"，上课的内容分为两个方面：一是留学生在教师指导下进行课文预习和学习；二是留学生在讨论课上就感兴趣的相关话题进行讨论。课程采用线上线下混合教学的模式，让留学生成为学习的主体，教师只起到"领路人"的作用。这种立足于价值观的引领，把文化内容和思政元素紧密融合在一起的方式，对于留学生世界观、人生观、价值观的培养和汉语学习都有促进作用。

（四）将思想价值引领贯穿于教学过程的各个环节

在国际中文教育专业课程思政教学中，需要结合课程特点，引导留学生积极参与、合作探究，使留学生在潜移默化中接受中华优秀文化和价值观念的熏陶，从而实现立德树人的根本任务。当代中国话题课程着重训练留学生的阅读能力和口语表达能力。在讲解生词或课文部分，有机融入习近平新时代中国特色社会主义思想和核心价值观，以便深化教学内容，加强思政引导，培养留学生对新思想、新理念的认同和共识，引导其深入思考、联系实际，以便真正做到学深悟透、融会贯通、真信笃行。为推进习近平新时代中国特色社会主义思想在课堂上的深入，教师在留学生陈述报告或交流讨论中要恰当地引入相关的先进思想和理论。课后作业是教师检验留学生掌握所学知识、巩固教学效果的一种有效方式，在这一环节，添加一些思政要素，可以加深留学生对习近平新时代中国特色社会主义思想的认识和理解，鼓励其活学活用，真正让新思想、新观念进入留学生的头脑。

（五）完善课程考核方式和评价办法

为了更好地落实课程思政的教学效果，要结合课程内容设计出相应的考核体系，对每一个留学生的课程思政学习效果进行公正、科学的评价。课程思政覆盖教育教学全过程，贯穿于课堂授课、研讨、作业、论文等各个环节，因此，在对课程思政进行教学评价时，必须关注教育教学全过程。课程思政教学的效果难以通过一次或几次的测验考试来检验，因此必须加大过程性评价所占的比重，采取过程考核和结果考核相结合的办法。过程考核主要从课堂出勤情况、视频的学习时间、课堂报告、课后作业和小组任务的完成情况几个方面进行考核评价，将思政内容作为平时成绩的构成部分，根据留学生的完成情况给予客观、公正的评价，将留学生参与相应讨论、完成相应作业的情况进行量化打分，在期中、期末等考试中，也加入相应的考查题目，从而形成一套完整的课程思政的考核体系，以便更全面、更客观地反映出留学生的学习效果。

课程思政是实施"三全育人"的具体举措，在专业课程中全面深入地开展课程思政建设，赋予专业课程以更广阔的育人视野和更鲜明的价值引领责任，深入推动专业教育与思政教育的紧密融合，是新时代赋予广大高校教师的重要使命。留学生教育虽有其特殊性，但推进课程思政建设势在必行，这是课程思政在来华留学生教育中面临的重大课题，也是国际中文教育者义不容辞的责任。只有切实落实立德树人的根本任务，在具体实践中，细化思政教育的教学内容，结合留学生国际中文教育课程特性，找出课堂教学改革的切入点，探索将思政教育内容融入国际中文教育教学的道路，才能使留学生在学习汉语和中国文化知识的同时，正确认识中国、理解中国，才能将"育人"和"育才"相统一，最终培养出新时代知华、友华的高层次国际汉语人才。

中篇 专业类课程思政设计案例

现代汉语语音 ——《塞擦音声母》

一、课程总览

【课程名称】现代汉语语音（Chinese phonetics）。

【课程类型】选修课。

【教学对象】二年级本科留学生。

【教学课时】每周 2 课时，一学期共 32 学时。

【课程学分】2 学分。

【使用教材】语音知识部分参考教材为《汉语语音教程》（曹文编写，北京语言大学出版社）；发音练习材料多为主讲老师补充。

【课程意义】汉语二语学习者的语音面貌不但决定着他们的目的语交际能否顺利开展，而且会对他们学习汉语的信心和效率产生影响：良好的汉语发音会增强学习者的学习自信，提升学习效率；而糟糕的汉语发音可能会使学习者的学习效率降低，从而减少学习兴趣，甚至放弃对更高层级学习的追求。本课程开设的目的在于：通过教师对汉语普通话基本语音知识的介绍，让学生了解汉语元辅音及声调的发音要点，提高自己的汉语发音水平。

【教学内容】现代汉语语音课程主要介绍汉语普通话的基本音系，包括声母、韵母、声调和轻声儿化四个部分，学生在了解这些语音要素发音要点的基础上，接受教师提供的一些有针对性的发音指导和发音练习，从音节和词，再到句子和语篇，反复操练，以提高自己的汉语发音水平。

【教学目标】通过本课程的学习，学生能够：①了解 21 个辅音声母的发音部位和发音方法，并用于改善自己的声母发音；②了解 38 个韵母的四呼和结构类别，并用于改善自己的韵母发音；③了解四个声调的五度调值和发音特点，并用于改善自己的声调发音；④了解轻声和儿化的作用和发音特点，尽量做到在语流中正确使用。

二、课程思政教学目标

现代汉语语音课程从"精选素材""生动讲解""朗读之美"三个维度构建思政教学大纲，将课程知识点与课程思政元素一一对应，有机融合。每一堂语音课都配有教师精心选择的发音练习材料,即为"精选素材",教师结合学生的汉语接受水平,对这些素材进行通俗易懂的"生动讲解",在抑扬顿挫的反复诵读中,启发学生感受汉语语音的"朗读之美"。

"精选素材"包括古代诗歌、现代诗歌、影视剧对白和绕口令等。通过本课程的学习,学生可以熟读并选择性背诵以下语篇:诗歌部分有骆宾王的《咏鹅》、毛泽东的《卜算子·咏梅》、席慕蓉的《一棵开花的树》、仓央嘉措(据传)的《见与不见》、李白的《赠汪伦》、李绅的《锄禾》、白居易的《江南好》、马致远的《天净沙·秋思》、王翰的《凉州词》、海子的《面朝大海,春暖花开》等(按教学出现顺序排序);影视剧对白部分有《疯狂动物城》片段、《哪吒之魔童降世》片段、《快把我哥带走》片段等(按教学出现顺序排序);绕口令部分有《吃葡萄不吐葡萄皮儿》《知之为知之不知为不知》《板凳和扁担》等(按教学出现顺序排序)。

三、课程思政教学重点和难点

(一) 思政教学重点

本课程思政教学的重点在于:教师要在有限的课堂教学时间里,面对准中级汉语水平的留学生,讲好这些优秀语篇的思想内涵,同时不喧宾夺主,避免出现让教学偏离现代汉语语音这一课程主题的现象。

毛泽东的《卜算子·咏梅》(风雨送春归,飞雪迎春到。已是悬崖百丈冰,犹有花枝俏。俏也不争春,只把春来报。待到山花烂漫时,她在丛中笑)对梅花做了新的诠释,梅花是中国古代文人千年不变的吟咏主题,而这首诗歌一改古代文人咏梅时的隐逸孤傲之气,描写了梅花的美丽、积极、坚定和乐观。

中国台湾诗人席慕蓉的《一棵开花的树》(为这,我已在佛前求了五百年,求佛,让我们结一段尘缘)具有真情美,娓娓道来,饱含诚挚,全诗意象单纯又新颖,读完全诗,仿佛看到了一个对爱情期盼和坚守的少女,一棵为情守望终身的树。爱情是人类共通的情感,很容易让读者产生共鸣,带来无限遐想和感动。

其他语篇也各有讲解重点。比如:李白的《赠汪伦》(桃花潭水深千尺,不及汪伦送我情)盛赞了汪伦对朋友堪比桃花潭水般的深厚情谊;王翰的《凉州词》(醉卧沙场君莫笑,古来征战几人回)表现了古人参加战争时的悲壮情怀,而远离战争、和平发展从古到今都是世界人民的共同期盼;海子的《面朝大海,春暖花开》(从明天起,做一个幸福的人,喂马劈柴,周游世界)以朴素明朗的语言写出了一个诗人的真诚和善良,给我们描绘了一种不同于世俗的理想生活,每个人心中都有对美好生活的诠释,这一点也可以跨越不同民族和文化,唤起情感上的共鸣。

（二）思政教学难点

如何让学生爱上汉语发音、爱上朗诵汉语古今名篇是本课程的思政教学难点。

解决办法可以尝试从情感上引导学生。汉语作为声调语言的一种，有着音乐旋律之美，反复诵读诗歌也是一种美的体验。另外，了解并欣赏目的语的语言和文化内涵是学好第二语言的重要前提，抱有足够的好奇心和善意，从情感上接纳并喜欢上汉语发音，愿意了解汉语语音知识，愿意反复练习汉语发音并提高自己的汉语发音水平，学生才可以接近并最终实现用汉语与人无障碍沟通的理想。

四、思政教学方法与过程

精讲多练是多年来汉语二语教学的优秀传统，这种方法同样适用于现代汉语语音这门语言知识课的教学。本课程教师知识点讲解部分时长为20~40分钟，发音操练部分时长在60分钟以上，这就给思政教学的开展提供了时间和环节上的保证。发音练习材料包括：音节—词—句子—语篇，难度递增。其中句子和语篇部分更适合开展思政教学。

除了精讲多练，启发式学习和小组活动也是本课程常用的教学方法。

准中级水平的留学生汉语语音面貌或多或少存在着一些瑕疵，教师在语音知识讲解的基础之上，要向学生介绍必要的正音技巧，鼓励学生发现自己的语音偏误，并运用学到的正音技巧来练习发音，为自己纠音，改善自己的语音面貌。这种启发式学习可以发挥学生的主观能动性，把学习的过程分解为发现问题和解决问题两个阶段。

小组活动可以激发学习兴趣，互帮互助，提升学习效率。对语音点的理解可以设计小组讨论，篇幅较长的现代诗歌也很适合小组表演。

附：

塞擦音声母 z/c/zh/ch/j/q（教案）

（一）课型

语言知识类课程。

（二）课时

2课时，100分钟。

（三）教学对象

北京语言大学汉语学院二年级（上）本科留学生，汉语水平为准中级。学生主要来自日本、韩国、泰国和马来西亚等亚洲国家。

（四）使用教材

曹文，《汉语语音教程》，北京语言大学出版社，2002 年第 1 版。

（练习部分多为主讲教师补充材料）

（五）教学形式及相关教学说明

本课程采用了线上教学形式，直播教学平台为腾讯会议，查看学习资料（包括教学课件和教师录制的学习视频）和提交作业的平台为"学习通"。为了弥补线上语音教学互动方面所存在的局限性，主讲教师需要充分利用课件及平台的相关互动功能，比如 PPT 的画笔、腾讯会议的互动批注和聊天室。

鉴于教学对象首次接触语言知识课，知识讲解所占比例较小，发音练习所占比例较大。本课知识讲解部分仅有 20 分钟，占总课时的 1/5，知识讲解力求循序渐进，重点突出，与发音练习紧密相关。

（六）教学目标

1. 知识部分

（1）掌握 6 个塞擦音声母的发音部位和发音方法。

（2）掌握 6 个塞擦音声母的国际音标。

2. 发音部分

（1）能够准确发出 6 个塞擦音。

（2）能够准确听辨 6 个塞擦音。

（3）能够准确朗读带有塞擦音的词和句子。

（4）能够有感情地朗诵篇章，力求每个音节发音准确。

3. 思政部分

（1）教师选择补充练习材料：绕口令"知道就说知道，不知道就说不知道，不要知道的说不知道，也不要不知道的说知道"。在思政方面，旨在培养学生求真务实的学风。

（2）教师选择补充练习材料：诗歌《见与不见》。在思政方面，这首诗歌表达了一种安静的深情，一种质朴无华的情感，一种纯净坦然的爱，一种处变不惊的淡定心态及对美好感情的坚持。

（七）教学重点及难点

1. 塞擦音的发音特点和国际音标

z [ts]：舌尖前、不送气、清、塞擦音。

c [tsʰ]：舌尖前、送气、清、塞擦音。

zh [tʂ]：舌尖后、不送气、清、塞擦音。

ch [tʂʰ]：舌尖后、送气、清、塞擦音。

j [tɕ]：舌面、不送气、清、塞擦音。

q [tɕʰ]：舌面、送气、清、塞擦音。

2. 朗诵诗歌《见与不见》

（八）教学过程

第一课时（50分钟）

教学步骤	教学行为	行为意图及教学方法
1. 组织教学 （约2分钟）	（1）教师：同学们，大家好，我们现在开始上课。 （2）点名，问候。	引起学生注意； 常规教学管理。
2. 复习旧课 （约5分钟）	（1）师生一起回忆6个塞擦音的发音部位和发音方法。 （2）请几个同学朗诵诗歌《一棵开花的树》。	复习第七讲所学的主要语音知识和诗歌。 检查上次课学习内容的掌握情况，培养学生复习、预习的学习习惯。
3. 学习新课：塞擦音知识学习及发音练习1 （约43分钟）	1. 塞擦音知识学习（约20分钟） 教师在复习塞音和擦音的基础上讲解塞擦音的发音要点。 练习1：教师示范发音，和学生讨论并启发学生说出6个塞擦音的发音部位和发音方法；学生复述塞擦音的发音部位和发音方法；通过口腔舌位图辨认塞擦音。 练习2：教师讲解6个塞擦音的国际音标，学生口述每个国际音标的写法，并通过腾讯会议的"互动批注"功能在屏幕上写出本课所学国际音标。 2. 发音练习1（约23分钟） （1）听辨近似音 z-zh。 zài-zhài；zōng-zhōng zì-zhì；zǒu-zhǒu zuì-zhuì；zǎo-zhǎo zè-zhè；zāng-zhāng （2）听辨近似音 zh-ch。 zhè-chè；zhǎo-chǎo zhāi-chāi；zhuī-chuī zhǎng-chǎng；zhuāng-chuāng zhì-chì；zhěng-chěng	使学生掌握塞擦音发音部位和发音方法，掌握其国际音标写法，并能准确发出和准确听辨6个塞擦音。 讲解方法包括以旧带新法、图示法、对比法、特征归纳法等。 发音练习方法包括跟读、齐读、顺次读、点读、纠音、听辨、听写、朗读和背诵。 近似音听辨包括舌尖前音和舌尖后音的区分（日、韩、泰、马学生均存在的难点）、不送气和送气音的区分（日、泰、马学生存在的难点）。在近似音听辨纠错时用上启发式教学。 从音节听辨到常用词语，学习进入了意义范畴，是从发音能力到交际技能的转变。在听写常用词音练习后，教师会展示汉字，并结合语境讲解词语意思，同时组织会话练习。

续表

教学步骤	教学行为	行为意图及教学方法
	（3）听写词语。 长城 chángchéng 颤抖 chàndǒu 超市 chāoshì 资料 zīliào 着急 zháojí 掌握 zhǎngwò 推迟 tuīchí 侄子 zhízi	线上教学辅助教学工具：教师画图及板书使用PPT的画笔功能，近似音听辨使用腾讯会议的互动批注功能，听写生词使用腾讯会议的聊天窗口。
	（4）朗读及背诵绕口令。 ① 知道就说知道， 不知道就说不知道， 不要知道的说不知道， 也不要不知道的说知道。 ② 我打算坐出租汽车去市场。	第一节课的发音练习体现了循序渐进的原则：塞擦音声母→音节→词→句子。

第二课时（50分钟）

教学步骤	教学行为	行为意图及教学方法
1. 复习绕口令（约5分钟）	齐读，一起背诵，个别学生背诵	巩固课间休息前学习的内容，引起学生注意。
2. 学习新课：发音练习2（诗歌《见与不见》）（约40分钟）	1. 学习生词（约6分钟） 悲 bēi 喜 xǐ 增 zēng 减 jiǎn 舍弃 shěqì 默然 mòrán 寂静 jìjìng 怀里 huáili	生词释义主要采用图片法和情境法。 生词练习包括领读、齐读、认读汉字、点读、纠正发音等。

续表

教学步骤	教学行为	行为意图及教学方法
	2. 讲解诗歌（约 11 分钟） 你见，或者不见我 我就在那里 不悲不喜 你念，或者不念我 情就在那里 不来不去 你爱，或者不爱我 爱就在那里 不增不减 你跟，或者不跟我 我的手就在你手里 不舍不弃 来我的怀里 或者 让我住进你的心里 默然相爱 寂静欢喜 3. 逐段朗读并背诵诗歌（约 10 分钟） 4. 分组表演诗歌（约 13 分钟）	讲解诗歌包括找出里面的塞擦音音节，讲解重点词和重点句的意思，领读，顺次读，纠正发音。 逐段朗读及背诵诗歌，采用滚雪球的形式，从句到段，再到两段、三段…… 学生分组，同一组的学生合作完成整首诗歌的朗诵。分组表演。
3. 总结并布置作业（约 5 分钟）	1. 总结本讲主要内容 塞擦音声母：z、c、zh、ch、j、q（国际音标、发音部位和发音方法）。 发音练习：朗读诗歌《见与不见》。 2. 布置作业： 在纸上写出 6 个塞擦音声母的国际音标和发音特点（包括发音部位和发音方法），拍照上传学习通。 模仿并朗读诗歌《见与不见》，提交到学习通。	教师归纳总结为主，学生一起复述为辅。 作业通过学习通平台提交，包括图片和音频。

现代汉语词汇——《词的感情色彩》

一、课程总览

【课程名称】现代汉语词汇（Modern Chinese Lexicology）。
【课程类型】汉语国际教育专业/汉语言专业汉语言方向必修课。
【教学对象】三年级本科留学生。
【教学课时】每周2课时。
【课程学分】2学分。
【使用教材】《汉语词汇教程》，万艺玲，北京语言大学出版社，2000年版。
【课程简介】该课程以现代汉语词汇研究的基本成果为理论框架，借鉴最新的词汇研究成果，分析现代汉语词汇的特点、现代汉语词汇系统中词语之间的聚合关系和组合关系，以及有关词形、词义、词汇与文化等方面的基础理论知识。该课程在兼顾理论性的同时也突出实用性，在课堂上结合大量的练习让学生掌握汉语构词的方式和特点、同义词的辨析方法、各类词汇在语言表达上的作用等，以提高学生的汉语词汇运用能力，使之更好地掌握汉语。
【教学内容】涵盖理论知识和实际应用，以语素、词、熟语等不同词汇单位为分析对象，主要从形式和意义两个方面展开教学，具体包括词汇的系统性及其表现、汉语词汇的构成和特点、词的性质、词的构造、词的意义及关系、同音词和同素词、熟语以及词汇与文化的关系等。
【教学目标】该课程旨在让学生对词汇学的基本理论和知识有所了解，提高学生运用和分析汉语词语的能力，扩大其词汇量；通过分析汉语词汇和文化的关系，使学生了解汉语思维的一些特点，理解汉语的表达方式，为促进中外文化交流搭建友谊的桥梁。

二、课程思政教学目标

以汉语词汇为载体和媒介，培养知华友华的高级汉语国际人才，引导学生了解中国文化、树立求同存异的文明发展观和辩证的思想观，为讲好中国故事、促进中外文化交流打下坚实的基础。

词汇作为语言的组成要素之一，是一面生动反映社会文化特点的镜子，是连接语言与文化关系的重要桥梁。本课程拟通过深入挖掘学习内容所蕴含的思政教育元素来落实思政教学目标。在教学过程中将结合专业知识和词语使用的案例进行分析，使学生通过学习汉语词汇的特点、外来词、词义的古今演变规律、词的感情色彩和语体色彩、词义的聚合关系、同音词、熟语、词汇和文化等内容，了解汉语词汇所蕴含的中华文化的内涵，具备得体地使用汉语词汇、正确地组织语言的能力；同时树立辩证的思想观和求同存异的文明发展观，以良好的素养讲好中国故事，更好地促进中外文化交流。

三、课程思政教学重点和难点

（一）教学重点

通过讲授词汇的系统性表现让学生对汉语词汇学有初步的认识，为学生学好这门课程铺路，为培养学生讲好中国故事的能力奠定基础；通过讲授汉语词汇的特点、词义的古今演变规律让学生理解汉语词汇所折射出的中国文化的特点；通过讲授语素、单纯词、合成词、词根、词缀等概念让学生认识到不同语言之间的共通性，了解语言的共性与个性，建立起语言类型学的初步概念，树立求同存异的文明发展观；通过讲授反义词的构成条件及类型让学生了解相关知识，并引导学生将反义词与同义词相对比，总结两类词义关系的定义角度，树立辩证的思想观；通过讲授同音词的特点与应用让学生认识到语音和语义之间的有机联系，尤其是在谐音双关的运用中所折射出的中华文化特点和内涵；通过讲授熟语的形式特点和表义特点，让学生了解汉语熟语作为词汇单位的特殊性，尤其是理解其中所折射的文化特点和内涵；通过讲授同义词的辨析方法让学生掌握基本的辨析角度和思路，形成逻辑清楚、思路明晰的思考方式，讲好中国故事；通过讲授外来词的结构类型让学生了解中外语言交流与互鉴的表现形式；通过讲授词汇和社会发展变化的关系让学生了解词汇在一定程度上是对社会发展变化的映射，更好地促进中外文化交流；通过讲授词语感情色彩和语体色彩的分类及判断，让学生学会正确选用词语的感情色彩和语体色彩，得体恰当地使用汉语，成为知华友华的高级汉语国际人才。

（二）教学难点

作为一门语言知识课，教学难点之一是如何让学生认识到一定的理论学习的必要性，认同学习词汇知识的重要意义。现代汉语词汇课以词汇学理论知识为基础，这对于刚刚进入专业学习的学生来说，与他们此前接触的汉语课程多是语言技能类课程的性质有所不同，因此需要改变他们仅将汉语理解为日常交际工具的观点。如何让学生顺利进入专业知识课的学习，在学习过程中充分运用之前积累的汉语学习成果，并领会专业知识对语言实际应用的指导作用，理解和接受语言知识课学习的必要性是教学中需要解决的难点。教学难点之二是如何清晰透彻地讲解专业知识，让学生在充分理解有关知识点的基础上，将理论知识运用于实践，将理解中国文化、促进中外文化交流二者有机结合。

四、课程思政教学方法和过程

（一）教学方法

主要的教学方法有以下三个：

（1）线上线下结合。将传统的线下课堂教学和线上教学模式相结合，突出课堂教学的特点，加强互动与交际，及时解决学生问题；发挥线上教学资源可突破时空限制的优势，上传知识点的精讲视频和相关资料至指定平台供学生课前预习和课后复习，使线上线下形成有效互补，让学生取得更好的学习效果。

（2）讲练结合。以讲透练够为基本的教学原则，在教师精讲知识点的基础上，辅以大量的应用练习，练习设计注重层次性和递进性，既有理解性练习，也有应用性练习，既有词语层面的练习，还有句子、语段和语篇层面的练习，兼顾词汇知识课的理论性和实用性。

（3）独立学习和合作学习结合。根据不同的学习形式给予针对性的指导，培养学生独立思考、自主发现和解决问题的能力，锻炼学生统筹规划和团结协作的能力。

（二）教学过程

现代汉语词汇课的知识点繁多，系统性与其他语言要素相较稍显不足，对于初次接触语言知识课学习的学生来说有一定的难度，但实际上词汇与日常生活息息相关，是社会发展变化的映射，是组织语言的必备材料，需让学生树立起学以致用的思想，将所学与所用有机地结合起来。在实际教学中应立足于词汇学的专业知识，以思政教育为引领，突出词汇学习的实用性，夯实教学效果。

教师在教学过程中将充分运用多种教学资源和教学方法。首先，将录制好的知识点讲解视频预先上传到指定的教学资源平台，供学生结合思考题进行自主预习；其次，课堂教学中根据学生的预习效果分配讲练时间，以讲透练够为基本教学原则，在讲练的过程中注意将思政教育融入其中，发挥其引领作用，引导学生树立辩证的思想观，夯实知识结构，为讲好中国故事、促进中外文化交流打下基础；最后，通过课后作业等形式检查和巩固当堂课的学习效果。

附：

词的感情色彩（教案）

【教学内容】词义的内容——感情色彩。

【教学对象】三年级上留学生。其中，汉语言专业汉语言方向、汉语国际教育专业必修；汉语言专业其他方向选修。

【教学课时】两节课，100分钟。

【教学重点】词义的内容，词的感情色彩及判定标准。

【教学目的】理解词义的构成；理解并掌握词的感情色彩的分类；学会分析词的感情色彩；正确使用词的感情色彩，避免偏误。

【教学思路】注重培养学生的自学能力，引导学生归纳词义的内容并找出确定词语感情色彩的依据；注重语篇教学在高级阶段汉语教学中的应用，让学生在语篇中理解感情色彩的实际应用和修辞效果。

【课前准备】提前发放教学视频，让学生预习；每人准备一段介绍北京语言大学或汉语学院的文字，100字左右，供上课时选用。

【教学环节】

第一课时

（一）复习（5分钟）

作业讲评兼复习。

（二）引入（3分钟）

通过问答法引入新课。

师：请根据老师的教态，判断老师在以什么心情给大家上课？

生：愉快、兴奋、幸福……

师：判断依据是什么？

生：老师的表情、语气、手势……

师：我们可以根据表情、语气、手势等判断别人的感情，但实际上人与人交际的过程中表露感情的方式很多，除了上面提到的，还有来自语言本身的影响。比如，一个人面带微笑、温和地说："你这次考试的成绩很糟糕。"听话人不会受表情、语气的影响而误判说话人的意思，关键就在于"糟糕"一词的感情色彩，"糟糕"具有贬义的感情色彩。这就是本节课的重点内容——词的感情色彩。

（三）新课讲解（42分钟）

1. 词义的内容（8分钟）

首先让学生讨论汉语词典在释义时包括几个部分的内容，对此学生可根据各自使用汉语词典的经验进行讨论总结。然后展示从《现代汉语词典》摘录的一些词语的解释，引导学生发现词典释义时在形式上的共同点及不同点。

来信：寄信或送信来。

来函：<书>来信。

绝色：<书>绝顶美貌（指女子）。

嘴脸：面貌，表情或脸色（多含贬义）。

匮乏：<书>（物质）缺乏、匮乏。

——摘自《现代汉语词典》（第七版）

词典释义的内容可归纳为以下几个部分：①词义一定包括对词的概念的解释；②词义

可能包括附属意义；③附属意义又可以分为感情色彩和语体色彩等不同内容。所以，词义的内容包括两个方面：概念义和附属义。附属义下辖两大类，有助于更准确、得体地使用汉语，这是本课的学习重点。

2. 感情色彩的分类（4分钟）

结合生活中的实例说明虽然词的概念义相同或相近，但感情色彩可能不同。比如碰到一个久未见面的朋友，可能会跟对方说：

你看起来好肥呀！

你看起来好胖呀！

你看起来胖乎乎的。

你看起来圆润了呀！

你看起来气色很好呀！（有时可委婉地表达对方身材的变化）

上述句子中的"肥、胖、胖乎乎、圆润"等词概念意义相近，但感情色彩不同。"肥"是贬义，常用来说动物或戏谑他人；"胖"在这句话中缺乏更多的上下文语境的限制，感情色彩不够明确，在社会当下的审美观影响下更多地偏向于贬义；"胖乎乎"是褒义，含有可爱的意思；"圆润、气色很好"采用了回避策略来描述对方的身材变化，说话人想表达的多是褒义感情。由此可得出结论：①感情色彩运用不恰当，即使概念义正确，也会影响表达效果；②感情色彩分为三类：褒义、中性、贬义。

3. 词的感情色彩分析（30分钟）

词语的感情色彩不能离开语境判断，需要结合上下文具体分析，否则会出现分歧。比如脱离语境的"骄傲"，其感情色彩可能是褒义，也可能是贬义，而放在"我的父母为我取得的成绩而骄傲"中，可以确定是褒义。因此，分析词的感情色彩时需要结合语境。以学生的作业为例①，让其他同学找出其中的褒义词和贬义词。

学生作业1：

第一天。我到了北语的时候，不瞒大家说，我当时感到很失落，想家。我去了散散步。我的脸上露出难过的神情，不过，到处都充满了静悄悄的气氛。去了学校小的园林，心理立刻很平静的。园林多么美丽、象山的风景，环境幽雅、清香四溢，景色迷人。在学校过了一年，校园里有迷人的四节：桃红柳绿的春天，花繁叶茂的夏天，枫红菊香的秋天，松青雪白的冬天。

学生作业2：

前几天，北京迎来了第一场雪。看到这条新闻，我心里不知不觉地涌起了一种难以用言语描述的感情。因为雪中的风景除了美丽还有感动。我第一次与雪花相见是在"你"的怀抱里。初冬的雪总是让人兴奋，它像烟一样轻，像银一样白，我慢慢地听雪落下的声

---

① 该作业要求是写一篇介绍北京语言大学的小短文；本案例展示的学生作业均为原始语料，未做任何加工。

音,闭着眼睛幻想它不会停。总之,心里觉得很轻松,很欢乐。感谢"你"让我的留学生活更加丰富精彩。

现在想起第一天上课时,我们上得第一课就是《缘分》。果然如此,有缘千里来相会,我很荣幸地认识"你",也很幸运地遇到了许多良师益友。此外,教室里的设备既现代又齐全。学习的气氛常常充满欢乐,远远的就能听到老师讲课的声音,能看到同学们聚精会神地听课的表情。我最深刻的印象就是过了期中考试,同学们几乎都很疲累,甚至打不起精神来上课。那时,老师一进教室,脸上带着笑容,对我们说:"学期已过半,同学们肯定会很累,冬天也到了,大家记得保暖,注意身体!另外,同学们记得第一天上课时,老师给大家说得口号是什么吗?——坚持,坚持就是胜利!"老师的这些话简直太暖心了,不错,哪怕再累再苦,老师们都给我们力所能及的帮助,陪伴和支持。而我们从未忘记初心。

越南这边已经进入了雨季,晚上雨纷纷下,我更想念"你",我们之间有无数难忘的回忆。此时此刻,让我梦回北语,在梦里我躺在"你"的怀抱里,听"你"讲故事,我……想你!

褒义词:美丽、幽雅、清香四溢、迷人、欢乐、丰富、精彩、良师益友。

贬义词:失落、难过、疲累……

第二课时

4. 小组讨论(10分钟)

根据上面找出的褒义词和贬义词,让学生分组讨论判断感情色彩的方法或依据,并汇报讨论结果。

5. 词的感情色彩的判断依据(30分钟)

(1)根据词的概念义判断。

完成教材练习56页第二题:根据词义判断下列各词的感情色彩。

    高论 谬论 美好 美满 学者 学生

    英雄 小人 珍品 骗子 潦草 轻信

(2)根据词缀判断。

完成教材练习56页第三题:根据下列各词的词缀判断它们的感情色彩。

   老兄 老弟 鸟儿 凤儿 花儿 疯子 鬼子 头子

   酸不拉叽 脏不拉叽 黑不溜秋 灰不溜秋 花不棱登

(3)根据词的构造形式判断。

找出下面例子中描写外貌的词语并分析感情色彩。

a. 她弯弯的柳叶眉,小小的眼睛,笑的时候还有两个小酒窝,可爱极了。

b. 她年纪并不大,眼睛水汪汪的,尖尖的鼻子上架着一副眼镜。

c. 警情通报:近日中午,教学楼常有一可疑男子在各教室游荡。此男子长相特征如下:年龄20岁左右,短发,平头,戴眼镜,中等微胖身材。请大家注意保管好自己的贵重物品。

(四) 处理教材练习57页第五题(8分钟)

(五) 总结并布置作业(2分钟)

修改作业中感情色彩使用不当的词。

新闻语言基础——《伦敦书展的"中国风"》

一、课程总览

【课程名称】新闻语言基础（Basics of the news language）。
【课程类型】汉语国际教育专业选修课。
【教学对象】二年级本科留学生。
【教学课时】每周4课时，两学期共128学时。
【课程学分】每学期4学分，两学期共8学分。
【使用教材】肖立编著，《新闻语言基础》，北京大学出版社，2017年版
【课程简介】新闻语言基础课程适用于对外汉语教学初中级阶段，主要用于培养学生的报刊阅读能力。本课程通过精读和泛读结合的方式，引导学生学习中国公开传播的报刊、电视和网络新闻，了解中国新闻报道的内容和语言风格，使学生能够尽快获得独立搜集和阅读中文新闻以便了解当代中国的能力。
【教学内容】本课程是为北京语言大学汉语学院二年级学生开设的选修课，旨在培养学生阅读中文新闻的能力，特别是识别新闻基本要素——时间（When）、地点（Where）、人物（Who）、事件（What）、因果关系（Why）的能力，使其在学习和生活中能从中文新闻中获取所需要的各种信息。教师授课时以实践为第一原则，注重培养学生的阅读技能。同时，要兼顾中国当代社会的背景知识，使学生了解当代中国。
【教学目标】本课程是一门以报刊、广播、电视的范文为载体，以新闻语言知识为切入点，以提高学生的报刊阅读与理解能力为中心任务的语言技能课。该课程不仅可以提高学生的汉语阅读能力，同时可以让学生通过报刊新闻的阅读更广泛地了解中国的国情和文化，加强沟通与交流的能力。通过该课程，对学生进行价值塑造、知识传授和能力培养。具体目标：①让学生了解当代中国社会现实。②让学生具备中等程度的阅读理解新闻媒体信息的能力。③为学生的高级阶段汉语学习、研究和理解中国社会奠定基础。

二、课程思政教学目标

（1）新闻语言基础课程思政目标：深入挖掘课程中包含的思政教育元素。在课堂教学过程中结合新闻阅读课程的特点，引领学生通过阅读中文新闻，提高新闻阅读能力的同

时,加深对当代中国的了解。

(2)《伦敦书展的"中国风"》的教学内容是通过英国利物浦大学副校长迈克尔·霍伊在伦敦书展寻找汉语教材的过程,阐述汉语在国际上的地位越来越重要的事实。本节课的思政教学目标为:重点讲解"在英国,汉语已经从十五年前处于边缘地位的语言,变成排在法语、西班牙语和德语之后的第四大商务外语"的教学内容,引领学生认识到中国文化已经走向世界、汉语的国际地位越来越重要。

(3)关于中国文化,在《习近平谈治国理政》第二卷"坚定文化自信"的系列文章内容中有很好的诠释。本课的课堂讨论环节中,教师将引导学生阅读习近平总书记在2016年11月30日召开的中国文学艺术界联合会第十次全国代表大会、中国作家协会第九次全国代表大会开幕式上的讲话《要有高度的文化自信》,从而达到让学生深刻理解中国文化的思政教学目标。

三、课程思政教学重点和难点

作为新闻阅读课程,"新闻语言基础"通过课文中的新闻阅读材料,让学生能接触到中国的政治、经济、文化、环境、体育等一系列主题,课文《伦敦书展的"中国风"》的内容很好地诠释了汉语的国际地位在不断提高的现实。在课堂教学中,教师要引导学生通过本课内容了解当代中国,接受并理解中华优秀文化。

习近平总书记在《习近平谈治国理政》系列文章中多次针对我国文化的主题发表过意见。本课的主旨就是通过汉语教材在英国受欢迎程度的提升,来阐述中国文化已经走出国门、进入国际视野这一现实。教师如何有机地将中国文化走出去与课文内容相结合,润物无声地向学生展示中国文化,讲好中国故事是本课思政教学的重点和难点。

四、课程思政教学方法和过程

【教学内容】第1课《伦敦书展的"中国风"》。

【授课方式】线上教学(腾讯会议)。

【授课时长】100分钟。

【教学方法】

(1)学生自主预习。

(2)教师课堂讲解、师生课堂讨论。

(3)课后学生自主查阅时效新闻,准备新闻报告。

【教学准备】PPT课件、不同种类的汉语教材、《习近平谈治国理政》系列书籍。

【教学重点】
（1）把握课文的主要意思，厘清迈克尔·霍伊在书展上寻找介绍中国的书籍的过程。
（2）理解课文中的重点词语和重点句子。
（3）新闻阅读技能的训练：
①重在训练抓住文章主旨、厘清文章基本思路的能力。
②找出长句子的主谓宾。通过抓住长句子的主干，将长句子变为短句子来提高掌握句子重点的能力。

【教学难点】梳理清楚迈克尔·霍伊在书展上寻找介绍中国的书籍的过程，引导学生对此进行理解：这一过程既是汉语教材的发展过程，也是"汉语"的地位在全世界提升的过程。

【教学过程】教学过程包括：学生按照教师要求完成课前预习→师生线上课堂教学→师生课堂讨论→完成练习，操练巩固→学生完成作业，自主准备新闻报告，教师与学生的互动贯穿于教学过程，实践精讲多练、以学生为课堂主体的对外汉语教学理念，具体教学过程如下：

（一）课前预习

新闻语言基础课程是新闻阅读课，旨在让学生通过阅读中国新闻了解当代中国的方方面面。因新闻自身的特点，新闻语言以及新闻中常见的"长句子"是学生阅读的难点，所以，本课程的课前预习环节至关重要。课前预习包括两个方面，一方面是预习该课生词，另一方面是泛读课文，根据课文内容回答教师提出的"课前问题"，从而达到预习效果。

学生做好课前预习，不仅可以有效提高课堂的学习效果，同时对深刻理解中国文化以及当代中国也十分重要。众所周知，新闻是信息的载体，时效性极强的新闻是展示高科技快速发展、经济腾飞的当代中国的手段。在预习的过程中，学生在自主学习中文的同时要主动了解中国文化。本课《伦敦书展的"中国风"》的课前问题包括问答题和思考题两部分，分别是：

（1）霍伊在书展上找到的汉语教材和以前的教材有什么不同？
（2）在英国，如果能说流利的汉语，会有什么样的优势？
（3）你认为，现在的汉语在英国以及全世界的地位怎么样？

（二）课堂教学及课堂讨论

※ **教学安排和时间分配**
（1）复习和留学生做新闻报告（约15分钟）。
（2）检查预习情况（约10分钟）。
（3）分段讲解课文（约50分钟）。
（4）课堂讨论及扩展练习（约15分钟）。

（5）小结和布置作业（约 5 分钟）。

（6）布置学生准备新闻报告的任务（约 5 分钟）。

※**课堂教学环节与步骤**：

1. 复习与学生做新闻报告（约 15 分钟）

（1）因本课为第 1 课，复习内容主要针对上学期所学的新闻相关词汇。

（2）检查学生做新闻报告的情况。

学生做新闻报告的环节是新闻语言基础课程的教学特点之一，普遍受到学生的欢迎。新闻具有很强的时效性，然而，作为教材使用的新闻阅读材料，为了兼顾稳定性以及出版周期的影响，被学生在课堂上阅读时已是"新闻变旧闻"了。为了弥补新闻课课堂教学的时效性问题，教师采取课后作业的形式，指定学生根据本课所学的新闻话题，课后自主查找同类话题、新近发生、时效性强的新闻准备新闻报告。同时，在下一节课的复习环节中，让学生借助 PPT 等形式用中文把新闻报告的内容介绍给老师和同学。让学生采用做新闻报告的形式进行复习，既可以起到复习的作用，也可以提高课堂教学中的新闻时效性。

因《伦敦书展的"中国风"》是第 1 课，教师要在课前把本课新闻主题——"中国文化"告知学生，学生可以"未见课文，先找主题"，从而达到预习的目的，同时也可提高本课的新闻时效性。

2. 检查预习情况（约 10 分钟）

教师通过课堂提问的方式了解学生课前预习的情况。了解学生对本课教学重点和难点的理解情况，这一过程也是为思政教学做铺垫的环节。教师通过提问课前问题的第 3 题，"你认为，现在的汉语在英国以及全世界的地位怎么样"，来了解留学生对汉语、对中国文化的看法，同时，在适当的环节中引领学生了解《习近平谈治国理政》第二卷"坚定文化自信"的系列文章内容，达到思政教学的效果。

3. 分段讲解课文（50 分钟）

第 1~2 段

重点词语：

　　步伐、一年一度、主角、一股"中国风"。

重点句型：

　　是……也是……。

本段教学重点：

　　为什么在伦敦这样的坏天气里，迈克尔·霍伊还是要去书展？

　　※ 利用 PPT 课件进行课堂教学，解决重点词语和句型的讲解。同时，通过师生问答的方式，解决本课的第 1 个教学重点：为什么在伦敦这样的坏天气里，迈克尔·霍伊还是要去书展？

　　※ 引导学生理解本课主旨：汉语的国际地位在不断提升。

第 3 段

重点词语：
　　教材、乐于助人、大多（和……有关）。
重点句型：
　　以前……（而）现在……。
本段教学重点：
　　霍伊在书展上找到的汉语教材和以前的教材有什么不同？
　　※ 利用 PPT 课件进行课堂教学，解决重点词语和句型的讲解。同时，通过课堂讨论的方式解决本课的第 2 个教学重点：霍伊在书展上找到的汉语教材和以前的教材有什么不同？
　　※ 引导留学生理解本课主旨：汉语的国际地位在不断提升。

第 4~5 段

重点词语：
　　如今、边缘、商务外语、趋势。
重点句型：
　　不仅……还……。
本段教学重点：
　　探讨现在汉语在英国的地位。
　　※ 利用 PPT 课件讲解课文内容；利用课堂讨论的方式解决本课教学难点：梳理清楚迈克尔·霍伊在书展上寻找介绍中国的书籍的过程，引导学生对此进行理解，这一过程既是汉语教材的发展过程，也是"汉语"的地位在全世界提升的过程。
　　※ 总结本课主要内容，梳理清楚霍伊在书展上寻找汉语教材的过程。引导学生掌握本课主旨：汉语的国际地位在不断提升。

4. 课堂讨论及扩展练习（约 15 分钟）

本环节的课堂讨论分两个方面：一方面是围绕本课主题"汉语的国际地位在不断提升"进行师生之间、同学与同学之间的讨论，通过课堂讨论达到复习所学、扩展词汇量的效果；另一方面是通过挖掘本课新闻内容的中国文化的主题进行课堂讨论，从而引入课程思政的内容。

教师依据《习近平谈治国理政》第二卷"坚定文化自信"的系列文章内容，向学生介绍中国文化。引领学生阅读习近平总书记在 2016 年 11 月 30 日召开的中国文学艺术界联合会第十次全国代表大会、中国作家协会第九次全国代表大会开幕式上的讲话《要有高度的文化自信》。

5. 小结和布置作业（约 5 分钟）

（1）总结《伦敦书展的"中国风"》的重点词语、重点句型。

（2）布置作业：完成本课课后练习。

6. 布置学生准备新闻报告的任务（约 5 分钟）

本课的新闻主题是汉语、中国文化。教师采取学生自愿分组的方式，选取一组同学（2~3 人）组成新闻报告小组。该组同学在课后根据本课新闻主题，自行查找新近发生、时效性强的新闻内容，准备新闻报告，并于下一节课的复习环节中，采取 PPT 等形式，用中文向老师和同学介绍。

附 1.《伦敦书展的"中国风"》教案

时长	教学内容	教学方法	思政要点
10 分钟	复习：学生根据教师课前布置的内容"汉语与中国文化"，自拟题目做新闻报告，达到复习的目的。	1. 留学生做新闻报告。 2. 根据"新闻报告"的内容进行课堂讨论。 3. 引导不同国别的学生谈一谈自己学习汉语的经历以及为什么学习汉语。	教师在复习的环节中，引导学生谈谈各自学习汉语的原因，从而为后续围绕"汉语在国际上的地位"的思政内容的建设做铺垫。
5 分钟	导入话题：汉语、汉语教材。	课堂讨论：请不同国别的学生谈一谈在学习汉语时使用过的汉语教材，以及对该教材的评价，从而导入本课的教学内容。	
10 分钟	泛读课文：根据《伦敦书展的"中国风"》的课文内容，教师提出问题，学生在 10 分钟内阅读课文，回答问题。	1. 利用 PPT 课件进行课堂教学，让学生根据课文内容回答问题： （1）霍伊在书展上找到的汉语教材和以前的教材有什么不同？ （2）在英国，如果能说流利的汉语，会有什么样的优势？ （3）现在，汉语在英国的地位怎么样？ 2. 教师检查学生回答问题的情况，同时，讲解本课生词。	利用课堂讨论的方式，浅谈汉语的国际定位。

续表

时长	教学内容	教学方法	思政要点
50分钟	精读课文、分段讲解课文： 1. 讲解课文的第1~2段： （1）重点词语：步伐、一年一度、主角、一股"中国风"。 （2）重点句型：是……也是……。 （3）解决本课的第一个教学重点：为什么在伦敦这样的坏天气时，迈克尔·霍伊还是要去书展？ 2. 讲解课文的第3段： （1）重点词语：教材、乐于助人、大多（和……有关）。 （2）重点句型：以前……（而）现在……。 （3）解决本课的第二个教学重点：霍伊在书展上找到的汉语教材和以前的教材有什么不同？ 3. 讲解课文的第4~5段： （1）重点词语：如今、边缘、商务外语、趋势。 （2）重点句型：不仅……还……。 （3）解决本课的第三个教学重点：探讨现在的汉语在英国以及全世界的地位。 4. 操练重点词语和重点句型，并且适当扩充。	1. 利用PPT课件进行课堂教学。 2. 师生问答。	1. 引导留学生领悟《习近平谈治国理政》第二卷"坚定文化自信"系列文章的内容。 2. 引导学生阅读习近平总书记在2016年11月30日召开的中国文学艺术界联合会第十次全国代表大会、中国作家协会第九次全国代表大会开幕式上的讲话《要有高度的文化自信》。

续表

时长	教学内容	教学方法	思政要点
15 分钟	思政教学内容建设： 1. 运用本课所学的新词语、新句型进行师生共同讨论。 2. 讨论内容："汉语"的国际地位及其变迁。	课堂讨论。	引导学生阅读习近平总书记在 2016 年 11 月 30 日召开的中国文学艺术界联合会第十次全国代表大会、中国作家协会第九次全国代表大会开幕式上的讲话《要有高度的文化自信》。
10 分钟	1. 总结。 2. 布置作业。 3. 布置新闻报告的内容。	指定学生依据课堂上讨论的汉语的国际地位及其变迁的话题，于课后自主查找资料，为下节课的新闻报告作准备。	依据课堂上讨论的汉语的国际地位及其变迁的话题，让学生自主查找资料，准备新闻报告，使学生更加深入地理解中国文化的精髓。

附件 2.《伦敦书展的"中国风"》课件

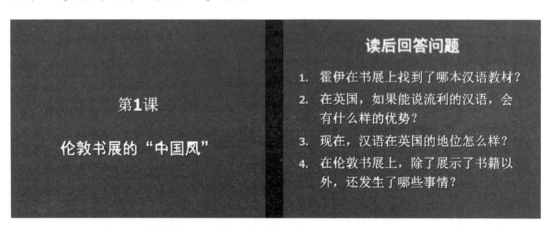

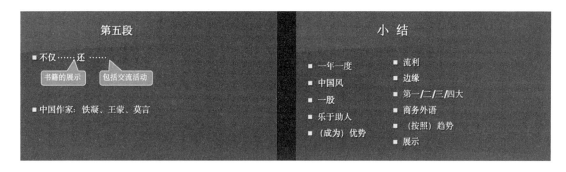

新闻语言基础——《杨欣：可可西里的环保斗士》

一、课程总览

【课程名称】新闻语言基础（Basics of the news language）。

【课程类型】汉语国际教育专业选修课。

【教学对象】二年级本科留学生。

【教学课时】每周4课时，两学期共128学时。

【课程学分】每学期4学分，两学期共8学分。

【使用教材】肖立编著，《新闻语言基础》，北京大学出版社，2017年版。

【课程简介】新闻语言基础课程适用于对外汉语教学初中级阶段，主要用于培养学生的报刊阅读能力。本课程通过精读和泛读结合的方式，让学生学习中国公开传播的报刊、电视和网络新闻，了解中国新闻报道的内容和语言风格，使其能够尽快获得独立搜集和阅读中文新闻以便了解当代中国的能力。

【教学内容】本课程是为北京语言大学汉语学院二年级学生开设的选修课，旨在培养学生阅读中文新闻的能力，特别是识别新闻基本要素——时间（When）、地点（Where）、人物（Who）、事件（What）、因果关系（Why）的能力，使其在学习和生活中能从中文新闻中获取所需要的各种信息。教师授课时以实践为第一原则，注重培养学生的阅读技能。同时，要兼顾中国当代社会的背景知识，使学生了解当代中国。

【教学目标】本课程是一门以报刊、广播、电视的范文为载体，以新闻语言知识为切入点，以提高学生的报刊阅读与理解能力为中心任务的语言技能课。该课程不仅可以提高学生的汉语阅读能力，同时还能让学生通过报刊新闻的阅读更广泛地了解中国的国情和文化，加强沟通与交流的能力。通过该课程，对学生进行价值塑造、知识传授和能力培养。具体目标：①让学生了解当代中国社会现实；②让学生具备中等程度的阅读理解新闻媒体信息的能力；③为学生的高级阶段汉语学习、研究和理解中国社会奠定基础。

二、课程思政教学目标

（1）新闻语言基础课程思政目标为：深入挖掘课程中包含的思政教育元素，在课堂教学过程中结合新闻阅读课程的特点，引领学生通过阅读中文新闻，提高新闻阅读能力的同时，加深对当代中国的了解。

（2）《杨欣：可可西里的环保斗士》的教学内容是通过梳理杨欣在可可西里无人区所做的一系列环保工作的新闻，引导学生理解本课主旨——环境保护的重要性。本节课的思政教学目标为：重点讲解环境保护重要性的同时，引出习近平总书记《习近平谈治国理政》第二卷"建设美丽中国"的系列文章内容，引领学生理解中国《推动形成绿色发展方式和生活方式》的国策。

（3）关于环境保护，在《习近平谈治国理政》第二卷"建设美丽中国"的系列文章内容中有很好的诠释。在本课的课堂讨论环节中，教师将引导学生阅读习近平总书记2017年5月26日在主持中共十八届中央政治局第四十一次集体学习时的讲话要点——《推动形成绿色发展方式和生活方式》。

三、课程思政教学重点和难点

作为新闻阅读课程，"新闻语言基础"通过对课文中新闻阅读材料的学习，让学生能接触到中国的政治、经济、文化、环境、体育等一系列主题，《杨欣：可可西里的环保斗士》的课文主题很好地诠释了中国"推动形成绿色发展方式和生活方式"的内容。在课堂教学中，教师要引导学生通过本课内容了解当代中国、飞速发展的中国和绿色中国。

习近平总书记在《习近平谈治国理政》系列文章中多次针对环境保护的主题发表过意见，本课的主旨就是通过杨欣在可可西里无人区所做的一系列环保工作——保护藏羚羊、保护母亲河长江的源头，来阐述中国的绿色发展理念。教师如何有机地将环境保护和中国的经济发展与课文内容相结合，向学生展示当代中国的美丽，讲好中国故事，是本课思政教学的重点和难点。

四、课程思政教学方法和过程

【教学内容】第14课《杨欣：可可西里的环保斗士》。
【授课方式】线上教学（腾讯会议）。

【授课时长】100 分钟。

【教学方法】

（1）学生自主预习。

（2）教师课堂讲解、师生课堂讨论。

（3）课后学生自主查阅时效新闻，准备新闻报告。

【教学准备】PPT 课件、可可西里的资料和宣传片、《习近平谈治国理政》系列书籍。

【教学重点】

（1）把握课文的主要内容，梳理杨欣在可可西里无人区所做的一系列环保工作，阐述课文主旨：环境保护的重要性。

（2）理解课文中的重点词语和重点句子。

（3）新闻阅读技能的训练：

①重在训练抓住文章主旨、厘清文章基本思路的能力。

②找出长句子的主谓宾。通过抓住长句子的主干，将长句子变为短句子来提高掌握句子重点的能力。

【教学难点】梳理清楚杨欣在可可西里无人区所做的环保工作——保护可可西里无人区的静态环境、保护藏羚羊、保护中国母亲河长江的源头，从而引领学生深刻理解中国的飞速发展是与"推动形成绿色发展方式和生活方式"并存的。

【教学过程】教学过程包括学生按照教师要求完成课前预习→师生线上课堂教学→师生课堂讨论→完成练习，操练巩固→学生完成作业，自主准备新闻报告，教师与学生的互动贯穿于教学过程，实践精讲多练、以学生为课堂主体的对外汉语教学理念。具体教学过程如下：

（一）课前预习

新闻语言基础课程是新闻阅读课，旨在让学生通过阅读中国新闻了解当代中国的方方面面。因新闻自身的特点，新闻语言以及新闻中常见的"长句子"留学生阅读的难点，所以，本课程的课前预习环节至关重要。课前预习包括两个方面：一方面是预习该课生词，另一方面是泛读课文，根据课文内容回答教师提出的"课前问题"，从而达到预习效果。

学生做好课前预习，不仅可以有效提高课堂的学习效果，同时对深刻理解中国文化以及当代中国也十分重要。众所周知，新闻是信息的载体，时效性极强的新闻是展示高科技快速发展、经济腾飞的当代中国的手段。在预习的过程中，学生在自主学习中文的同时主动了解中国文化。本课《杨欣：可可西里的环保斗士》的课前问题包括问答题和思考题两部分，分别是：

（1）根据课文介绍杨欣和索南达杰。

（2）杨欣在可可西里建立的第一座和第二座民间自然保护站是什么？两座保护站的主要工作分别是什么？

（3）根据课文内容，谈一谈杨欣对环境保护的看法。

（二）课堂教学及课堂讨论

※ **教学安排和时间分配**

（1）复习和学生做新闻报告（约 15 分钟）。

（2）检查预习情况（约 10 分钟）。

（3）分段讲解课文（约 50 分钟）。

（4）课堂讨论及扩展练习（约 15 分钟）。

（5）小结和布置作业（约 5 分钟）。

（6）布置学生准备新闻报告的任务（约 5 分钟）。

※ **课堂教学环节与步骤**

1. 复习和学生做新闻报告（约 15 分钟）

（1）复习第 13 课的主要内容，复习与经济相关的词汇和重点句式。

（2）检查学生做新闻报告的情况。

学生做新闻报告的环节是新闻语言基础课程的教学特点之一，普遍受到学生的欢迎。新闻具有很强的时效性，然而，作为教材使用的新闻阅读材料，为了兼顾稳定性以及出版周期的影响，被学生在课堂上阅读时已是"新闻变旧闻"了。为了弥补新闻课课堂教学的时效性问题，教师采取课后作业的形式，指定学生根据本课所学的新闻话题，课后自主查找同类话题、新近发生、时效性强的新闻准备新闻报告。同时，在下一节课的复习环节中，让学生借助 PPT 等形式用中文把新闻报告的内容介绍给老师和同学们。让学生采用做新闻报告的形式进行复习，既可以起到复习的作用，也可以提高课堂教学中的新闻时效性。

上一节课的新闻主题是"经济"，教师已在上一节课的布置作业环节中，选出了本次做新闻报告的学生。该组学生针对"经济"这一主题进行新闻报告，在复习前一课所学的同时，也提高了课堂教学的新闻时效性。

2. 检查预习情况（约 10 分钟）

教师通过课堂提问的方式了解学生课前预习的情况，了解学生对本课教学重点和难点的理解情况，这一过程也是为思政教学做铺垫的环节。教师通过提问"你对环境保护的看法""环境保护的重要性"等问题了解学生的看法,同时,在适当的环节中引领学生了解《习近平谈治国理政》第二卷"建设美丽中国"的系列文章内容,达到思政教学的效果。

3. 分段讲解课文(约50分钟)

课文中的解说1~3

重点词语:
　　苏醒、野生动物、藏羚羊、矗立。
本段教学重点:
　　杨欣和他的民间环保组织"绿色江河"。
　　※ 利用PPT课件进行课堂教学,完成重点词语和句型的讲解。同时,通过师生问答的方式,解决本课的第1个教学重点:杨欣和他的民间环保组织"绿色江河"。
　　※ 引导学生理解本课主旨:环境保护的重要性。

第4段

重点词语:
　　偷猎、巡逻、一尊(冰雕)、牺牲。
本段教学重点:
　　索南达杰的英雄事迹。
　　※ 利用PPT课件进行课堂教学,完成重点词语和句型的讲解。同时,通过课堂提问的方式,解决本课的第2个教学重点:索南达杰的英雄事迹。
　　※ 引导学生理解本课主旨:环境保护的重要性。

课文中的解说5~7

重点词语:
　　源头、微薄。
重点句型:
　　边……边……
本段教学重点:
　　理解杨欣在环保事业中的压力和动力。
　　※ 利用PPT课件讲解课文内容;利用课堂讨论的方式解决本课的第3个教学重点:杨欣在环保事业中的压力和动力。

第 8~10 段

重点词语：
　　海拔、陆续、创办、监测、设想。
重点句型：
　　边……边……
本段教学重点：
　　杨欣在可可西里所做的一系列环保工作。
　　※ 利用 PPT 课件讲解课文内容；利用课堂讨论的方式解决本课的第 4 个教学重点：杨欣在可可西里所做的一系列环保工作。

最后一段

　　※ 利用 PPT 课件讲解课文内容；解决本课的最后一个教学重点：杨欣对环保的看法。
　　※ 杨欣说："我走的这条路只有起点，没有终点。"
　　※ 引导学生理解本课主旨：环境保护的重要性；环境保护工作，只有开始没有结束。

4. 课堂讨论及扩展练习（约 15 分钟）

本环节的课堂讨论分两个方面：一方面是围绕本课主题"环境保护的重要性"进行师生之间、同学与同学之间的讨论。通过课堂讨论达到复习所学，扩展词汇量的效果；另一方面是围绕本课新闻内容的主题与中国绿色发展理念进行课堂讨论，从而引入课程思政的内容。

教师依据《习近平谈治国理政》第二卷"建设美丽中国"的系列文章内容，向学生介绍中国绿色发展的理念，引领学生阅读习近平总书记 2017 年 5 月 26 日在主持中共十八届中央政治局第四十一次集体学习时的讲话要点——《推动形成绿色发展方式和生活方式》。

5. 小结和布置作业（约 5 分钟）

（1）总结《杨欣：可可西里的环保斗士》的重点词语、重点句型。

（2）布置作业：完成本课课后练习。

6. 布置学生新闻报告的任务（约 5 分钟）

本课的新闻主题是环境保护。教师采取学生自愿分组的方式，指定一组同学（2~3 人）组成新闻报告小组。该组同学在课后根据本课新闻主题，自行查找新近发生、时效性强的新闻内容，准备新闻报告，并于下一节课的复习环节中，采取 PPT 等形式，用中文向老师和同学介绍新闻报告。

附件1.《杨欣：可可西里的环保斗士》教案

时长	教学内容	教学方法	思政要点
10分钟	复习：学生根据上节课的新闻主题"经济"，自拟题目做新闻报告，达到复习的目的。	1. 学生做新闻报告。 2. 根据"新闻报告"的内容进行课堂讨论。 3. 引导不同国别的学生谈一谈自己对经济发展的看法。	教师在复习的环节中，引导学生谈谈各自国家经济发展的情况。从而为后续围绕"建设美丽中国"的思政内容建设做铺垫。
5分钟	导入话题：环境保护	课堂讨论：请不同国别的学生谈一谈自己国家的环保工作，从而导入本课的教学内容。	
10分钟	泛读课文：根据《杨欣：可可西里的环保斗士》的课文内容，教师提出问题，学生在10分钟内阅读课文，回答问题。	1. 利用PPT课件进行课堂教学，根据课文内容回答问题： （1）根据课文，介绍一下杨欣和索南达杰。 （2）杨欣在可可西里建立的第一座和第二座民间自然保护站是什么？这两座保护站的主要工作分别是什么？ （3）根据课文最后一段内容，说出杨欣对环保的看法。 2. 教师检查学生回答问题的情况，同时，讲解本课生词。	利用课堂讨论的方式，浅谈环境保护的重要性。
50分钟	精读课文、分段讲解课文： 1. 讲解课文中的解说1~3： （1）重点词语：苏醒、野生动物、藏羚羊、矗立。 （2）解决本课的第一个教学重点：杨欣是民间环保组织"绿色江河"的会长。 2. 讲解课文的第4段： （1）重点词语：偷猎、巡逻、一尊（冰雕）、牺牲。	1. 利用PPT课件进行课堂教学。	1. 引领学生领悟《习近平谈治国理政》第二卷"建设美丽中国"的系列文章内容。

续表

时长	教学内容	教学方法	思政要点
	（2）解决本课的第二个教学重点：索南达杰的介绍。 3. 讲解课文中的解说5~7： （1）重点词语：源头、微薄。 （2）重点句型：边……边……。 （3）解决本课的第三个教学重点：杨欣在环保事业中的压力和动力。 4. 讲解课文的第8~10段： （1）重点词语：海拔、陆续、创办、监测、设想。 （2）解决本课的第四个教学重点：杨欣在可可西里做的一系列环保工作。 5. 讲解课文的最后一段：解决本课的第五个教学重点：杨欣对环境保护工作的看法：环保只有起点，没有终点。 6. 操练重点词语和重点句型，并且适当扩充	2. 师生问答。	2. 引导学生阅读习近平总书记2017年5月26日在主持中共十八届中央政治局第四十一次集体学习时的讲话要点——《推动形成绿色发展方式和生活方式》。
15分钟	思政教学内容建设： 1. 运用本课所学的新词语、新句型进行师生共同讨论。 2. 讨论内容：环境保护。	课堂讨论。	引导学生阅读习近平总书记2017年5月26日在主持中共十八届中央政治局第四十一次集体学习时的讲话要点——《推动形成绿色发展方式和生活方式》。
10分钟	1. 总结。 2. 布置新闻报告的内容。 3. 布置作业。	指定学生依据课堂上讨论的环境保护问题，课后自主查找资料，为下节课的新闻报告做准备。	依据课堂上讨论的环境保护的问题，让学生自主查找资料，准备新闻报告，使学生更加深入地理解中国《推动形成绿色发展方式和生活方式》的国策。

附件2.《杨欣：可可西里的环保斗士》课件

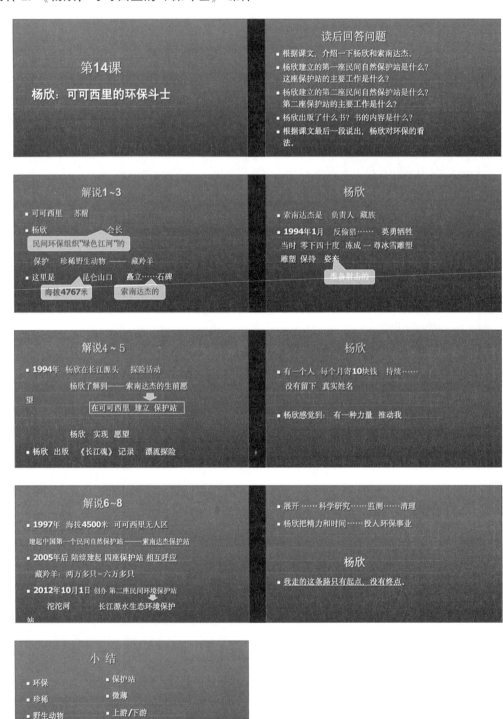

新闻语言基础——《英国女孩眼里的春节》

一、课程总览

【课程名称】新闻语言基础（Basics of the news language）。
【课程类型】汉语国际教育专业选修课。
【教学对象】二年级本科留学生。
【教学课时】每周4课时，两学期共128学时。
【课程学分】每学期4学分，两学期共8学分。
【使用教材】肖立编著，《新闻语言基础》，北京大学出版社，2017年版。
【课程简介】新闻语言基础课程适用于对外汉语教学初中级阶段，主要用于培养学生的报刊阅读能力。本课程通过精读和泛读结合的方式，让学生学习中国公开传播的报刊、电视和网络新闻，了解中国新闻报道的内容和语言风格，使其能够尽快获得独立搜集和阅读中文新闻以便了解当代中国的能力。
【教学内容】本课程是为北京语言大学汉语学院二年级学生开设的选修课，旨在培养外国学生阅读中文新闻的能力，特别是识别新闻基本要素——时间（When）、地点（Where）、人物（Who）、事件（What）、因果关系（Why）的能力，使其在学习和生活中能从中文新闻中获取所需要的各种信息。教师授课时以实践为第一原则，注重培养学生的阅读技能。同时，要兼顾中国当代社会的背景知识，使学生了解当代中国。
【教学目标】本课程是一门以报刊、广播、电视的范文为载体，以新闻语言知识为切入点，以提高学生的报刊阅读与理解能力为中心任务的语言技能课。该课程不仅可以提高学生的汉语阅读能力，同时还能让学生通过报刊新闻的阅读更广泛地了解中国的国情和文化，加强沟通与交流的能力。通过该课程，对学生进行价值塑造、知识传授和能力培养。具体目标：①让学生了解当代中国社会现实；②让学生具备中等程度的阅读理解新闻媒体信息的能力；③为留学生的高级阶段汉语学习、研究和理解中国社会奠定基础。

二、课程思政教学目标

（1）新闻语言基础课程思政目标为：深入挖掘课程中包含的思政教育元素，在课堂教学过程中结合新闻阅读课程的特点，引领学生通过阅读中文新闻，提高新闻阅读能力的同时，加深对当代中国的了解。

（2）《英国女孩眼里的春节》的教学内容是英国女孩林琳在英国遇到的中国春节和来到中国"过年"后，对于中国传统节日"春节"的不同感受和看法。本节课的思政教学目标为：重点讲解课文中林琳的感受，"在春节期间，家人团聚，祭祀祖先。他们不只考虑物质生活，还想到精神生活，这一点真好！"引导学生理解中国传统文化的内涵以及源远流长的中华文明。

（3）关于中国文化，在《习近平谈治国理政》第二卷"坚定文化自信"的系列文章内容中对此有很好的诠释。本课在课堂讨论的环节中，教师将引导学生阅读习近平总书记2014年9月24日在纪念孔子诞辰2565周年国际学术研讨会暨国际儒学联合会第五届会员大会开幕会上的讲话《努力实现传统文化创造性转化、创新性发展》，从而达到让学生深刻理解中国传统文化的思政教学目标。

三、课程思政教学重点和难点

作为新闻阅读课程，"新闻语言基础"通过课文的新闻阅读材料，让学生能接触到中国的政治、经济、文化、环境、体育等一系列主题，《英国女孩眼里的春节》的课文内容是用一名英国女孩的视角看待我国最重要的传统节日"春节"，很好地展示了当代中国的精神文明生活和物质文明生活。

习近平总书记在《习近平谈治国理政》系列文章中多次针对我国传统文化的主题发表过意见，本课的主旨就是通过"春节"来探讨中国的传统文化。教师如何根据课文内容将中国传统文化与飞速发展的当代中国的方方面面有机地结合起来，再传授给学生，向他们讲好中国故事，是本课思政教学的重点和难点。

四、课程思政教学方法和过程

【教学内容】第3课《英国女孩眼里的春节》。

【授课方式】线上教学（腾讯会议）。

【授课时长】100分钟。

【教学方法】

（1）学生自主预习。

（2）教师课堂讲解、师生课堂讨论。

（3）课后学生自主查阅时效新闻，准备新闻报告。

【教学准备】PPT课件、中国传统节日的图片和视频、《习近平谈治国理政》系列书籍。

【教学重点】

（1）把握课文的主要内容，梳理清楚课文中提到的英国女孩林琳在英国遇到的中国春节和来到中国"过年"后的不同感受和看法。

（2）理解课文中的重点词语和重点句子。

（3）新闻阅读技能的训练：

①重在训练抓住文章主旨、厘清文章基本思路的能力。

②找出长句子的主谓宾。通过抓住长句子的主干，将长句子变为短句子来提高掌握句子重点的能力。

【教学难点】梳理清楚英国女孩林琳在英国遇到的中国春节和来到中国"过年"后的不同感受和看法，引导学生理解中国的传统文化。开展课堂讨论让学生理解中国传统文化与自己国家文化的异同，提升跨文化交际能力。

【教学过程】教学过程包括学生按照教师要求完成课前预习→师生线上课堂教学→师生课堂讨论→完成练习，操练巩固→学生完成作业，自主准备新闻报告，教师与学生的互动贯穿于教学过程，实践精讲多练、以学生为课堂主体的对外汉语教学理念。具体教学过程如下：

（一）课前预习

新闻语言基础课程是新闻阅读课，旨在让学生通过阅读中国新闻了解当代中国的方方面面。因新闻自身的特点，新闻语言以及新闻中常见的"长句子"是学生阅读的难点，所以，本课程的课前预习环节至关重要。课前预习包括两个方面：一方面是预习该课生词，另一方面是泛读课文，根据课文内容回答教师提出的"课前问题"，从而达到预习效果。

学生做好课前预习，不仅可以有效提高课堂的学习效果，同时对深刻理解中国文化以及当代中国也十分必要。众所周知，新闻是信息的载体，时效性极强的新闻是展示高科技快速发展、经济腾飞的当代中国的手段。在预习的过程中，学生在自主学习中文的同时主动了解中国文化。本课《英国女孩眼里的春节》的课前问题包括问答题和思考题两部分，分别是：

（1）去中国之前，林琳对春节的感受是什么？

（2）中国人在饺子里放硬币的习惯与哪个国家是一样的？

（3）在中国"过年"以后，林琳为什么觉得中国人的春节真好？

（二）课堂教学及课堂讨论

※ **教学安排和时间分配**

（1）复习和学生做新闻报告（约15分钟）。

（2）检查预习情况（约10分钟）。

（3）分段讲解课文（约50分钟）。

（4）课堂讨论及扩展练习（约 15 分钟）。

（5）小结和布置作业（约 5 分钟）。

（6）安排学生做新闻报告（约 5 分钟）。

※ **课堂教学环节与步骤**

1. 复习与学生做新闻报告（约 15 分钟）

（1）复习第 2 课的主要内容，复习与志愿者相关的词汇和重点句式。

（2）检查学生做新闻报告的情况。

学生做新闻报告的环节是新闻语言基础课程的教学特点之一，普遍受到了学生的欢迎。虽然新闻具有很强的时效性，然而，作为教材使用的新闻阅读材料，为了兼顾稳定性以及出版周期的影响，被学生在课堂上阅读时已经"新闻变旧闻"了。为了弥补新闻课堂教学的时效性问题，教师采取课后作业的方式，指定学生根据本课所学的新闻话题，课后自主查找同类话题、新近发生、时效性强的新闻准备新闻报告。同时，在下一节课的复习环节中，让学生借助 PPT 等形式用中文把新闻报告的内容介绍给老师和同学们。让学生采用做新闻报告的形式进行复习，既可以起到复习的作用，也可以提高课堂教学中的新闻时效性。

上一节课的新闻主题是"志愿者"，教师已在上一节课的布置作业环节中，选出了本次做新闻报告的学生。该组学生针对"志愿者"这一主题进行新闻报告，在复习前一课所学内容的同时，也提高了课堂教学的新闻时效性。

2. 检查预习情况（约 10 分钟）

教师通过课堂提问的方式了解学生课前预习的情况，了解学生对本课教学重点和难点的理解情况，这一过程也是为思政教学做铺垫的环节。教师通过提问，让不同国别的学生来谈一谈自己国家的传统文化与中国传统文化的异同，引领学生理解《习近平谈治国理政》第二卷"坚定文化自信"的系列文章内容，达到思政教学的效果。

3. 分段讲解课文（约 50 分钟）

第 1~3 段

重点词语：

感兴趣、发行纪念币、品尝美味佳肴。

重点句型：

把字句。

本段教学重点：

去中国之前，林琳对春节的感受是什么？

※ 利用 PPT 课件进行课堂教学，完成重点词语和句型的讲解。同时，通过师生问答的方式，解决本课的第 1 个教学重点：去中国之前，林琳对春节的感受是什么？

第4~6段

> **重点词语：**
>   除夕、发红包、开玩笑、包饺子、祭祀祖先。
> **重点句型：**
>   不只……还……。
> **本段教学重点：**
>   在中国"过年"以后，林琳对春节的感受和看法是什么？
>   ※ 利用PPT课件进行课堂教学，完成重点词语和句型的讲解。同时，通过课堂讨论的方式，解决本课的第2个教学重点：在中国"过年"以后，林琳对春节的感受和看法是什么？
>   ※ 引导学生理解本课主旨：中国传统文化。

复习

序号	除夕活动	特点
1	发红包	1. 老人发红包（装满钱）。 2. 单身。 3. 开玩笑。
2	包饺子	1. 在饺子里放硬币。 2. 与……习惯是一样的。
3	祭祀祖先	1. 家人团聚，祭祀祖先。 2. 物质生活，精神生活。

4. 课堂讨论及扩展练习（约15分钟）

本环节的课堂讨论分两个方面：一方面是师生之间、同学与同学之间的交流，请不同国别的学生谈一谈自己国家的传统文化与中国传统文化的异同，达到复习所学，扩展词汇量的效果；另一方面是挖掘本课新闻内容的主题"中国传统文化"，通过课堂讨论引入课程思政的内容。

教师依据《习近平谈治国理政》第二卷"坚定文化自信"的系列文章内容，向学生介绍中国传统文化。引领学生阅读习近平总书记2014年9月24日在纪念孔子诞辰2565周年国际学术研讨会暨国际儒学联合会第五届会员大会开幕会上的讲话《努力实现传统文化创造性转化、创新性发展》。

5. 小结和布置作业（约5分钟）

（1）总结《英国女孩眼里的春节》的重点词语、重点句型。

（2）布置作业：完成本课课后练习。

6. 布置学生准备新闻报告（约 5 分钟）

本课的新闻主题是"中国传统文化"。教师采取学生自愿分组的方式，指定一组同学（2~3 人）组成新闻报告小组。该组同学在课后根据本课新闻主题，自行查找新近发生、时效性强的新闻内容，准备新闻报告，并于下一节课的复习环节中，采取 PPT 等形式，用中文向老师和同学做新闻报告。

附件 1.《英国女孩眼里的春节》教案

时长	教学内容	教学方法	思政要点
10 分钟	复习：学生根据上节课的新闻主题"志愿者"，自拟题目做新闻报告，达到复习的目的。	1. 学生做新闻报告。 2. 根据"新闻报告"的内容进行课堂讨论。	教师在复习的环节中，引出以春节为代表的中国传统文化，为后续围绕思政内容进行的课堂讨论做铺垫。
5 分钟	导入话题：传统节日	1. 观看视频：观看中国春节视频内容以及其他传统节日的视频，从而导入本课的教学内容。 2. 引领不同国别的学生谈一谈自己国家的传统文化，以及与中国文化的异同。	
10 分钟	泛读课文：根据《英国女孩眼里的春节》的课文内容，教师提出问题，学生在 10 分钟内阅读课文，回答问题。	1. 利用 PPT 课件进行课堂教学，让学生根据课文内容回答问题： （1）去中国之前，林琳对春节的感受是什么？ （2）中国人在饺子里放硬币的习惯与哪个国家是一样的？ （3）在中国"过年"以后，林琳为什么觉得中国人的春节真好？ 2. 教师检查学生回答问题的情况，同时，讲解本课生词。	利用课堂讨论的方式，浅谈中国的传统文化——春节。

续表

时长	教学内容	教学方法	思政要点
50分钟	精读课文、分段讲解课文： 讲解课文的第1~3段： （1）重点词语：感兴趣、发行纪念币、品尝美味佳肴。 （2）重点句型：把字句。 （3）解决本课的第一个教学重点：去中国之前，林琳对春节的感受是什么？ 2. 讲解课文的第4~6段： （1）重点词语：除夕、发红包、开玩笑、包饺子、祭祀祖先。 （2）重点句型：不只……还……。 （3）解决本课的第二个教学重点：在中国"过年"以后，林琳对春节的感受和看法是什么？ 3. 操练重点词语和重点句型，并且适当扩充。	1. 利用PPT课件进行课堂教学。 2. 师生问答。	1. 引领学生领悟《习近平谈治国理政》第二卷"坚定文化自信"的系列文章内容。 2. 引导学生阅读习近平总书记在2014年9月24日在纪念孔子诞辰2565周年国际学术研讨会暨国际儒学联合会第五届会员大会开幕会上的讲话《努力实现传统文化创造性转化、创新性发展》。
15分钟	思政教学内容建设： 1. 运用本课所学的新词语、新句型进行师生共同讨论。 2. 讨论内容：以春节为代表的中国传统节日以及中国传统文化。	课堂讨论。	引导学生阅读习近平总书记2014年9月24日在纪念孔子诞辰2565周年国际学术研讨会暨国际儒学联合会第五届会员大会开幕会上的讲话《努力实现传统文化创造性转化、创新性发展》。
10分钟	1. 总结。 2. 布置新闻报告的内容。 3. 布置作业。	指定学生依据课堂上讨论的关于中国传统文化的主题，课后自主查找资料，为下节课的新闻报告作准备。	依据课堂上讨论的关于中国传统文化的主题，让学生自主查找资料，准备新闻报告，使学生更加深入地理解中国传统文化的精髓。

附件2.《英国女孩眼里的春节》课件

第3课 英国女孩眼里的春节

第一段、第二段

感兴趣

发行 纪念币

为马年春节

林琳：从……毕业　专业：汉语

介绍了她对春节的感受

第三段

去中国之前：把……与……联系在一起

春节　　华人老太太

每逢春节

品尝美味佳肴

判断解释是否正确：
- 每逢春节，这位老太太就会请我们全家过去品尝过年的美味佳肴。
- 每次到春节的时候，这位老太太就会请我们全家去她家吃过年的美食。（　）

除夕干什么（第四段~第六段）

2006年 第一次 过年　除夕

☐ 老人发红包　装满了钱　感到意外/不好意思

单身或者没工作的人　　开玩笑

☐ 包饺子 在饺子里放硬币　与……习惯是一样的

英国人往圣诞布丁中放硬币的

形状各异　　联合国

☐ 祭祀祖先

平时：　紧张繁忙

春节期间：家人团聚，祭祀祖先

不只 …… 还 ……

考虑物质生活　　想到精神生活

复习

序号	除夕的活动	特　点
1	发红包	老人发红包 装满了钱 单身、没工作的人 开玩笑
2	包饺子	在饺子里放硬币 与……习惯是一样的
3	祭祀祖先	家人团聚，祭祀祖先 物质生活　精神生活

小　结

- 感兴趣
- 发行纪念币
- 美味佳肴
- 除夕
- 发红包
- 开玩笑
- 包饺子
- 与……是一样的
- 形状各异
- 祭祀祖先
- 紧张繁忙
- 物质生活
- 精神生活

汉语新闻阅读——《智慧交通，改变的不只是出行方式》

一、课程总览

【课程名称】汉语新闻阅读（Chinese News Reading）。
【课程类型】汉语国际教育专业/汉语言专业选修课。
【教学对象】三年级本科留学生。
【教学课时】每周4学时，两学期共128学时。
【课程学分】每学期4学分，两学期共8学分。
【使用教材】于洁、刘丽萍、夏可心编写，《汉语新闻阅读》（上、下册），北京语言大学出版社，2022年版。
【课程简介】本课程是为汉语国际教育专业和汉语言专业三年级本科留学生开设的专业选修课，课程旨在培养学生阅读中文新闻的能力，并在此基础上增进学生对中国社会的了解，以便形成客观公正的认识。授课方式以阅读训练为主，注重培养学生的阅读理解能力，并兼顾相关背景知识的学习。
【教学内容】本课程的教学材料主要来自中国官方媒体，体裁主要是评论性新闻。所学内容涵盖中国当代社会多个方面的发展变化及其对世界的影响，具体内容包括：传统节日的现代内涵、大学生就业新现象、中国高铁、当代中国人的幸福感和精神生活、支付方式的变化、全民健身、汉语词汇对英语词汇的影响、一带一路、从中国制造到中国智造、中国在全球气候变化中的担当，等等。
【教学目标】本课程属于高级阶段的阅读技能课，课程的基本教学目标是培养学生阅读和理解评论性新闻的能力。教学中通过查找长句主干、猜测词义、跳读、查找关键信息等阅读技能的训练，培养学生对相关话题新闻的阅读理解能力。在此基础上，通过课堂讨论，进一步培养学生思考和分析问题的能力。

二、课程思政教学目标

本课主课文选自2018年3月9日的《科技日报》，全文约2000字。该文以中国的智慧交通为主题，通过详细的数据来说明中国在公共交通领域所取得的巨大成就。正如全国政协委员、交通运输部党组书记杨传堂在评价2018年的春运时所说:"如此波澜壮阔的出行基本保持平稳有序,得益于我国拥有全世界最大的高铁网和高速公路网,铁路、公路、民航等运输保障能力在全球数一数二,覆盖了中国人长中短距离的立体出行。"除了强大的运输保障能力,中国的交通正在不断迈向新台阶,所取得的成就还包括:实时票务交易规模全球最大、公路自驾出行已初级智能化、多种交通方式实现无缝衔接等。文章进一步介绍,伴随着新技术的不断应用,中国人未来的出行将更加便捷、舒适、安全。正如杨传堂所言,未来的交通"还会给人民一个惊喜"。

通过学习本课,学生了解中国强大的交通运输能力和科技给交通带来的显著便利,感受到当今中国在各个方面的发展和进步。同时,通过学习本课,学生还应能够发现新科技带来的便捷生活普遍提高了中国人的幸福感。本课的思政意义在于,通过实际的例子,用事实和数据让学生感受中国在交通领域日新月异的发展和进步,从而认识到中国道路和制度的正确性,并进一步理解当代中国人的制度自信是以社会全面进步与发展为基础的。

三、课程思政教学重点和难点

(一)课程思政教学重点

习近平总书记2019年1月25日在中共十九届中央政治局第十二次集体学习时的讲话指出:"现在,国际上理性客观看待中国的人越来越多,为中国点赞的人也越来越多。我们走的是正路,行的是大道,这是主流媒体的历史机遇,必须增强底气、鼓起士气,坚持不懈讲好中国故事,形成同我国综合国力相适应的话语权。"新闻阅读课在一定程度上担当了"讲好中国故事"的任务,本课将思政元素融入文章中,通过阅读、理解、分析和讨论文章内容及阅读相关背景知识,使学生深入了解当代中国在交通方面的进步与发展,从而理解中国制度和中国道路的合理性与合适性,消除对中国的各种误解和偏见,理性客观地看待中国,为中国点赞。

(二)课程思政教学难点

对留学生的思政教学不同于对中国学生,前者更要注意"润物细无声",课程思政应发挥新闻内容本身的力量。教师在授课时需要把握好力度,不能有明显的倾向性,否则会适得其反。因此,在教学中,应将重点放在对文本的阅读理解、课后延伸阅读及课堂讨论方面,让学生通过理解新闻内容自己得到启发。此外还应适当补充相关新闻资料,比如让学生阅读有关杭绍甬高速公路的新闻,了解目前的进展,加深学生对中国交通不断发展的认识。另外,由于新闻语言的语体比一般的书面语体更为典雅,加上存在一些超纲词,这就给阅读理解造成了一定困难,进而影响学生对新闻内容的深入理解,因此,在生词教学中应注重对重点词的讲解,扫除阅读障碍。

四、课程思政教学方法和过程

（一）教学方法

教育学方法主要是学生自学、教师讲解、课堂提问和讨论。

新闻阅读课的思政教学方法应结合课型特点进行设计。作为阅读课，本课在语言技能上的教学目标是培养和提高学生的新闻阅读技能，因此在教学方法上应鼓励学生认真阅读，具体包括课前预习课文，课上在教师引导下查找关键信息，理解课文内容，回答教师的提问并参与讨论，以讨论带动思考，加深对课文内容的理解。

（二）教学过程

1. 教学准备

要求学生课前自主查找资料，了解什么是"智慧交通"，初步了解中国高铁和公路交通的"智慧"之处。

2. 教学内容

本课是三年级下学期第十五课的学习内容。主课文的题目是《智慧交通，改变的不只是出行方式》。本次课是第一次课，包含两课时，主要学习生词表中前8个词和课文1~8自然段的内容。

3. 教学重点和难点

（1）教学重点：

①学习有关交通话题的新闻常用词汇。

②理解课文内容。

③在理解课文内容的基础上感受中国在智慧交通方面的发展和进步。

④理解交通如何提高人们出行的满意度和幸福感。

（2）教学难点：

①相关背景知识和有关交通的常用词汇，如春运、12306网站、人脸识别、运营、里程，等等。

②理解结构较为复杂的长句的语义。

③理解交通的便捷对人们生活产生的积极影响。

4. 教学时长

100分钟。

5. 教学时间安排

（1）课前活动：8分钟。

（2）话题热身：10分钟。

（3）新闻题解：3分钟。

（4）生词讲解：16分钟。

（5）课文讲解+提问+讨论：60分钟。

（6）小结和布置作业：3分钟。

6. 教学环节与步骤

（1）课前活动：

①个人新闻报告。按照学期初安排的时间表，请两个学生报告新闻。以中国国内新闻为主，也可以讲自己国家近期的新闻事件，鼓励学生养成阅读新闻的习惯。新闻报告的时间为每个学生2~3分钟。

②相关新闻阅读。教师准备与所学话题相关的新闻，选择学生能够听得懂、听得进、听得明白的内容，以视频新闻为主，也可以是文字报道。本课所读视频新闻是《未来交通建设这样发力》，来源于新华社2021年2月6日，时长2分49秒。视频结束后引导学生简单概括新闻大意。

（思政要点：阅读视频新闻能够以可视化的方式实现传播效果。习近平总书记2019年1月25日在中共十九届中央政治局第十二次集体学习时的讲话指出："我们要把握国际传播领域移动化、社交化、可视化的趋势，在构建对外传播话语体系上下功夫，在乐于接受和易于理解上下功夫，让更多国外受众听得懂、听得进、听得明白，不断提升对外传播效果。"观看视频新闻有助于学生听得懂、听得进、听得明白，从而提升对外传播的效果。）

（2）话题热身，讨论以下问题：

①在中国，你都使用过哪些交通工具？说一说它们的"智慧"之处。

②比较中国与你的国家的交通方式有何异同。

（思政要点：习近平总书记2017年12月1日在中国共产党与世界政党高层对话会上指出："文明的繁盛、人类的进步，离不开求同存异、开放包容，离不开文明交流、互学互鉴。"通过对中国交通情况的初步了解和与自己国家的比较，可以让学生体会不同国家主要交通方式的差异，并对中国交通的发展和进步有一个初步的认识。）

（3）题解：新闻背景介绍。

中国经济快速发展，中国的交通也出现了日新月异的变化。急驰而过的中国高铁、快速通行的高速公路、翱翔蓝天的中国民航、方便快捷的共享单车，无不搭乘技术快车，为百姓出行提供了更加智能和人性化的便利。智慧交通不只是改变了人们的出行方式，更是带来了舒适便捷的生活。

（思政要点：交通与人民的日常生活息息相关。习近平总书记2019年11月2—3日在上海考察时指出："要抓住人民最关心最直接最现实的利益问题，抓住突出民生难题，一件事情接着一件事情办，一年接着一年干，争取早见成效，让人民群众有更多获得感、幸福感、安全感。"可以说，交通问题属于人民最关心最直接最现实的利益问题。通过阅读本文，学生可以体会到中国交通方式的变革和中国交通运输能力的快速发展给人民群众带来的幸福感。）

(4) 生词。

1. 波澜壮阔	bōlán-zhuàngkuò	5. 集成	jíchéng
2. 保障	bǎozhàng	6. 标杆	biāogān
3. 实时	shíshí	7. 云	yún
4. 上线	shàngxiàn	8. 堵塞	dǔsè

对重点词语进行扩展练习：

保障（动）保障运输/生命/财产/安全/技术；

实时（副）实时监控/播放/报道；

上线（动）课程/产品上线；

堵塞（动）交通/网络堵塞。

(5) 课文阅读：

①阅读课文第1自然段：

2018年春运，正接近尾声。40天内，公共交通运输工具预计运送旅客近30亿人次，相当于全世界人口的近一半；同时，预计有10多亿人次通过自驾车出行。

> 读后完成以下练习：
> 猜测词义：2018年春运，正接近尾声。（　　）
> 　a. 春节假期　　　b. 春季运输　　　c. 春天的运输　　　d. 春节运输
> 判断正误：文章发表时，春运已经结束。（　　）

（思政要点：春运是关系民生的一件大事。习近平总书记2018年5月4日在纪念马克思诞辰200周年大会上的讲话指出："我们要始终把人民立场作为根本立场，把为人民谋幸福作为根本使命，坚持全心全意为人民服务的根本宗旨。"）

②阅读第2自然段：

3月5日，全国政协委员、交通运输部党组书记杨传堂说："如此波澜壮阔的出行基本保持平稳有序，得益于我国拥有全世界最大的高铁网和高速公路网，铁路、公路、民航等运输保障能力在全球数一数二，覆盖了中国人长中短距离的立体出行。"

> 读后完成以下练习：
> 猜测词义：
> 1. 如此<u>波澜壮阔</u>的出行基本保持平稳有序，得益于我国拥有全世界最大的高铁网和高速公路网。（　　）
> 　a. 水面很宽　　　b. 秩序很乱　　　c. 规模很大　　　d. 声音很大
> 2. 铁路、公路、民航等运输保障能力在全球<u>数一数二</u>，覆盖了中国人长中短距离的立体出行。（　　）
> 　a. 数量很少　　　b. 力量很小　　　c. 数量不定　　　d. 位置突出
> 判断正误：铁路、公路、民航为中国人的出行提供了强有力的保障。（　　）

③阅读课文第 3、4 自然段：

今年春运，高铁出行成为最热的选项。

"12306 网站购票，车站互联网机器取票，人脸识别进站。近 1318 公里里程运行 4 小时 28 分，非常便捷。"搭乘 G1 次列车从北京去上海的程海平告诉科技日报记者他因工作需要经常往返京沪，以往选择飞机多一些，自时速 350 公里"复兴号"上线运营后，出行便以高铁为主了。

读后完成以下练习：
1. 快速查阅资料，理解以下词语的所指：12306 网站、人脸识别、"复兴号"。
2. 判断正误：程海平以前出行以高铁为主，目前以飞机为主。（　　）
3. 回答问题：
(1) 在 12306 网站购票后需要做什么才能进站？
(2) "复兴号"时速多少？

④阅读课文第 5、6 自然段：

"乘这趟高铁往返京沪，时间更具优势。两边车站都在市区，全车 Wi-Fi 可以在线办公，车内有通过照明控制模式获得的不同光线环境，而且车厢内非常安静。"程海平说。

程海平搭乘的 G1 次动车，是国产最新一代高铁动车组"复兴号"，设计标准为时速 350 公里，集成了大量现代高新技术。

读后完成以下练习：
1. 选择正确答案：这段话没有谈到京沪高铁的哪个方面？（　　）
   a. 时间　　　b. Wi-Fi　　　c. 办公区　　　d. 照明
2. 回答问题：
(1) 程海平乘坐的这趟高铁（"复兴号"）具有哪些优点？
(2) "复兴号"有什么特点？

（思政要点：中国高铁的高效运营与管理离不开中国信息化的快速发展。习近平总书记 2018 年 4 月 20 日在全国网络安全和信息化工作会议上的讲话提道："信息化为中华民族带来了千载难逢的机遇。我们必须敏锐抓住信息化发展的历史机遇。"）

⑤阅读课文第 7、8 自然段：

据中国铁路总公司消息，到 2017 年年底，全国铁路营运里程达到 12.7 万公里，其中高铁 2.5 万公里，占世界高铁总量的 66.3%，成为铁路运输的主力。同时，我国高铁商业运营时速达 350 公里，成为世界高铁技术新标杆。

今年春运，搭乘高铁出行的人还发现，通过 12306 购票非常流畅。"网络堵塞现象没有了。"程海平说。

读后完成以下练习：
1. 猜测词义：同时，我国高铁商业运营时速达 350 公里，成为世界高铁技术新标杆。（　　）
   a. 纪录　　　　b. 榜样　　　　c. 技术　　　　d. 目标
2. 判断正误：中国的高铁营运里程位居世界第一。（　　　）
3. 选择正确答案：第七段主要介绍的是中国高铁的什么？（　　）
   a. 里程　　　　b. 时速　　　　c. 技术　　　　d. 里程和时速

（思政要点：通过判断正误，可以强化学生对中国高铁发展规模的认识：中国高铁运营里程位居世界第一。）

（6）总结并布置作业：
①复习学过的课文。
②预习生词 9~17；课文 9~18 自然段。
③准备下次课前新闻报告（按照时间表签名的顺序轮流讲）。

附：本次课课件实例

第十五课　智慧交通，改变的不只是出行方式

热身

○1. 在中国，你都使用过哪些交通工具？说一说它们的"智慧"之处。
○2. 比较中国与你的国家的交通方式有何异同。

生词

1. 波澜壮阔 bōlán-zhuàngkuò
2. 保障 bǎozhàng （动）
3. 实时 shíshí （副）
4. 上线 shàngxiàn （动）
5. 集成 jíchéng （动）
6. 标杆 biāogān （名）
7. 云 yún （名）
8. 堵塞 dǔsè （动）

词语解释

1. 波澜壮阔　　~的运动/出行
2. 保障　（动）　~运输/生命/财产/安全/技术
3. 实时　（副）　~监控/播放/报道
4. 上线　（动）　课程~；产品~
5. 集成　（动）
6. 标杆　（名）　技术~；速度~
7. 云　（名）
8. 堵塞　（动）　交通~；网络~

智慧交通，改变的不只是出行方式

- 　　2018年春运，正接近尾声。40天内，公共交通运输工具预计运送旅客近30亿人次，相当于全世界人口的近一半；同时，预计有10多亿人次通过自驾车出行。

1. 2018年春运，正接近尾声。（　）
   a.春节假期　b.春季运输　c.春天的运输　d.春节运输

2. 文章发表时，春运已经结束。（　）

第2段

○ 3月5日，全国政协委员、交通运输部党组书记杨传党说："如此波澜壮阔的出行基本保持平稳有序，得益于我国拥有全世界最大的高铁网和高速公路网，铁路、公路、民航等运输保障能力在全球数一数二，覆盖了中国人长中短距离的立体出行。"

1. 如此波澜壮阔的出行基本保持平稳有序，得益于我国拥有全世界最大的高铁网和高速公路网。（　）
   a.水面很宽　b.秩序很乱　c.规模很大　d.声音很大
2. 铁路、公路、民航等运输保障能力在全球数一数二，覆盖了中国人长中短距离的立体出行。（　）
   a.数量很少　b.力量很小　c.数量不定　d.位置突出
3. 铁路、公路、民航为中国人的出行提供了强有力的保障。（　）

实时票务交易规模全球最大

第3、4段

○ 今年春运，高铁出行成为最热的选项。

○ "12306①网站购票，车站互联网机器取票，人脸识别②进站。近1318公里里程运行4小时28分，非常便捷。"搭乘G1次列车从北京去上海的程海平告诉科技日报记者他因工作需要经常往返京沪，以往选择飞机多一些，自时速350公里"复兴号"③上线运营后，出行便以高铁为主了。

① 程海平以前出行以高铁为主，目前以飞机为主。（　）
② 12306是什么？
③ "复兴号"时速多少？

第5、6段

- "乘这趟高铁往返京沪,时间更具优势。两边车站都在市区,全车Wi-Fi可以在线办公,车内有通过照明控制模式获得的不同光线环境,而且车厢内非常安静。"程海平说。
- 程海平搭乘的G1次动车,是国产最新一代高铁动车组"复兴号",设计标准为时速350公里,集成了大量现代高新技术。

> 程海平乘坐的这趟高铁("复兴号")具有哪些优点?

第7、8段

- 据中国铁路总公司消息,到2017年底,全国铁路营运里程达到12.7万公里,其中高铁2.5万公里,占世界高铁总量的66.3%,成为铁路运输的主力。同时,我国高铁商业运营时速达350公里,成为世界高铁技术新标杆。
- 今年春运,搭乘高铁出行的人还发现,通过12306购票非常流畅。"网络堵塞现象没有了。"程海平说。

> 1. 同时,我国高铁商业运营时速达350公里,成为世界高铁技术新标杆。( )
>   a.纪录　b.榜样　c.技术　d.目标
> 2. 中国的高铁营运里程位居世界第一。( )
> 3. 问:第七段主要介绍的是中国高铁的什么?( )
>   A.里程　　　B.时速
>   C.技术　　　D.里程和时速

作业

- 1. 复习学过的课文。
- 2. 预习生词9~17;课文9~18自然段。
- 3. 准备下次课前新闻报告(按照时间表签名的顺序轮流讲)。

当代中国经济 ——《居民生活及其保障》

一、课程总览

【课程名称】当代中国经济（Contemporary Chinese Economy）。

【课程类型】必修课。

【教学对象】四年级本科留学生。

【教学课时】每周2课时。

【教学学分】2学分。

【使用教材】自编讲义《当代中国经济》（苏育平、王琳编写）。在原有自编讲义的基础上，本课程以党的十九大报告为指导，将《当代中国经济发展与制度变革研究》（武力）、《中国经济发展案例》（罗守贵）、《中国经济发展战略与规划的演变和创新》（刘瑞）、《中国经济改革与发展（1978—2018）》（蔡昉）等优秀研究成果作为参考。

【考核方式】闭卷考试：期末考试（占60%）+平时考试（占40%）。

平时成绩构成：课堂讨论+小组报告+个人作业。

【课程简介】"当代中国经济"是一门经济科学理论课，具有很强的实践性。通过学习当代中国经济，把握当代中国经济运行的原理和运行规律，深刻认识中国经济改革、发展和演变的内在逻辑和趋势，使学生获得对当代中国经济发展过程及现状的基本认识，培养学生了解分析中国经济热点问题的兴趣和能力，并使其掌握一些认知方法，为他们今后适应和从事与中国有关的工作以及进一步了解、研究中国经济情况打下必要的基础。

【教学内容】本课程内容主要分成三个板块。第一个板块讲授当代中国经济体制改革历程、现状和未来发展方向，从宏观角度展现中国经济发展过程，解释中国经济制度内在的经济学理论；第二个板块讲授中国三次产业的发展，将中国生态农业、全球制造业基地、高科技和信息产业等发展成果融入课堂；第三个板块讨论中国经济发展的热点问题，包括居民收入和消费、人口和就业问题、区域经济发展问题，将全面实现小康社会、精准扶贫、"一带一路"等经济发展和成就融入课堂。

【教学目标】由于中国经济的崛起，越来越多的外国朋友希望了解中国，越来越多的留学生来到中国学习，他们迫切需要了解中国经济的现实状况，了解中国的过去、现在和未来。"当代中国经济"正是为来华留学生介绍新中国经济发展状况的一门课程。中国经济自成体系，与世界其他国家和地区存在差异，又有一套自己的术语系统和理论框架，学习起来会有一定的难度。在学习的过程中，这门课程的学习目标可以总结为以下三点：
(1) 学习当代中国经济的发展历史、现状和未来趋势。
(2) 提高用汉语描述和讨论中国经济发展专业问题的能力。
(3) 理解中国人的思维方式并获得看待中国经济发展问题的新角度。

二、课程思政教学目标

本课程向学生全面系统讲授当代中国经济的发展历程和今后方向，结合学生特点，用他们听得懂、易接受的方式实现两大目标：

一是促使学生从宏观层面了解中国经济制度由确立社会主义基本经济制度和社会主义分配制度到实施社会主义市场经济体制、不断深化改革开放的变迁背景和具体过程，动态把握中国经济从孤立于社会主义阵营、与世界经济接触和试探、主动学习和融入世界经济、参与和治理世界经济的历程，提高学生对中国经济的兴趣，加强他们对中国经济制度的认识能力和分析能力。

二是促使学生了解中国经济发展为促进世界经济发展所做出的巨大贡献，认可中国的可持续发展已成为保持世界经济稳定和繁荣的核心力量。中国经济发展的成功和经验也是整个人类文明发展的重要组成部分。促使学生认识到中国经济发展不仅为改善中国民生问题、实现贫困人口全面脱贫、建设小康社会发挥了保障作用，也为全球经济提供了在消除贫困、拉动就业、稳定增长上的示范作用，中国的资源、劳动、产品甚至是工业化进程都在不断地给全球经济的持续发展输送强劲的增长动力。

三、课程思政教学重点和难点

（一）课程思政教学重点

本课程重点讲授中国基本经济制度的内在运行理论，让学生深刻认识中国经济改革、发展和演变的内在逻辑和趋势，加强学生对中国经济制度的认识能力和分析能力，培养"知华、友华"的国际人才。重点内容包括：
(1) 中国城乡恩格尔系数的变化。
(2) 小康生活标准及实现方法。
(3) 中国贫困人口的减少对世界的贡献。
(4) 讨论如何从社会保障的角度解决贫困问题。

（二）课程思政教学难点

本课程旨在向学生教授中国经济发展历程和内在经济学逻辑，以潜移默化的方式增进学生对中国国情的了解，促进他们对中国经济制度的理解和认可，坚定其对我国经济制度和我国经济能够实现可持续发展的信心。本课程授课对象为本科留学生，由于学生来源十分多元化，同时本课程的内容丰富，知识较多，因此学生不容易把握。在教学实践中，有许多非经贸专业方向的留学生也会选修该课程。这部分学生的语言基础好，但经济学理论基础薄弱，对经济制度内在逻辑的理解存在困难。基于学生生源和专业的复杂性，在紧紧围绕本课程教学目标的基础上，本课程的教学内容和教学方式都应做到充分灵活，方能达到理想的教学效果。

四、课程思政教学方法和过程

（一）教学方法

在教学过程中侧重培养学生利用所学的中国经济知识以及课程中贯穿的理论分析方法，结合体验到的实际情况，以实事求是的科学态度，通过思考和讨论对中国的社会经济问题进行分析和解释，并通过小组任务、撰写小报告、课堂讨论等学习环节，提高学生用"中国思维"分析问题的能力。

本课程是一门经济学理论课，但同时也具有很强的实践性。为提高教学效果，本课程将《复兴之路》《中国制造》等一系列展示中国经济发展的优秀纪录片引入课堂。在课堂可灵活设定一个"中国新闻我来读"的教学环节，从新华网、人民日报、搜狐等网站中，选择最新的中国经济发展热点话题进行阅读，增强学生对中国基本国情的了解，培养其对中国经济的兴趣。在实践课程中，着重选择中国经济的最新发展成果作为参观对象。

（二）教学过程

当代中国经济的教学过程包括：教师线上布置预习任务→学生根据教师的指导预习讲义→上课教师讲解专业概念和知识点→引导学生思考讨论→提出解决问题的方法→线下完成练习或小组讨论任务。在讲解专业概念和知识点时，通过提问方式及时了解学生的知识水平和掌握情况，并根据学生课堂反应及时调整讲解表述的方法。在教学过程中应充分调动学生的积极主动性，培养学生了解中国的兴趣，鼓励学生主动通过教师推荐的各种途径获取当代中国经济发展的最新情况，同时也鼓励学生对比自己国家和中国的经济发展情况，加强学生对中国经济制度的认识能力和分析能力，培养"知华、友华"的国际人才。

1. 课前准备阶段

准备教案、PPT，发布教学计划安排，布置学生预习任务。

2. 课堂教学阶段

（1）导入话题。

中国的改革开放已经走过了40个年头，学界称中国已经进入"后改革开放时代"。从国际发展经验来看，对于一个经济起飞的国家，这个时期往往是产业结构快速转型、政治体制不断应对新的挑战的时期,是既充满新的机遇又面临着各种社会风险的时期。本课选择的专题"居民生活及其保障",涉及收入差距、居民生活、贫困人口、社会保障等问题,归根结底是"民生"问题,与保持中国的社会稳定、保证经济社会的可持续发展息息相关。

复习:在第一章中我们一起学习了"城乡二元结构",首先哪位同学可以说一说什么是城乡二元结构?

城乡二元结构,是指发展中国家广泛存在的现代工业和传统农业并存、比较繁荣的城市与相对落后的农村并存且差距明显的一种社会经济状态。中国的城乡二元结构在发展中国家里表现格外突出,即在城市的现代生产方式和农村的传统生产方式并存的情况下,存在巨大的城乡差距。

讨论:

✓你们国家城乡差距大吗?

✓中国城乡二元结构的表现有哪些?

(2) 讲解恩格尔系数。

恩格尔系数反映着一国居民或一个家庭的富裕程度与生活水平。恩格尔定律说明:一个国家的国民收入越高,这个国家农业部门收入的比例就越低。由此可以推论,如果农业人口和非农业人口的比例保持不变,或者农业人口比例下降过慢,农民的平均收入相对于整个国民收入来说,就会越来越低。

复习:基尼系数。

讨论:

✓为什么一个国家的国民收入越高,这个国家农业部门收入的比例就越低?

✓如果两个国家的恩格尔系数相同,这两个国家国民生活水平相同吗?如果两个国家的基尼系数相同,这两个国家国民生活水平相同吗?

联合国认定的恩格尔系数的含义标准:恩格尔系数在60%以上为贫困;恩格尔系数在50%~60%为温饱;恩格尔系数在40%~50%为小康;恩格尔系数在30%~40%为富裕;恩格尔系数在30%以下为最富裕。(发达国家的恩格尔系数一般都在20%以下。)

讨论:

✓根据图表数据,组织学生讨论中国城乡居民的恩格尔系数变化状况。

✓小康的恩格尔系数处于什么水平范围?

(3) 讲解小康社会。

学术界将居民生活分为贫困、温饱、小康、富裕四个发展水平。与此对应,也将其分为四个发展阶段。小康是指一定时期的生产力水平低下,人们的生活水平高于温饱但不够富裕,达到丰衣足食、安居乐业的一种生活状态。

从上个世纪90年代开始,中国居民开始进入实现小康目标的过程。中国政府参照国际上常用的衡量现代化的指标,根据中国的国情,制定了小康社会的基本标准。中国2020

年已完成全面实现小康的目标。

讨论：

✓ 中国何时全面实现小康？

✓ 你觉得小康的标准应该有哪些？

✓ 全面小康是不是意味着"人人生活水平都一样"？

（4）讲解贫困人口问题。

贫困可分为相对贫困和绝对贫困。相对贫困是指温饱问题虽然解决，但生活仍低于社会平均生活水平；绝对贫困是指基本生活都没有保障。无论是发展中国家还是发达国家都有贫困问题，只是贫困问题的表现形式或程度不同。发展中国家的贫困多表现为绝对贫困，而发达国家的贫困多表现为相对贫困。

贫困还有狭义和广义之别。狭义贫困是指经济上的贫困；广义贫困还包括社会、文化、教育、政治参与和自然条件方面的落后。广义贫困是对经济、社会和文化落后的总称。

目前，在中国贫困人口问题中，农村比城市程度更深。重点表现在以下三个方面：经济性贫困、知识性贫困和保障性贫困。

介绍中国贫困人口的减少对世界的贡献。联合国《2015年千年发展目标报告》显示，中国极端贫困人口比例从1990年的61%下降到2002年的30%以下，率先实现比例减半。2016年该比例又下降到4%以下，中国对全球减贫的贡献率超过70%。人类历史上从未有过这么快、这么大规模的减贫。中国成为世界上减贫人口最多的国家，也是世界上率先完成联合国千年发展目标的国家。对此，《纽约时报》评价：极端贫困人口的大幅减少主要应归功于中国取得的经济进步。中国之所以能够取得如此显著的成绩，离不开经济发展，也离不开政府在改革方面做出的努力。

精准扶贫的概念：是相对粗放扶贫而言的，是指针对不同贫困区域环境、不同贫困农户状况，运用科学程序对扶贫对象实施精确识别、精确帮扶、精确管理的治贫方式。一般来说，精准扶贫主要是就贫困居民而言的，谁贫困就扶持谁。

讨论：

✓ 发达国家和发展中国家的贫困问题有什么不同？

✓ 请谈谈你知道的中国精准扶贫的好方法。

组织两组同学辩论：贫困地区的儿童更需要面包还是电脑？

（5）探讨社会保障面临的问题。

介绍社会保障的功能和内容。社会保障是政府为保护公民基本生活需要而提供的一种公共服务。社会保障通过各种公共手段向社会成员提供保护，帮助他们抵御因灾害、疾病、生育、工伤、失业、伤残、年老和死亡导致的收入丧失或锐减所引起的经济和社会灾难。

中国目前正处在由计划经济向市场经济转型的特殊时期。在市场经济的基本框架内建立新型的社会保障体系，既要符合一般社会保障理念，又要解决转型过程中的特殊问题，这是中国改革过程中的一项艰巨任务。

有学者认为，中国的城乡差距是世界上最大的。那么，城乡差距究竟差在哪里？有观点认为，差在"教育"和"社会保障"。目前存在的知识性贫困和保障性贫困与此密切关联。

讨论：

✓ 社会保障的含义、功能以及社会保障体系的基本内容是什么？

✓ 讨论如何从社会保障的角度解决城乡差异？

（6）总结展望。

中国已完成全面建成小康社会的目标，正要乘势而上开启全面建设社会主义现代化国家的新征程，向第二个百年奋斗目标进军。从2020年到本世纪中叶可以分两个阶段来安排：

第一个阶段，从2020年到2035年，在全面建成小康社会的基础上，再奋斗15年，基本实现社会主义现代化。到那时，中国经济实力、科技实力将大幅跃升，跻身创新型国家前列；人民生活更为宽裕，中等收入群体比例明显提高，城乡区域发展差距和居民生活水平差距显著缩小，基本公共服务均等化基本实现，向全体人民共同富裕迈出坚实的步伐。

第二个阶段，从2035年到本世纪中叶，在基本实现现代化的基础上，再奋斗15年，把我国建成富强民主文明和谐美丽的社会主义现代化强国。到那时，中国将实现国家治理体系和治理能力现代化，成为综合国力和国际影响力领先的国家，基本实现全体人民共同富裕，人民将享有更加幸福安康的生活。

布置预习任务和作业：预习下一章"中国区域经济发展"，完成课后练习。

附：

居民生活及其保障（教案）

一、教学内容

中国的改革开放已经走过了40个年头，学界称中国已经进入"后改革开放时代"。从国际发展经验来看，对于一个经济起飞的国家，这个时期，往往是产业结构快速转型、社会利益格局剧烈变化、政治体制不断应对新的挑战的时期，是既充满新的机遇又面临着各种社会风险的时期。本课选择的专题"居民生活及其保障"，涉及收入差距、居民生活、贫困人口、社会保障等问题，归根结底是"民生"问题，与保持中国的社会稳定、保证经济社会的可持续发展息息相关。

二、教学目标

（1）了解小康生活水平的基本标准和全面小康生活的预期实现标准。

（2）知晓恩格尔系数及其在生活发展水平阶段上的含义。

（3）认识目前中国贫困人口现状。

(4) 探讨转型时期中国社会保障面临的问题及其改革对策。

三、教学对象

各专业具有中高级汉语水平的留学生。

四、教学重点、难点

(1) 中国城乡恩格尔系数的变化。
(2) 小康生活标准及实现方法。
(3) 中国贫困人口的减少对世界的贡献。
(4) 讨论如何从社会保障的角度解决贫困问题。

五、教学时长

100分钟，两节课。

六、教学步骤

时长	教学内容	教学行为	思政要点
10分钟	导入话题： 中国的城乡二元结构在发展中国家中表现格外明显，存在巨大的城乡差距。那么中国城乡居民生活水平的差距表现在哪些方面？	（PPT展示） 引导学生讨论： 1. 什么是城乡二元结构？ 2. 你们国家城乡差距大吗？ 3. 中国城乡二元结构的表现有哪些？	农业、农村、农民问题是关系国计民生的根本性问题，中华人民共和国成立以来，中国共产党始终把解决好"三农"问题作为全党工作重中之重。
20分钟	讲解恩格尔系数在生活发展水平阶段上的含义： 恩格尔系数反映着一国居民或一个家庭的富裕程度与生活水平。恩格尔定律说明：一个国家的国民收入越高，这个国家农业部门收入的比例就越低。 联合国认定的恩格尔系数的含义标准： 恩格尔系数在60%以上为贫困；恩格尔系数在50%~60%为温饱；恩格尔系数在40%~50%为小康；恩格尔系数在30%~40%为富裕；恩格尔系数在30%以下为最富裕。（发达国家的恩格尔系数一般都在20%以下）	（PPT展示） 教师先讲解基本概念，然后提问： 1. 为什么一个国家的国民收入越高，这个国家农业部门收入的比例就越低？ 2. 如果两个国家的恩格尔系数相同，这两个国家国民生活水平相同吗？如果两个国家的基尼系数相同，这两个国家国民生活水平相同吗？ 3. 根据图表数据，组织学生讨论中国城乡居民的恩格尔系数变化状况。 4. 小康的恩格尔系数处于什么水平范围？	改革开放以来中国的恩格尔系数不断降低，城乡恩格尔系数差距不断缩小。2017年中国农村居民家庭恩格尔系数从2016年的30.1%降到了29.3%（降到30%以下），标志着居民生活水平的进一步提高。

续表

时长	教学内容	教学行为	思政要点
20分钟	<u>小康社会的基本标准及其分析：</u> 学术界将居民生活分为贫困、温饱、小康、富裕四个发展水平。与此对应，也将其分为四个发展阶段。 小康是指一定时期的生产力水平低下，人们的生活水平高于温饱但不够富裕，达到丰衣足食、安居乐业的一种生活状态。	（PPT展示） 教师先讲解基本概念，然后提问： 1. 中国何时全面实现小康？ 2. 小康的标准有哪些？ 3. 全面小康是不是意味着"人人生活水平都一样"？	从上个世纪90年代开始，中国居民进入了实现小康目标的过程。中国政府参照国际上常用的衡量现代化的指标，根据中国的国情，制定了小康社会的基本标准。中国2020年已完成全面实现小康的目标。
25分钟	<u>通过贫困人口问题认识目前中国的贫困人口现状：</u> 讲解贫困的含义及相对贫困、绝对贫困、贫困线等基本概念。 介绍中国贫困人口的减少对世界的贡献。 介绍精准扶贫的概念。	（PPT展示） 教师先讲解基本概念，然后提问： 1. 发达国家和发展中国家的贫困问题有什么不同？ 2. 请谈谈你知道的中国精准扶贫的好方法。 组织两组同学讨论： 贫困地区的儿童更需要面包还是电脑？	2013年11月3日，习近平总书记到湖南省花垣县十八洞村考察扶贫工作，首次提出"精准扶贫"的重要思想，明确要求"不栽盆景，不搭风景""不能搞特殊化，但不能没有变化"，不仅要自身实现脱贫，还要探索"可复制、可推广"的脱贫经验。 2021年2月25日，习近平总书记在全国脱贫攻坚总结表彰大会上庄严宣告，经过全党全国各族人民共同努力，我国脱贫攻坚战取得了全面胜利。
20分钟	<u>探讨转型时期中国社会保障面临的问题及其改革对策：</u>	（PPT展示） 教师先讲解基本概念，然后提问：	社会保障制度的基本目标是保障与改善民生，而民生是伴随着国家发展进步不断升级的，解决了低层次的民生诉求，如温饱问题等后，必然会产生更高层次的民生需求。党的十九大报告中提出的幼有所育、学有所教、劳有所得、病有所医、老有所养、住有所居、弱有所扶

续表

时长	教学内容	教学行为	思政要点
	介绍社会保障的功能和内容。社会保障是政府为保护公民基本生活需要而提供的一种公共服务。社会保障通过各种公共手段向社会成员提供保护,帮助他们抵御因灾害、疾病、生育、工伤、失业、伤残、年老和死亡导致的收入丧失或锐减所引起的经济和社会灾难。	1. 社会保障的含义、功能以及社会保障体系的基本内容是什么? 2. 讨论如何从社会保障的角度解决城乡差异? 3. 你对中国社会保障制度的改革有什么想法?	等民生七有,构成了人民群众的基本民生诉求,也指明了社会保障体系建设的基本方向。
5分钟	总结: 展望中国发展未来。 布置预习任务和作业。	(PPT展示) 教师讲解。	十九大报告中关于未来中国发展的规划。 预习中国区域经济发展。 完成课后练习题。

日汉翻译基础——《日语被动句的汉译》

一、课程总览

"日汉翻译基础"是一门面向本科二年级日本留学生的公共选修课,每周 2 学时,学期总课时为 32 学时。

本课程旨在通过大量的篇章翻译实践与语言对比,帮助学生了解中日两种语言的异同,巩固学过的汉语知识,加深对汉语语法体系、结构特点和表达方式的理解。同时,在篇章翻译过程中使学生逐步掌握加译、减译、倒译、变译、拆译、意译等基本翻译方法与技巧,从而提高学生日汉双语的转换能力与翻译水平,为其高年级专业的翻译训练奠定基础。本课程充分利用自身特点,在通过翻译实践引导学生发现中日语言差异的同时,鼓励学生独立发现和思考中日文化、社会、思维方式等方面存在的共性与差异,提高学生的跨文化交际能力,培养知华友华的人才,促进中日友好交流。课堂采用教师讲评、小组讨论等方式相结合,并辅以新媒体等现代化教学手段。

二、课程思政教学目标

本课程在进行翻译训练的基础上,开展思政教学,培养学生成为知华友华的国际型人才。在翻译材料的选择上,本课使用了以在华日本人视角观察和感知中国社会的相关素材,通过翻译这些素材,引导学生独立发现和思考中日文化、社会、思维方式等方面存在的共性和差异,使学生了解中国人"海纳百川、有容乃大、和而不同、兼容并蓄"的理念,引导学生树立"充分尊重世界文化多样性"的文化价值观。同时,通过翻译训练使学生更好地了解和感知我国博大精深的历史文化、先进的发展理念和人民健康向上的精神面貌,加强学生对现代中国社会全方位、多角度的了解,使学生感知一个可爱、可敬的中国,并使学生更加深入地了解各领域、各不同历史时期在中日两国友好交往过程中发挥重要作用的代表人物及其典型事迹,使学生能够尽早树立成为中日友好桥梁的理想和目标,以进一步促进新时期的中日友好交流。

三、课程思政教学重点和难点

本课思政的重点是以外国人眼中的中国为切入点,为学生展示客观、立体、全面、真实、可爱、可亲的现代中国,讲好中国故事,传播中国声音。同时,在习近平总书记关于人类命运共同体的相关阐述指引下,引导学生了解中日友好交往过程中的代表性人物及其故事,使学生尽早树立成为中日友好桥梁与纽带的理想与目标。

在翻译实践中开展思政教学,要注意方式方法,要注意以合适的形式加以引导,调动学生的积极性和主动性,切不可操之过急或强行灌输。由于学生成长环境及价值取向个性差异较大,教学对象中虽然包括一部分华裔,对中国历史、文化、社会有一定程度的了解和情感共鸣,但也有一部分学生对中国的认知比较少,学生学习中文和来中国留学的目的也复杂多样。因此,学生对中国的感知程度和对思政教学的接受程度不尽相同。课程思政内容不宜教条、重复,应充分考虑学生的认知和情感,掌握好尺度,有针对性地进行,切不可一味地单方面讲述和灌输,要以自然的方式和贴近学生的视角来讲述中国故事。

课程思政目标与翻译技能训练的有效结合是课程思政教学的难点。在有限的时间内,既保证翻译专业知识的传授,又保证课程思政的效果,对教师的翻译素材选择和教学设计等提出了很高的要求。在素材的选择上,应根据学生关心的热点问题灵活选择翻译素材,可在一定范围内接受由学生提供的翻译素材的文体及话题,引导学生将自身感受、经历与中国社会建立联系,增强学生的直观感受。在教学设计过程中,通过多种途径实现翻译技能训练与思政目标的结合,不应将语言技能训练与课程思政教学相脱节,要使二者有机地融为一体,思政教学应以"润物细无声"的方式自然、合理、巧妙地融入语言技能训练当中。

四、课程思政教学方法和过程

(一)教学安排

授课内容:《日汉翻译基础》第三课《日语被动句的汉译》第3、4课时。
教学时长:2学时(100分钟)。

(二)教学目的与要求

(1) 使学生了解日语被动句与汉语被动句的异同并掌握日语被动句的汉译规律。
(2) 熟练掌握相关话题的单词和句型,能够就此类话题进行讨论并翻译。
(3) 认识和了解中日友好交流过程中的代表性人物。
(4) 培养正确的文化价值观,提高跨文化交际能力。

（三）教学方法

（1）采用对比分析的方法，引导学生自主发现和思考中日社会文化等各方面存在的异同。

（2）采用小组讨论、辩论等方法，激发学生的学习兴趣和探索欲，调动学生的积极性与主动性。

（3）引进新媒体等现代化教学手段，合理使用图片、语音、视频资源，利用微信小程序、微信订阅号、学习通平台等新媒体辅助教学。

（四）教学过程

新媒体在教育领域中的应用价值日益凸显，其具有操作简单、费用低廉、携带方便、内容丰富等特点，为翻译教学模式的探索和创新提供了新的可能性。本课程采用混合式教学模式，即在传统教学模式基础之上充分利用新媒体等现代化教学手段的优势，将传统教学模式与线上教学模式相结合。

教学环节分为课前准备、课堂教学和课后检测三个阶段，思政教学内容贯穿在教学各个环节之中。

1. 课前准备

在这一环节，将文字资料及音视频资料上传至学习通平台。本课使用的翻译素材内容为生活在中国的日本纪录片导演竹内亮及日本运动员福原爱的人物介绍。课前准备阶段给学生布置的任务主要包括汉日被动句的分类、异同以及课文的试译，让其为日语被动句的汉译方法及技巧的课堂学习做好准备。

同时，要求学生查阅资料，介绍一位为中日交流做出过突出贡献的代表性人物，要求语言表述中尽量包含日语被动句，上传至学习通平台。教师根据教学需要对资料进行筛选、加工、整理，以备在课堂教学环节作为翻译拓展资料使用。

2. 课堂教学

在课堂教学环节，将学生分为若干学习小组，教师适时以引导者和监督者身份加入各小组，鼓励各小组成员针对词语选择、翻译策略等问题进行分享和交流，在此过程中，不断修改更正，形成本小组的最终译文。

之后全班一起对翻译素材进行逐句翻译。请每小组派代表汇报各小组所形成的最终译文，各组之间进行比较和互评，让学生之间相互启发、开阔思路，进而提高语言能力和翻译水平以及逻辑分析能力。在此过程中，教师对共性错误和重点内容进行说明和讲解，引导学生进行自我反思和总结。如此，学生能够在讨论、互评、反思和总结过程中形成系统的知识体系。

最后，通过翻译练习及拓展训练，使知识进一步内化。

具体步骤为：

➢ 复习5分钟。

- 小组讨论 20 分钟。
- 课文翻译 25 分钟。
- 翻译练习 20 分钟。
- 拓展训练 25 分钟。
- 小结 3 分钟。
- 布置作业 2 分钟。

复习及导入

（1）复习上次课所学重点词及重点句的翻译。
（2）话题延续，自然导入本次课话题。

・~によると
中国の漢方医学の理論によると、冷たいものは胃腸などによくないんだそうです。
按照中医的理论，生冷的食物对胃肠不好。

・不思議
日本に来たばかりのころ、当時一番不思議に思ったのは、日本人は冬でも冷たいものを食べることです。
刚来日本时，我觉得最不可思议的是日本人即使是冬天也吃生冷的东西。

・n.+ほど~
1. まじめな人ほどよく悩む。
越是认真的人越容易烦恼。
2. 苦い薬ほど体にいい。
药越苦对身体越好。
3. 優秀な学生ほど授業を休んだ日が少ない。
越是优秀的学生，越不会缺勤。
4. 簡単な試験問題ほど答えられない。
越是简单的问题越答不上来。

小组讨论

（1）3~4 名学生为一组，小组内部讨论课前准备阶段的译文。
（2）教师巡视，适时、适度加以引导。
（3）小组内经过分享、讨论、协商形成本小组最终译文。

课文翻译

（1）教师带领学生进行逐句翻译。翻译过程中，各小组派代表分享各小组译文。学生就不同译文进行比较、点评。

(2) 教师进行最终点评，引导学生总结日语被动句的翻译技巧和规律。

(3) 教师就课文中出现的代表人物的事例进行简单点评，并对学生进行价值观引导，帮助其树立正确的世界观、人生观、价值观，增进学生的对华感情，鼓励学生将来为社会、为中日友好做出贡献。

课文及参考译文

· 中国南京市在住の日本人ドキュメンタリー監督竹内亮によって制作されたドキュメンタリー『私がここに住む理由』は、中国に暮らしている日本人と日本に暮らしている中国人の生活を記録しており、ネットで高く評価されている。

(参考译文：日本纪录片导演竹内亮，现居住在中国南京市，他拍摄的纪录片《我住在这里的理由》，记录了生活在中国的日本人和生活在日本的中国人的生活，<u>受到了网友的高度评价</u>。)

· 2020年に彼によって作られたドキュメンタリー『感染者数ゼロの町』『お久しぶりです、武漢』は広く注目され、多くのネットに転載された。そして日本フジテレビや朝日テレビなどで繰り返して放送された。

(参考译文：2020年拍摄的纪录片《南京抗疫现场》和《武汉，好久不见》更是<u>受到广泛关注</u>，<u>被各大网站转载</u>，并被日本富士电视台、朝日电视台等循环播放。)

· 2020年6月、竹内亮監督は南京市政府によって「金陵友誼賞」を授与された。

(参考译文 2020年6月，竹内亮被南京市政府授予"金陵友谊奖"。)

· 日本の卓球選手福原愛は5歳から卓球練習のために中国の瀋陽へやってきました。中国人の友人がたくさんできて、東北弁もマスターしました。

(参考译文：日本乒乓球运动员福原爱从5岁开始就来到中国沈阳进行乒乓球训练。她交到很多中国朋友，学会了东北方言。)

· 彼女は性格が朗らかで、いつも笑顔なので、多くの中国人から好かれています。そしてみんなに「愛ちゃん」と呼ばれています。

(参考译文：福原爱性格开朗，笑容迷人，<u>受到很多中国人的喜爱</u>，<u>被大家称为"小爱"/"爱酱"</u>。)

· また、彼女は中日青年の文化・スポーツ交流活動に熱心であり、「2007年に日中文化・スポーツ交流年」の親善大使に選ばれたり、2019年に「日中青年友好使者サロン」に参加したりしていることから、「中日友好の使者」と呼ばれています。

(参考译文：她热衷于中日青少年体育文化交流活动，<u>被选为</u>"2007年中日文化体育交流年"形象大使，2019年参加中日青年友好使者沙龙等，<u>被称作</u>"中日友好的使者"。)

翻译练习

(1) 点名学生轮流翻译，其他同学提出补充、修改意见，以巩固日语被动句的汉译方法和技巧。

（2）教师对重点内容进行总结、强调。

> ・陳先生は学生に尊敬されている。
> 陈老师受到同学们的尊敬。
> ・上野動物園のパンダは子どもたちに愛されている。
> 上野动物园受到孩子们的喜爱。
> ・彼女はだれにも邪魔されないように、真夜中に起きて小説を書いている。
> 她为了不受其他人打扰，半夜起来写小说。
> ・李さんは先生にほめられて嬉しそうに笑った。
> 小李受到老师的表扬，高兴地笑了。
> ・私の提案は部長に反対された。
> 我的提议遭到了部长的反对。
> ・過度開発によって動物の生活している森林などが壊されたりしている。
> 由于过度开发，动物们赖以生存的森林遭到了破坏。

拓展训练

（1）从课前布置的作业中根据本课教学目的选出适用于拓展训练的材料，内容为唐朝李白、王维等人的挚友——日本遣唐使阿倍仲麻吕。

（2）通过拓展练习，使学生进一步掌握日语被动句的汉译方法和技巧。

（3）通过拓展练习，使学生了解中日民间友好交往的历史和现实。

（4）请其他学生用中文简述各自所查阅资料的主要内容。

小结

总结日语被动句的不同汉译方法：

（1）可译为"被"。

（2）可译为"受到""遭到"。

（3）可译为"为……所……"。

（4）当日语被动句中表示"间接被动"时不可译为中文被动句。

布置作业

（1）试译下一课课文，注意日语使役句的汉译方法。

（2）查阅"移动支付"在中日两国的发展情况，将资料上传至学习通平台。

课后检测

课后及时考查学生对知识点的掌握情况。要求学生反思翻译中出现的问题，重新整理本课译文并上传至学习通平台。

课前、课堂、课后三个教学环节环环相扣，共同构成一个完整的教学过程。在这一过程中，教师应将价值观引导自然地融入对学生的知识传授和能力培养之中，采用灵活的方式、利用多种途径实现思政教学与专业教学的统一。

附件：本节课课件实例

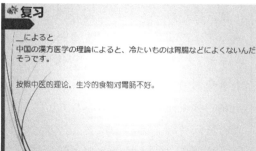

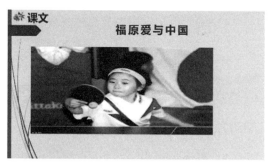
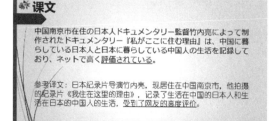

课文

2020年6月、竹内亮監督は南京市政府によって「金陵友誼賞」を授与された。

参考译文：2020年6月，竹内亮被南京市政府授予"金陵友谊奖"。

课文

日本の卓球選手福原愛は5歳から卓球練習のために中国の瀋陽へやってきました。中国人の友人がたくさんできて、東北弁もマスターしました。

参考译文：日本乒乓球运动员福原爱从5岁开始就来到中国沈阳进行乒乓球训练。她交到很多中国朋友，学会了东北方言。

课文

彼女は性格が朗らかで、いつも笑顔なので、多くの中国人から好かれています。そしてみんなに「愛ちゃん」と呼ばれています。

参考译文：福原爱性格开朗，笑容迷人，受到很多中国人的喜爱，被大家称为"小爱"/"爱酱"。

课文

また、彼女は中日青年の文化・スポーツ交流活動に熱心であり、「2007年に日中文化・スポーツ交流年」の親善大使に選ばれたり、2019年に「日中青年友好使者サロン」に参加したりしていることから、「中日友好の使者」と呼ばれています。

参考译文：她热衷于中日青少年体育文化交流活动，被选为"2007年中日文化体育交流年"形象大使，2019年参加中日青年友好使者沙龙等，被称作"中日友好的使者"。

翻译练习

▶陳先生は学生に尊敬されている。
陈老师受到同学们的尊敬。

▶上野動物園のパンダは子どもたちに愛されている。
上野动物园受到孩子们的喜爱。

▶彼女はだれにも邪魔されないように、真夜中に起きて小説を書いている。
她为了不受其他人打扰，半夜起来写小说。

翻译练习

▶李さんは先生にほめられて嬉しそうに笑った。
小李受到老师的表扬，高兴地笑了。

▶私の提案は部長に反対された。
我的提议遭到了部长的反对。

▶過度開発によって動物の生活している森林などが壊されたりしている。
由于过度开发，动物们赖以生存的森林遭到了破坏。

拓展训练

阿倍仲麻呂

奈良時代、遣唐留学生に選ばれ、翌年、遣唐使に従って入唐した。長く唐にとどまり、唐名を朝仲満、朝衡、晁衡という。初め唐の太学に入り、唐で国家の試験（科挙）に合格または推挙され、高官を歴任した。李白、王維らと交友していた。唐で73歳の生涯を閉じた。後にその功績から、唐代宗に潞州大都督の官名を贈られた。

小结

- (1) 可译为"被"
- (2) 可译为"受到"、"遭到"
- (3) 可译为"为……所……"
- (4) 当日语被动句中表示"间接被动"时不可译为中文被动句

作业

▶试译下一课课文，注意日语使译句的汉译方式。
▶查阅移动支付在中日两国的发展情况，将资料上传至学习通平台。

谢 谢！
どうもありがとう
ございました！

英汉翻译实践——《Head Injuries》

一、课程总览

本课程为汉英双语专业三年级必修课程，授课对象为北京语言大学汉语学院三年级本科生，每周4学时，一学期总课时为64学时。英汉翻译课以英译汉为主，目的在于培养学生基本的笔译能力。本课程注重引导学生关注各类文体语言的特点，对英汉两种语言和文化进行对比，让学生了解两者的共性和差异，通过大量的英汉翻译训练，使学生掌握英汉词语、长句、段落以及各种文体的翻译技巧，能够跨越语言与文化的障碍，达到熟练转换两种语言和进行交际的目的。要求学生翻译时能够准确传达原文的信息，语气和文体风格与原文相一致，在通顺的基础上选词妥帖、句式正确，句子、段落之间呼应自然，有一定文采。在二年级英汉翻译理论课程的基础上，三年级课程以句子和段落的翻译为重点，同时讲授一些基本的翻译理论和技巧，在翻译实践的基础上，进一步提高学生的中文修养和英汉笔译能力。由于英语和汉语分别是大部分学生的第二语言和第三语言，都具有一定的难度，而汉语更甚，因此汉语语法和表达也是本翻译课程训练的重点之一，这也是本课程与以中国学生为教学对象的英汉翻译课程的最大区别之处。

二、课程思政教学目标

本课程旨在翻译训练的基础上，结合本课翻译主题开展思政教学，让学生增强对中国国情的了解，更深刻地领会中华文化价值观的独特魅力和恒久价值；让学生学习和感悟中国先进文化，学习和感悟我党的思想路线，从而使学生成为中华优秀文化的传播者和弘扬者。抗击新型冠状病毒是一场没有硝烟的战役，在不断攀升的确诊、疑似病例人数和越来越严峻的疫情面前，中国人民却越战越勇。尽管当今社会的发展日新月异，医疗水平不断提高，但是环境污染、食品安全、薄弱的卫生保健意识等问题仍对人类健康产生着巨大的威胁。当暴发非典、埃博拉、新冠肺炎等突发公共卫生事件时，人们若能克制恐惧，不信谣不传谣，相信并配合政府的防疫控疫措施，了解病因、病症及疾病的传播方式，防微杜渐、观察病情，通过科学检查诊清疫病，对于疫情的控制及解决具有巨大的推进作用。

本课通过情景教学，让学生了解并熟悉相关医学术语的中英文表达。要求学生作为汉语学习者，了解不同文化应对疫情的差异，分析差异产生的文化根源，并掌握相关医学汉语的表达。通过本课的学习，学生将更深刻地领会中国共产党的根本宗旨是全心全意为人民服务，我们的国家是人民当家作主的社会主义国家，我们的制度优势、物质基础和一系列体制机制提供了强大后盾，最大限度地保护了人民的生命安全和身体健康，为经济社会发展奠定了坚实基础。

三、课程思政教学重点和难点

将思政教育融入翻译课程，不是独立于专业知识之外的教学模式，重点和难点在于将知识传授和价值引领有机统一的过程。尤其是在线上教学的模式下，要将课程思政与课程教学模式改革相结合，根据专业、教学内容和教学对象的特点，要充分利用信息化教育技术优势和线上教学、混合式教学、翻转课堂等灵活的教学形式，在教学的各个环节中有机融入思政教育，让翻译练习更贴近学生的实际需求，让思政教育更容易为学生所接受。例如，在课前学习任务推送中加入课程思政案例或者相关内容的讨论话题，让学生在预习专业教学内容的同时增强对思政话题的感性认识，进而通过思考和讨论形成初步的理性认识；在课堂讨论中，结合教学内容的相关翻译话题加以延伸，形成思政教育主旨，引导学生思考升华其为正确的思想认识；在课后，通过课堂教学内容拓展、延伸阅读、课后翻译等形式巩固和提高课堂思政教育效果。围绕中国的抗疫政策这一课程思政主线，在各个教学环节安排相应的思政教育任务，各个教学活动之间相互支撑、相互补充，既关注学生语言运用能力和实际翻译能力的提升，又关注其综合素质的养成。

四、本课课程思政教学方法和过程

授课内容：第四课《Head Injuries》。
授课对象：汉语学院三年级本科生。
授课课时：2学时。
主讲教师：何洁。
授课方式：线上授课（腾讯会议）。
授课教材：《英汉翻译教程》，杜玉兰主编，北京语言大学出版社。
教材分析：被动句的翻译技巧，长句（定语从句）的翻译技巧。
教学用具：腾讯会议、Powerpoint 课件、Discovery 频道纪录片《新冠病毒大流行》片段。

➢ 教学重点与难点
（1）被动句的翻译方法。
（2）长句的翻译技巧。
（3）动词、形容词的翻译。
（4）相关医学术语。
（5）思政教学内容：中国国情——抗疫政策；翻译职业能力、职业道德和职业意识的培养。

➢ 教学目的与要求

通过课堂教学使学生能够：

(1) 理解汉英被动句的差异，能够掌握被动句的翻译技巧。

(2) 在长句翻译中使用拆分、合并等不同方法。

(3) 熟练掌握相关词汇和句型，能够模仿本文进行相关话题的翻译。

(4) 了解中国的相关抗疫政策。

第 3、4 课时

➢ 教学时间安排和分配

(1) 复习（约 5 分钟）。

(2) 课文翻译及翻译技巧讲练（约 45 分钟）。

(3) 课间休息（10 分钟）。

(4) 课文翻译及翻译技巧讲练（约 40 分钟）。

(5) 扩展练习（约 5 分钟）。

(6) 小结（约 3 分钟）。

(7) 布置作业（约 2 分钟）。

➢ 教学环节与步骤

第 3 课时

1. 复习（约 5 分钟）

教学步骤：

(1) 引导学生集体回忆重点动词、形容词的翻译。

(2) 点名学生翻译，并引出不同的翻译方法，引导学生总结。

(3) 全班看英语句子说出汉语翻译。

重点词汇

1. During the winter holidays in her senior year, while she was driving through a storm, her car ran off the road and hit a tree.

   大四寒假的时候，她开车/驾车遇上了暴风雨，她的车滑/冲出了路面/道路，撞在一棵树上。

2. Alice banged her head on the steering wheel but never lost consciousness.

   艾丽斯的头"砰"的一声（猛地）重重地撞在方向盘上，但是她没有失去意识/知觉。

3. She had trouble remembering what she'd read and was irritable and easily distracted.

   她很难记住刚刚读过的内容，而且容易烦躁，注意力不集中。

重点：动词的表达、形容词的表达、动词宾语的搭配。

> **重点句型**
>
> 1. She was treated for bruises and discharged from the hospital within a day.
>
>   医生给她处理了一下皮外伤,当天就让她回去了。
>
>   Agent + Verb + Receiver
>
>   她去医院处理了一下皮外伤,当天就回去了。
>
>   Receiver + Verb
>
> 难点:翻译被动句的两种方法,引导学生回忆并总结。

2. 课文翻译及翻译讲练(约 45 分钟)

教学内容:第 11 页第三段。

教学步骤:

(1) 翻译课文第一个例句,引导学生翻译出不同句式。

(2) 引导学生根据不同句式总结被动句的两种翻译技巧。

> **课文**
>
> 1. Alice was referred to a neuropsychologist for further examination.
> - 艾丽斯被推荐去找神经心理学专家做进一步检查。
> - 有人建议艾丽斯去找神经心理学专家做进一步检查。
> - 为了、以便。
>
> 难点:翻译被动句的两种方法。
>
> ①添加主语(具体的人/有人、人们、大家)。
>
> Agent + Verb + Receiver
>
> ②使用原句的动作接受者作为句子的主语。
>
> Receiver + Verb

(3) 练习翻译例句。

> **练习**
>
> 1. She was heard singing at midnight.
>
>   有人听到她半夜唱歌。
>
> 2. It has been found that this machine is similar to the other in design.
>
>   有人发现这台机器和另一台在设计上很相似。
>
> 3. If you are asked personal questions, you need not answer them.
>
>   如果有人问你私人问题,你不需要回答。

4. The compass was invented in China four thousand years ago.
中国人四千年前就发明了指南针。

难点：根据不同的情况，添加"具体的人/有人、人们、大家"作为句子的主语。

（4）教师带领全班逐句讨论，听取学生不同的翻译方法，并提出修改意见。

课文

1. Although her IQ hadn't changed and standard tests were normal, detailed neuropsychological tests showed that she was having memory problems.
尽管她的智商没有变化，常规检查结果也很正常，但是详尽的神经心理检查显示（出）她的记忆出现了问题。

2. She could still process new information, but it took longer than before and she became "overload" if she tried to do too much at once.
她还可以处理新信息，但是所用时间比以前要长，而且如果她想一次/同时做（完成）太多事情的话，会变得"超负荷"/会感觉压力太大。

难点：由于中英文表达习惯的不同，要根据汉语的习惯增加词汇或者对一些表达进行调整。

第 4 课时

3. 课文翻译及翻译讲练（约 35 分钟）

教学内容：第 11 页第四段。

教学步骤：

（1）学生分成 3~4 人一组讨论翻译作业，每组指定一名成员作为组长记录讨论结果以及问题。

（2）翻译长句，引导学生翻译出不同句式。

（3）引导学生根据不同句式总结长句的翻译技巧。

（4）练习翻译例句（课后练习 3）。

课文

1. But there is a large group of people (1) who sustain head injuries (2) which can go undetected through ordinary medical examination (3).
   • 但是有一大群人（1），他们有头部伤害的问题（2），这些头部伤害是无法通过常规医疗检查来发现的（3）。

- 但是有一大群头部受到伤害（2）的人（1），他们的头部伤害是无法通过常规医疗检查来发现的（3）。
- 但是有一大群人（1）受到头部伤害（2），这些头部伤害是无法通过常规医疗检查来发现的（3）。

There are some people (1) who seemingly recover from their injuries but still suffer subtle intellectual and behavioral effects that may seriously impair their ability to work and interact normally with other people (3).

有一些人（1）表面看起来已经恢复，但在智力和行为方面留有难以发现的后遗症（2），这些后遗症会严重影响他们工作和跟其他人正常交往的能力（3）。

难点：长句的翻译技巧。
(1) 拆分：把长句根据意义拆分为不同的义群，把每个义群翻译成一个小句；
(2) 合并：较短的两个小句可以合并为一个句子；
(3) 重复名词/代词：拆分小句时，重复名词或者添加代词作为小句的主语。

3. The Chinese government response has included a zero-COVID strategy, which aims to eliminate transmission of the virus within the country and allow resumption of normal economic and social activity, making it one of few countries to pursue this approach.

中国政府的应对措施包括新冠病毒清零战略，旨在消除病毒在国内的传播，恢复正常的经济和社会活动，使其成为少数几个采用这种方法的国家之一。

（5）教师带领全班逐句讨论，听取学生不同的翻译方法，并提出修改意见。

课文

4. They are the victims of what experts call a "silent epidemic".
   专家们把这些人称为"不易察觉的流行病"患者。
5. Some never lost consciousness and others never even suffered a direct blow to the head, yet brain damage occurred.
   有一些人从来没有失去意识，另外一些人头部从来没有受到直接的撞击，但是脑部还是受到了损伤。

4. 扩展练习（约10分钟）

翻译 Discovery 频道纪录片《新冠病毒大流行》片段。经过本课的学习，学生应该掌握被动句、长句以及相关医学词汇的汉译技巧。纪录片片段所含句式以及词汇与课文内容相近。

教学步骤：
（1）完整观看纪录片片段第一遍，让学生理解纪录片内容。
（2）观看第二遍，其间每句之间停顿，要求学生记笔记，点名学生翻译，教师帮助修改。

(3) 观看第三遍,其间每句之间停顿,全体一起翻译。

(4) 教师总结词汇以及句式问题。

5. 小结(约3分钟)

(1) 被动句的翻译技巧。

a. 根据上下文判断动作行为的发出者并补充作为句子的主语(具体的人/有人、人们、大家);

b. 使用原句的主语。

(2) 长句的翻译技巧。

a. 拆分;

b. 合并;

c. 重复名词/代词。

(3) 相关医学术语。

6. 布置作业(约2分钟)

完成课后练习4以及第五课第一段的翻译。

附件:本节课课件实例

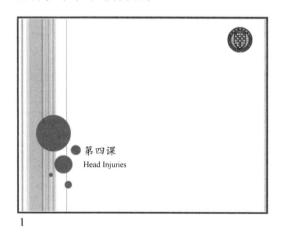

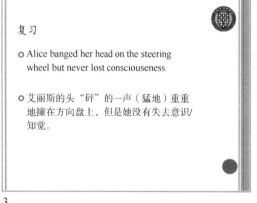

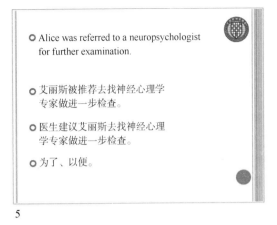

5

- Alice was referred to a neuropsychologist for further examination.
- 艾丽斯被推荐去找神经心理学专家做进一步检查。
- 医生建议艾丽斯去找神经心理学专家做进一步检查。
- 为了、以便。

6

- Head injuries are often fatal, or of sufficient severity to require the hospitalization of victims.
- 头部伤害常常是致命的,有时严重到受害者需要住院(治疗)。

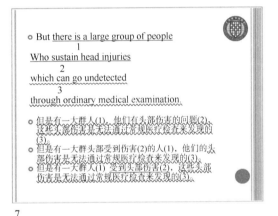

7

- But there is a large group of people
  　　　　　1
  Who sustain head injuries
  　　　　2
  which can go undetected
  　　　3
  through ordinary medical examination.
- 但是有一大群人(1),他们有头部伤害的问题(2),这些头部伤害是无法通过常规医疗检查来发现的(3)。
- 但是有一大群头部受到伤害(2)的人(1),他们的头部伤害是无法通过常规医疗检查来发现的(3)。
- 但是有一大群人(1)受到了头部伤害(2),这些头部伤害是无法通过常规医疗检查来发现的(3)。

8

- There are some people (1)
- who seemingly recover from their injuries but still suffer subtle intellectual and behavioral effects (2) that may seriously impair their ability to work and interact normally with other people (3).
- 有一些人(1)表面看起来已经恢复,但在智力和行为方面留有难以发现的后遗症(2),这些后遗症会严重影响他们工作和跟其他人正常交往的能力(3)。

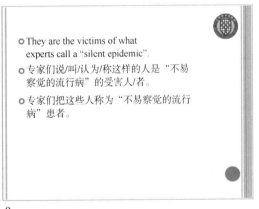

9

- They are the victims of what experts call a "silent epidemic".
- 专家们说/叫/认为/称这样的人是"不易察觉的流行病"的受害人/者。
- 专家们把这些人称为"不易察觉的流行病"患者。

10

- Some never lost consciousness and others never even suffered a direct blow to the head yet brain damage occurred.
- 有一些人从来没有失去意识,另外一些人头部从来没有受到直接的撞击,但是脑部还是受到损伤了。

11. 扩展练习
- Discovery 频道纪录片片段
- 新冠病毒大流行
- https://www.discoverychannel.com.tw/page.php?id=126

12. 小结
- 被动句
- 具体的人/有人、人们、大家
- 使用原句的主语

- 长句
- 拆分
- 合并
- 重复名词/代词

13. 练习
- 楼下有个人，（那个人/他）想跟你说话。
- 有很多声音有意义，但（这些声音）不是词。
- 从来没有像他这样的人，写了这么多诗。
- 他合上了笔记本，小心地问起欧洲的事，他朋友刚从欧洲（那儿）回来。
- 在一群女人面前，我不知所措，她们认为我的整个分析忽略了基本的变化。
- 往上我看到我们被一群衣衫褴褛的孩子包围着，他们静静地看着我们吃饭。

14.
- 心脏病已经成为西方世界最主要的杀手。
- 在过去30年中，心脏病的致死率/死亡率正在以惊人的速度增长。
- 例如，现在在英国，每天有大约400人死于心脏病。
- 手术治疗心脏病花费了大量的钱。/人们花费大量的钱手术治疗心脏病。
- 几年前还认为是不可能的手术现在在美国的医院里每天都在进行。
- 最终的结果是，心脏手术的数量迅速攀升。

15. 作业
- 翻译课后练习4。
- 翻译第五课的第一段。
- 整理第四课的翻译。

英汉翻译实践——《Save the Library》

一、课程总览

本课程为汉英双语专业三年级必修课程，授课对象为北京语言大学汉语学院三年级本科生，每周4学时，一学期总课时为64学时。英汉翻译课以英译汉为主，目的在于培养学生基本的笔译能力。本课程注重引导学生关注各类文体语言的特点，对英汉两种语言和文化进行对比，让学生了解两者的共性和差异，通过大量的英汉翻译训练，使学生掌握英汉词语、长句、段落以及各种文体的翻译技巧，能够跨越语言与文化的障碍，达到熟练转换两种语言和进行交际的目的。要求学生翻译时能够准确传达原文的信息，语气和文体风格与原文相一致，在通顺的基础上选词妥帖、句式正确，句子、段落之间呼应自然，有一定文采。在二年级英汉翻译理论课程的基础上，三年级课程以句子和段落的翻译为重点，同时讲授一些基本的翻译理论和技巧，在翻译实践的基础上，进一步提高学生的中文修养和英汉笔译能力。由于英语和汉语分别是大部分学生的第二语言和第三语言，都具有一定的难度，而汉语更甚，因此汉语语法和表达也是本翻译课程训练的重点之一，这也是本课程与以中国学生为教学对象的英汉翻译课程的最大区别之处。

二、本课课程思政教学目标

本课程旨在翻译训练的基础上，结合各种文化教育资源开展思政课教学，让学生身临其境地体验和感受中国历史文化的独特魅力和恒久价值，同时学习和感悟中国的先进文化，学习和感悟我党的思想路线，成为中华优秀传统文化的传播者和弘扬者。中华优秀传统文化是社会主义核心价值观的根脉和源泉，将中国的先进文化、我党的思想路线作为课程思政的素材，在翻译实践中培育和践行社会主义核心价值观，教育培养合格的翻译人才，加强学生的文化意识，增进文化理解，是本课程的思政教学目标。中华优秀传统文化博大精深，是提高学生跨文化交际、坚定文化自信的基础，在翻译文本中融入文化、历史、我党先进的思想路线等元素，让学生认真汲取中国先进的文化营养，才能够从源头上开展好专业课程思政。由于留学生处于两种文化交融的特殊背景中，我们的思政课程要采用恰当的方式对其进行塑形。文化历史教育在应用型专业课程思政中具有独特优势，因为文化历史总是处于一定的地域环境、特定的历史背景、独有的人文精神等条件下。在翻译实践中加入有关文化历史的思政教育元素，是学生个人品德、审美经验的基础，是文化自豪感、自信心的来源，也是学生为社会经济建设做贡献的决心的重要来源。

三、课程思政教学重点和难点

在翻译实践中展开思政教学,其重点和难点在于改进教学方法,创新授课方式,增强教学实效,充分调动学生的积极性和主动性,使其主动接受思政教育。以教师为主体,以讲座的方式进行思政教育内容的灌输,在一个具有多元文化的课堂上进行单向的文化及价值观输出,不是一个理想的教学方式。思政教学要注重提高学生的参与度,提倡探究式、合作式学习,以启发思维代替"标准答案";让学生在师生互动、生生互动中获得文化理解能力和跨文化交际能力,以双向互动代替单向知识灌输;合理安排翻译实践、增强直观体验、减少抽象说教,通过多种途径实现中国文化知识获得和情感情操陶冶的有机结合。教学设计要符合学生的需求,加强文化对比意识,注重交互性的思维模式,尊重学生的认知和态度,用学生容易接受的话语和熟悉的视角来讲好中国故事,传播好中国声音。另外,教师要把握好学生关注的热点问题,关注教材内容中没有涉及或薄弱的环节,发挥主观能动性,自行编写补充材料,以辅助和更新现有教材中不具备的内容,保证教学的针对性和时效性。教师要积极关注社会时事以及重大发展变化,以恰当的方式在课程教学中加以呈现,引导学生将自身留学经历与当下的中国社会现实建立密切联系,做到理论联系实际,用课上所学为认识中国、与中国人交际打下良好基础。改进教学方法,增强教学实效。教师是中国形象自我构建中的重要一环,在选择展示哪些中国形象、怎么引入、怎么练习等方面,如何做到润物无声非常重要。尊重多元文明,鼓励文明间的对话和交流,从展示事实入手,让学生了解真实的中国文化和中国社会。

四、课程思政教学方法和过程

授课内容:第五课《Save the Library》。
教学对象:汉语学院三年级上本科生。
主讲教师:何洁。
授课方式:线上授课(腾讯会议)。
授课课时:2学时。
授课教材:《英汉翻译教程》,杜玉兰主编,北京语言大学出版社。
教学用具:Powerpoint课件、补充教学材料故宫博物院介绍。

➤ 教学重点与难点
(1) 长句的翻译技巧。
(2) 感叹句的翻译方法。
(3) 相关词汇。
(4) 思政教学内容:中华文化——故宫简介;翻译职业能力、职业道德和职业意识的培养。

➤ 教学目的与要求
通过课堂教学使学生能够:

（1）在长句翻译中使用拆分、合并等不同方法。
（2）理解汉英感叹句的差异，能够掌握感叹句的翻译技巧。
（3）熟练掌握相关词汇和句型，能够模仿本文进行相关话题的翻译。
（4）了解故宫的基本情况。
（5）提升跨文化交际能力和翻译工作中的团队合作精神。

在"互联网+"时代，混合式教学作为一种"微课教学与面对面教学相结合"的模式，通过对教学的再设计，帮助学生自主构建对知识的理解，已经成为教学的新常态。因此，本课程吸纳传统教学方式和线上教学的优势，采用"微课+腾讯会议"的混合模式教学，并积极融入翻译专业课程思政的价值意蕴。

"英汉翻译实践"是英汉双语专业的必修课之一。本课程学生的语言情况比较复杂，英汉翻译对他们来说，常常意味着母语之外的第二语言和第三语言之间的互译，学习难度较大，因此面向留学生的英汉翻译课程必须强调实践性。在目前采用的基于翻转课堂的混合教学模式中，本课程的教学设计秉持以学生为中心的教学理念，尽可能多地为学生创造实践翻译技能的机会。

混合教学模式下的英汉翻译课程分为课前准备阶段、课堂教学阶段与课后练习/测试阶段。这三个阶段使用不同的教学方法和教学设计，衔接紧密，互为补充，以达到不同的教学目的。本课程采用以学生为中心、教师为主导、任务为驱动的教学模式，将思政元素贯穿于课程的每个阶段。

（一）课前准备阶段

在课前准备阶段，教师提前布置相关技能训练任务，向学生说明教学目标，提供有关的学习方法和策略，并将相关资源上传至学习通平台，让学生做好译前准备。教师发布微课视频、课件、讲义，要求学生了解背景知识，准备相关词汇，学习翻译知识，完成相关文本翻译。教师还可以通过平台清晰地了解学生的完成情况。

在第五课的教学设计中，教师为学生提供的资源包括"长句翻译技巧"的微课和"故宫博物院简介"的文字材料。在课前准备阶段，通过对"长句翻译技巧"微课的自主学习，学生可以分析文本类型，提炼核心术语，基本了解长句翻译技巧的使用场景和基本原则。通过对"故宫博物院简介"的文字材料的学习，可以让学生了解故宫的历史文化，为课程的翻译实践做好知识铺垫，同时这也是产生文化理解和文化认同的基础。

（二）课堂教学阶段

学生将课前学习的知识和技能运用于课堂翻译任务，教师引导学生互评，展开话题讨论，最后总结点评。教师按照发现问题、分析问题、解决问题的思路循序渐进地开展教学环节，使学生在模拟、操练、观摩、讨论、互评、反思和总结中形成系统而全面的知识体系。同时，学生的语言表达能力、逻辑思辨能力、跨文化交际能力和团队合作精神也能够得到提升。在线上教学中，通过教师答疑、课堂讨论、翻译实践等教学步骤，帮助、引导学生更深入地理解本课的翻译方法和技巧。针对学生记录下来的问题或者困难进行解答，以弥补学生自主学习的不足;引导学生分析比较,发现不同译文的优点和不足,提醒学生注意翻译中出现的偏误,进一步完成知识点的内化;进行扩展训练,将翻译知识应用到具体的翻译场景中。

第 3、4 课时

➢ 教学时间安排和分配

(1) 复习(约 5 分钟)。
(2) 课文翻译及翻译技巧讲练(约 45 分钟)。
(3) 翻译练习(约 25 分钟)。
(4) 扩展练习(约 20 分钟)。
(5) 小结(约 3 分钟)。
(6) 布置作业(约 2 分钟)。

➢ 教学环节与步骤

第 3 课时

1. 复习(约 5 分钟)
(1) 引导学生集体回忆重点词的翻译。
(2) 点名学生翻译,并引出不同的翻译方法,引导学生总结。
(3) 全班看英语句子说出汉语翻译。

重点词汇

2. Even though it is in the busiest part of the city, it has grass and trees around it, and benches for people to sit on.
尽管处于城市里最繁华的地区,但是周围有花草树木环绕,而且也有供人们休息的长椅。

难点:表达方位的词以及相关词汇,引导学生回忆并总结。

重点句型

3. And what books there are to work with!
这里的藏书多么丰富啊!
4. What beautiful pictures they are!
5. What a time we had at his birthday party last night!
6. How would we wish that he had not left us!

难点:感叹句的翻译技巧。
(1) 常用句型:多么……啊! 真……啊! 那么/这么……!
(2) 增加形容词。

---

2. 课文翻译及翻译讲练（约 45 分钟）

教学内容：第 14 页第三、四、五段。

教学步骤：

（1）学生分成 3~4 人一组讨论翻译作业，记录讨论结果以及问题，教师巡回回答问题。

（2）教师或者学生带领全班逐句讨论，听取学生不同的翻译方法，并提出修改意见。

（3）教师总结并展示。

课文

1. The library has over thirty million books and paintings.

    这家图书馆有/收藏了三千多万的藏书和绘画。

2. It owns one of the first copies of a Shakespeare play, a Bible printed by Gutenberg in the 15th century, and a letter written by Columbus in which he tells of finding the new world.

    这里收藏了/拥有莎士比亚最早的戏剧剧本、15 世纪古腾堡印刷的圣经、一封哥伦布写的讲述如何发现新大陆的信件。

    一封哥伦布写的信，（这封信）讲述了新大陆的发现。

3. Every New Yorker can see and use the library's riches free.

    每一个纽约人都可以免费参观并且使用这里的丰富资源。

4. But the cost of running the library has risen rapidly in recent years, and the library does not have enough money to continue its work.

    但是最近几年，图书馆的运营费用迅速攀升/增加/上涨/上升/上浮/增加/增长，图书馆没有充足的资金来维持运营。

5. In the past, it was open every evening and also on Saturdays and Sundays. Now it is closed at those times, to save money.

    在过去，图书馆每天晚上，甚至星期六和星期天都营业/开放，但是现在为了省钱/节约成本/资金，这些时间都不开放了。

第 4 课时

3. 翻译练习（约 25 分钟）

教学步骤：

（1）回忆长句翻译，引导学生总结长句的翻译技巧。

（2）练习长句翻译。

（3）全班核对答案。

> **重点句**
>
> 6. It owns one of the first copies of a Shakespeare play, a Bible printed by Gutenberg in the 15th century, and a letter written by Columbus in which he tells of finding the new world.
> 7. There is a large group of people who sustain head injuries which can go undetected through ordinary medical examination.
>
> **练习**
>
> 8. The new museum building was designed by Charles who, together with Henry, designed another church in New York City.
>
>   博物馆新楼是查尔斯设计的,他和亨利一起,又设计了纽约的另一个教堂。
>
> 9. The museum is a new world where you can connect to people and cultures that are long vanished.
>
>   博物馆是一个新的世界,在这里你可以和消失很久的人类和文化接触沟通。

4. 扩展练习(约20分钟)

翻译一段故宫博物院的介绍。经过本课的学习,学生应该掌握长句、感叹句以及相关词汇的汉译技巧。这篇介绍的内容所含句式以及词汇与课文内容相近。由学生扮演导游的角色,向游客简单介绍故宫。

教学步骤:

(1) 阅读介绍片段,让学生理解内容。

(2) 学生合作讨论后,点名学生翻译,教师帮助修改。

(3) 全体一起接力翻译。

(4) 教师总结词汇以及句式问题。

5. 小结(约3分钟)

长句的翻译技巧:

①拆分:把长句根据意义拆分为不同的义群,把每个义群翻译成一个小句。

②合并:较短的两个小句可以合并为一个句子。

③重复名词/代词:拆分小句时,重复名词或者添加代词作为小句的主语。

6. 布置作业(约2分钟)

完成课文第六、七段的翻译;完成课后练习3。

在课堂教学阶段,在教学方法上,教师根据教学内容灵活选用演示教学、任务教学(完成故宫介绍翻译)、角色扮演(扮演导游)、情境教学(真实翻译场景)等教学方法,注重学生职业能力、职业道德和职业意识的培养。教师充分利用现代信息技术手段,发挥学生的主观能动性,激发学生的学习兴趣,引导学生深入思考,通过小组讨论、现场演讲等方式鼓励学生积极表达,进一步对词汇、语法、翻译技巧、文化等知识进行内化。在教学内容上,教师将价值观引导融入知识传授和能力培养之中,培养学生的中华情怀,拓展其文化视野，提升其知识素养和人文素养，增强其文化理解力和传播力，帮助其树立正确的世界观、人生观、价值观。

（三）课后练习/测试阶段

使用课后练习或者测试帮助学生进一步加固和内化所学知识，检查学习效果。学生巩固扩展知识点，反思翻译过程中存在的问题。

总而言之，本课程的教学设计力求打破时空的局限，设计各种教学活动，结合翻译的具体场景和实例，不断对知识点进行巩固和拓展，时刻注意以学生为中心，采用多种教学手段鼓励学生积极参与自主学习和线上学习，从而使学生对翻译知识的实际应用有更直观深刻的认识，实现了思政元素与专业知识的有机结合。

附件：本节课课件实例

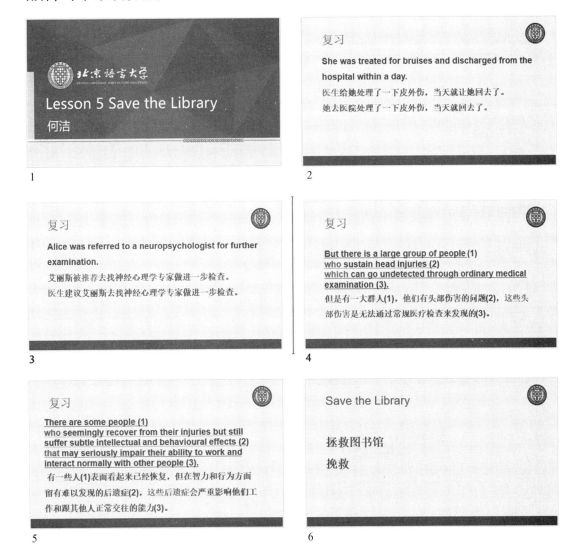

7

课文

One of New York's most beautiful and valuable buildings is in danger.

纽约的最美丽、最有价值/最珍贵的建筑之一正面临着危险/正处于危险之中。

8

课文

The New York Public Library, in the heart of the city at 42nd street and fifth avenue, may have to close its doors.

纽约公共图书馆,位于市中心42街和第五大道的路口,可能得关门/停业了。

9

课文

The library is a very special place.

这家图书馆是很特别/独特的。

10

课文

Even though it is in the busiest part of the city, it has grass and trees around it, and benches for people to sit on.

虽然/尽管处于/位于城市里最繁华的地区,周围也有草木/草地和树木/花草树木(四周却树木环绕,绿草青青),而且也有供人们休息的长椅。

11

课文

Even more unusual in crowded New York, its rooms are very large.

更加不寻常的是,在如此拥挤的纽约,这个图书馆的阅览室非常大。

12

课文

The roof of the Main Reading Room is fifty-one feet high.

主阅览室的屋顶高51英尺/有51英尺高。

Here, a reader can sit and think and work in comfort.

在这里,读者可以舒服地坐着/坐下/坐在这里思考、工作。

13

课文

And what books there are to work with!

这里的藏书多么丰富啊!

14

练习

1. 多么漂亮的画儿啊!
2. 整个形势多么令人鼓舞/鼓舞人心啊!
3. 昨晚的生日晚会真有意思啊!我们玩得多么开心啊!
4. 那个引擎的噪声那么/这么/真大!
5. 我们多么希望他没有离开我们!

15

扩展练习

The Forbidden City, as well as the Palace Museum, is located in the heart of Beijing City, and is one of the largest museums in China. The main building, Taihe Dian, the largest palace in the museum, is located directly to the north of Tiananmen Square. The museum opened on October 10, 1925. What a place!

16

扩展练习

The Forbidden City, as well as the Palace Museum, is located in the heart of Beijing City, and is one of the largest museums in China.

紫禁城,也是故宫博物院,位于北京城市中心,是中国最大的博物馆之一。

17

18

小结

★感叹句
  多么……啊！
  真……啊！
  那么/这么……！
增加形容词

19

作业

完成课文第三、四、五段的翻译

20

21

高级英汉翻译实践——《Things You can Do to Help the Environment》

一、课程总览

【课程名称】高级英汉翻译实践。

【课程类型】专业必修课、公共选修课。

【使用教材】《英汉翻译教程》(杜玉兰主编,北京语言大学出版,2001 年版);自编材料。

【教学对象】汉语学院三年级本科留学生,多为母语英语国家学生及汉英双语方向非英语母语学生。

【教学课时】每周 4 学时,全学年共 128 学时。

【本课教学时间】全课共 4 学时,分为两讲,每讲为 2 课时。

【样课授课题目】Things You can Do to Help the Environment

二、课程思政教学目标

(1) 让学生对环境保护产生兴趣并关注。让学生产生了解中国环保情况的愿望,并关注中国环保工作的理念、主张及所取得的成就。

(2) 结合本课有关环境保护的主题和教学内容,让学生了解中国政府在环保方面的基本政策、态度和主张;了解近年来中国在环境保护方面所采取的措施、做出的各种努力、取得的举世瞩目的成就,以及为全世界环境保护和改善所做出的贡献。

(3) 让学生了解"绿水青山就是金山银山"理论的提出、具体内容及其深层含义;了解该理论的提出和实施对中国环境保护、可持续发展,以及构建人类命运共同体的重大意义及作用。

(4) 结合环保主题及"绿水青山就是金山银山"理论,训练学生对环保类英语材料的理解与翻译处理能力,使其能够进行基本的"环境保护"相关内容文本的笔译,能够用所掌握的词汇和句式将报纸、杂志中环保主题的英文文章准确翻译成汉语,译词选择准确,句式使用合理,语序符合汉语表达的需要。帮助学生提高词义选择的能力、词语辨析的能力、快速反应的能力及翻译偏误识别与分析的能力；训练学生在翻译实践中感知汉英语言表达的差异，掌握重点句子结构、语序和语气的翻译处理策略和技巧；培养学生对翻译工作进行译前预习准备、译中讨论分析及译后反思复练的意识和能力。

三、课程思政教学重点和难点

（1）思政重点和难点：结合"绿水青山就是金山银山"理论，让学生了解环境保护的重要性及中国在环境保护方面的主张和成就。训练学生对环保类英语材料的理解与翻译处理能力。

①"绿水青山就是金山银山"理论。

②中国环保成就："绿色中国：中国洞庭湖水域污染治理成效显著"。

（2）思政词语学习，掌握英汉翻译中和"环境保护"有关的重点汉语词汇及表达：空气污染、环保消耗、加剧、降低、能源、酸雨、空气污染、保养（车辆）、垃圾填埋、一次性、循环利用、可回收、节能、节水。

（3）结合思政主题的句式翻译练习："越来越""越……越……""被/为……所替代"。

①英汉翻译中"语序调整"技巧的应用方法。

②"比较级"的翻译方法——汉语"越来越""越……越……"在英汉翻译中的应用。熟练掌握利用该句型进行环保主题文章的翻译处理。

（4）思政实践活动：以小组协作讨论的形式完成课前预习、"我是最棒译员——绿色中国"的翻译拓展活动。完成英文纪录片《绿色中国——洞庭湖水环境治理》的视频脚本翻译，完成中文解说的配音视频制作。

四、课程思政教学方法和过程

（一）教学方法

（1）任务型教学法。给学生布置任务：查找和整理环境保护的相关资料，准备"我是最棒译员——绿色中国"的翻译实践活动。

（2）互助讨论式教学法。给学生分组布置翻译任务，让学生通过组内讨论及组间分享等形式进行小组及班级的讨论学习。

（3）线上线下混合式教学法。综合利用北语慕课平台、腾讯会议、微信等各种智能化学习手段，开展在线课堂、在线练习、在线答疑及测试活动。

（二）教学过程

第一阶段：课程导入（10分钟）。

第二阶段：课文处理（55 分钟）。
第三阶段：实践拓展（25 分钟）。
第四阶段：课程收尾（5 分钟）。

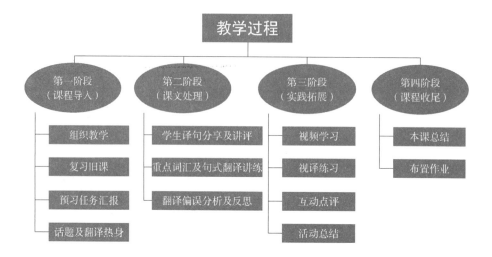

（三）教具

多媒体课件、视频。

（四）步骤

1. 课前准备

（1）微信群提前布置预习任务，发放预习材料，指导和监督学生进行分组，完成预习任务。

（2）检查教学设备，做好上课准备。

2. 课堂教学

（1）组织教学（1 分钟）。

目光（若为在线教学：师生打开摄像头）巡视课堂，简短交流问候，营造上课氛围；考勤点名，传递上课讯息，集中学生注意力。

（2）复习旧课（4 分钟）。

教师导语：同学们，我们上节课通过翻译文章《The Threat to Kiribati》了解了气候变暖给地球环境和人类生活带来的危害，重点练习了英语定语从句的翻译方法。现在我们复习一下上节课的内容。

①利用 PPT 展示，让学生口头翻译一组短语，复习上节课学习的有关环境和自然灾害的词语表达。

要求：能够快速准确地翻译出该组短语，并掌握相关汉字的正确书写。

```
复习    the threat to Kiribati
        global warming
        the Pacific island nation
        to sweep across the islands
        to destroy houses
        to be threatened by high tides
        two meters above the sea level
        the earth's atmosphere
        to release pollutants
        large industrialized countries
        to take steps to reduce pollution
```

②利用 PPT 展示，让学生口头翻译一组包含定语从句的句子，回顾和复习定语从句的翻译方法。

```
复习
These tides, which swept across the islands and destroyed houses, came
when there was neither wind nor rain.

The people of these nations feel frustrated. The ocean, on which their
economies have always been based, is suddenly threatening their
existence.

When fuels like oil and coal are burned, they release pollutants that trap
heat in the earth's atmosphere.

And they have no control over pollutants, which are being released mainly
by large industrialized countries.
```

要求：能快速进行句子翻译，定语从句的处理正确合理。能够区分和正确应用"限定性定语从句"和"非限定性定语从句"的不同处理技巧。译句通顺，语序正确，语法及表达准确。

（3）预习任务汇报（3 分钟）。

①播放预习视频材料。

②学生按组用中文汇报预习视频材料的主要内容，每组说出两个视频中有关环境的词语表达，为课后的翻译拓展实践作准备。

期待答案：

the largest freshwater lake（最大的淡水湖）

the kidney of the Yangtze river（"长江之肾"／长江上的水质净化器）

to maintain the ecological balance（保持生态平衡）

the wastewater discharged from nearby factories（附近工厂排放的废水）

environmental degradation（环境恶化）

to result in water pollution（导致/造成水污染）

chemical pollution（化学污染）

to protect the water source（保护水源）

Clear waters and green mountains are invaluable assets.（绿水青山就是金山银山）

（4）话题及翻译热身（2分钟）。

①引入环保话题。

教师导语：我们已经了解了很多环境问题，也学习了很多相关的词汇，今天我们会继续这个主题，了解我们生活中更多不同形式的破坏和影响环境的问题，并从自身角度思考可以为环保做出什么努力。

②引入课文主要内容、文体及语言特点，明确翻译时的注意事项。

a. 课文主要谈到了哪四个环境方面的问题？

（期待答案：汽车带来的空气污染、垃圾污染、能源问题、水资源浪费）

b. 课文是一个故事吗？是一封信吗？课文是什么类型的文章，我们可能会在什么地方读到这篇文章？

（期待答案：不是故事类叙事文体，是一篇说明文。最有可能在杂志、报纸或者新闻网站读到这篇文章。）

c. 文章的语言有什么特点？

（期待答案：文章在谈论环境问题时使用了很多形容词的比较级的表达形式；有大量和环境、污染、环保有关的专业性词汇和表达；句子不是很长，但有很多句子中同时出现"on average""each year""per person""every day"这样的表达，在汉语译句中它们的顺序和位置很难安排等。）

d. 翻译时要注意什么问题？

（期待答案：翻译时要注意科普类说明文的特点，选择的汉语译词和句式要符合这类文章的特点；有关环保的表达不能简单直接翻译，要查阅词典等资料，使用汉语特定的表达词汇及方式。）

（5）课文处理（55分钟）。

①学生译句分享及讲评（30分钟）。

教学行为：教师用PPT课件展示英语文章中的句子，提问学生对重点词汇和短语的翻译处理。然后学生一人一个句子，汇报课前准备的汉语译句。（考虑到学生专业和母语构成的复杂性，该过程中可穿插由非英语母语国家的学生读英文原文句子，再由学生翻译成汉语的环节。）

【课文第一部分】

教师导语：文章第一部分讨论了汽车和空气污染的问题，我们来一起看一下英语原文内容，再由同学们分享一下你们的汉语翻译。

用 PPT 逐一展示第一段中的四组句子，每组句子展示之后，教师进行以下处理：

a. 教师提问学生句子重点词汇和短语的翻译，学生回答。

问答：SUVs 这个英语词汇有什么特点，该如何翻译处理？

——和别的英语词汇不同，这个词是字母缩写构成的英语词汇，有几种不同的处理方法。一种是直接使用这个英文词汇，不进行翻译；另一种是翻译成汉语的"越野车"。

引申："外来词"（loan word）指从一种语言借到另一种语言中的词。根据形式和特点，英语外来词进入汉语一般有以下五种方式：音译法，如 Lemon—柠檬；意译法，如 Iceland—冰岛；音译结合法，如 Starbucks—星巴克；注释法，如 salmon—三文鱼；直接借用，如 DVD、SUV、iPad 等。

教师用 PPT 提供更多外来词的例子，学生进行巩固练习。

coffee	Microsoft	ice-cream	Pentagon	UN
sandwich	the Cape of Good Hope	New Delhi	rifle	WHO
Hollywood	White House	kiwi fruit	Koran	WWW.
Harry Potter	internet	Burger king	gypsy	UFO

问答："large, truck-like vehicles"，该如何翻译？

——用来修饰 SUVs，表示这种车的特点，可以翻译成"大型的，像卡车一样的车辆"；也可以根据汉语表达习惯，调整形容词的顺序，翻译为"像/类似卡车的大型车辆"。

问答：词语辨析"车"和"车辆"。

——车辆是指"车"与车的单位"辆"的总称。车，是指陆地上用轮子移动的交通工具；辆，来源于古代对车的计量方法。车辆是所有车的统称。

问答：原文"to burn more gas""acid rain""air pollution"这三个和环保污染相关的词在汉语中是如何表达的？

——"burn"的本义是汉语动词"燃烧"，这个句子中的"gas"指的是汽车的燃料"汽油"，所以这里可以翻译为"燃烧汽油"，但翻译为"使用/耗用/耗费更多的汽油"更准确。"acid rain""air pollution"的汉语译词分别为"酸雨"和"空气污染"。

问答："to use public transportation"如何翻译，其中的动词"use"如何确定其汉语译词？

——这个短语可以翻译为"使用公共交通工具"，其中的"use"本身的基本意思就是使用。除此之外，汉语中在指依靠交通工具出行时更常使用"乘坐/坐""搭乘""利用"等动词来表达。所以这个短语中的"use"也可以翻译成"乘坐/坐""搭乘"，可与更后面的宾语部分"public transportation（公共交通工具）"进行搭配。

引申：词义选择是英汉翻译中使用最多的翻译技巧之一，在为英语表达选择正确的译词时一般要考虑词性、搭配关系、词义的褒贬色彩、上下文语境等几个主要影响因素。

教师用 PPT 提供更多短语/句子，学生进行巩固练习。

to use public phone chargers

to use your time wisely

to make good use of the public library

问答："to keep the car turned up"如何理解，其中的动词词组"turn up"在这个句子中与"car"搭配如何翻译？

——英语动词"turn"的基本意思是为乐器调音，有调试的意思。"turn up"的基本义也是调弦、定音，也有调整的意思，和"car"搭配使用的时候，表示对汽车进行调整，这里指按时调试汽车的发动机，在汉语中的表述是"给车辆进行维护"或者"给车辆做保养"。

b. 每个句子请 2~3 位学生分享自己的译句。

Cars are getting bigger. SUVs—large, truck-like vehicles—are now the most popular new cars in the United States.

Bigger Vehicles burn more gas and increase problems with acid rain and air pollution.

So try to walk, bicycle, or use public transportation.

And if you drive a car, keep it turned up. This can save gas and reduce pollution.

c. 全班进行译句的对比分析和讨论。

d. 教师进行点评，提出问题和改进意见。

【课文第二部分】

教师导语：文章第二部分讨论了能源耗费的问题，我们来一起看一下英语原文内容，再由同学们分享一下你们的汉语翻译。

用 PPT 逐一展示第二段中的四组句子，每组句子展示之后，教师进行如下处理：

a. 教师提问学生句子重点词汇和短语的翻译，学生回答。

问答："to go into landfills"如何理解，这个句子中的"go"可以直接翻译为汉语的"去"吗？

——"landfill"是处理垃圾的地方，汉语译词是"垃圾填埋场"。这个短语中用了"go into"，但是不能直接翻译为"走"或者"去"，因为原文句子的主语不是人，而是"垃圾、废物"，所以不能直接翻译。根据句子的意思，垃圾是由人运输到垃圾场的，所以可以有两种处理方法：可以翻译成汉语被动表达"垃圾被送到垃圾填埋场"；或者增加动作的真正主语，翻译为"人们把垃圾运到垃圾填埋场"。

问答："by asking yourself"中的"by"表达什么含义，在这个句子中应该怎样处理？

——英语"by"用法很多，在这里表示做事情的方式和手段，相当于汉语中的"用、通过"。但后面"asking yourself"不是物品，而是动作和行动，所以不可以直接翻译为"用、通过"，根据汉语表达需要可以省略不译。

问答："over and over again"这个句子中应该怎样翻译处理？

——"over and over again"表示"一次又一次""重复"。结合句子中的动词"use"，表示可以"用很多次"，符合这篇文章说明文特点的译法是"多次使用""反复使用"；更加正式一点可以说"重复利用"。

问答："replace plastic bags with cotton bags"如何翻译处理？

——"replace"意思是替换或代替，表示两个物品之间的替换关系，这里是"塑料袋"和"布袋子"的替换关系，可以翻译成"把塑料袋换成棉布袋"。

引申：英语"replace A with B"这个结构翻译成汉语时一般有两种主要的处理方法。可以翻译成汉语"把"字句"把 A 换成 B"，除此之外还可以怎样翻译处理？

教师用 PPT 提供更多短语/句子，学生进行巩固练习。

to replace paper napkins with towels

to replace the old armchair with a comfortable sofa

To avoid water pollution, please replace chemical cleaning products with lemon and vinegar.

问答："recycled materials"如何翻译处理？

——该词的意思是"重新利用"。这个句子是表达环保主题的，在环保领域中"recycle"的常见汉语表达有"回收利用""重复利用"等，所以"recycled materials"可以译为"可回收利用的材料""重复利用的材料"。

b. 请 2~3 位学生分享以下英语句子的译句。

Each American throws away an average of 10 kilograms (22 pounds) of trash every day. Most of that trash goes into landfills.

Reduce waste before you buy by asking yourself: Do I need the item? Is it something I can only use once?

Buy products that you can use over and over again. Replace plastic bags with cotton bags that you can wash and use many times.

If you use disposable products, choose those made from recycled materials.

c. 全班进行译句对比分析和讨论。

d. 教师进行点评，提出问题和改进意见。

②重点词汇及句式翻译讲练（20分钟）。

教学行为：教师用PPT课件依次展示包括本课翻译重点的几组句子，请学生翻译。每组句子翻译完成后，请学生说明自己遇到的困难及问题，并总结该组句子的翻译方法和规律。

- **语序调整**

教师导语：英语和汉语在句子语序上有很大的不同，在翻译时往往不能照搬原文中英语句子的语序，而是要根据汉语表达习惯，对译句的句子结构和词语序排列进行调整。

教师用PPT展示重点句，引导学生了解语序调整这一翻译方法。讲授语序调整在英语翻译中的应用方法。

讲授内容如下：

a. 表示时间、地点的短语及并列成分的调序。

英语往往是先小后大，而汉语则是先大后小。英语先地点后时间，汉语先时间后地点。

people of all lands and all times（各个时代、各个地方的人们）

during the winter break in her senior year at college（大四寒假期间）

b. 并列成分的调序。

几个并列成分同时出现时，汉语一般把较大、较近、较强、较重要、质量较好、地位较高的成分放在前面。

sheep and cows（牛羊）

iron and steel（钢铁）

c. 定语、定语从句的调序。

英语定语可在中心语的前面或者后面，但汉语定语一般位于中心语前。

those who like to be energetic（喜欢运动的人）

areas with polluted air（空气污染的地区）

a paper examining the role of landfills（研究垃圾填埋场的作用的文章）

教师用PPT展示练习，学生逐一进行视译练习。

back and forth

children and adults

North, South, East and West

Food, clothing, shelter and transportation

Every nation, big or small, should take its responsibility to protect the environment.

People, old and young, should learn to recycle.

Those who like action movies should not miss "Spider Man".

The new book, which was published early this year, is on the best seller's list.

- **表示变化的形容词及副词比较级的翻译**

教师导语：英语形容词和副词的比较级在某些句式和用法中表示变化和趋势。翻译时要根据具体用法，选用相应的汉语表达进行处理。

教师用 PPT 展示重点句，引导学生了解语序调整这一翻译方法。讲授语序调整在英语翻译中的应用方法。

讲授内容如下：

教师 PPT 提供更多短语/句子，学生进行巩固练习。

a. "get/become+adj/adv-er" "adj-er and adj-er" "be+adj-er and adj-er" 的译法。

英语句式 "get/become+adj/adv-er" "adj-er and adj-er" "adj-er and adj-er" 用来表示事物或状态的逐步变化。这种变化是持续的、渐进的，此时一般可以翻译为汉语"越来越……""逐渐……"等。

become taller and taller

get brighter and brighter

more and more

darker and darker

b. "the adj-er, …the adj-er" 的译法。

英语句式 "the adj-er, …the adj-er" 表示两个条件中，随着一个条件的改变，另一个条件在数量、程度等方面也发生相应的变化，常翻译为汉语的"越……越……"。

the more, the better

the faster, the higher

the darker, the more dangerous

the softer, the cozier

教师用 PPT 展示练习，学生逐一进行视译练习。

The city is getting greener after planting more trees.

The water pollution in this area is getting worse and worse.

Cars get bigger and bigger.

It's getting warmer and warmer.

The more water you waste, the drier the earth becomes.

The more time you spend on practicing, the more fluent you will be.

③翻译偏误分析及反思（5分钟）。

教师及时记录学生在视译练习中出现的典型偏误，带领学生相互纠错改错，鼓励学生分析产生错误的原因。教师插入式点评,最后总结。

(6) 实践拓展(25分钟)。

①视频学习(10分钟)。

a. 教师播放"绿色中国:中国洞庭湖水域污染治理成效显著"的英文视频材料。学生用汉语简单概括视频材料的主要内容。核心思想由教师板书说明。

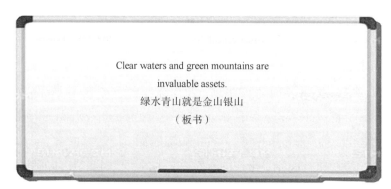

b. 教师截取视频画面,学生看英文字幕,找到有关环保的关键词进行翻译练习。

the largest freshwater lake(最大的淡水湖)

the kidney of the Yangtze river(长江的肾脏/长江之肾)

to maintain the ecological balance(保持生态平衡)

the wastewater discharged from nearby factories(附近工厂排放的废水)

environmental degradation(环境恶化)

to result in water pollution(导致/造成水污染)

chemical pollution(化学污染)

to protect the water source(保护水源)

Clear waters and green mountains are invaluable assets.(绿水青山就是金山银山)

②视译练习(10分钟)。

学生课前已经预习了视频材料,课堂共同学习了视频中的重点词汇和表达,接下来进行"我是最棒译员——绿色中国"翻译拓展活动。

a. 教师再次逐句播放英文视频材料,请学生每人一句进行视频字幕的视/听译练习。

b. 教师再次逐句播放英文视频材料,隐去视频声音,学生每人一句进行视频配音练习。

③互动点评(3分钟)。

教师及时记录学生在视频翻译练习中出现的典型偏误,带领学生相互纠错改错,鼓励学生分析产生错误的原因。教师插入式点评。评选出"最棒译员"。

④活动总结(2分钟)。

教师评价学生预习视频材料的结果;总结视频翻译的完成情况;评价学生视/听译和

视频配音的效果。对学生做得好的地方给予肯定和表扬,对出现的问题提出改进意见。深化视频练习内容。

(7) 课程收尾(5分钟)。

①本课总结(3分钟)。

a. 翻译中的语序调整技巧:注意对时间、地点、并列成分、定语从句等进行译句结构及词序的调整。

b. 英语形容词/副词比较级表示渐进的变化时常可译为"越来越……""逐渐……";表示一个情况随另一个情况发生变化时可以考虑翻译为"越……越……"。

c. 学习了有关污染和环境保护的词语:空气污染、环保消耗、加剧、降低、能源、酸雨、空气污染、保养(车辆)、垃圾填埋、一次性、循环利用、可回收、节能、节水等。

d. 学习了一个表达——"绿水青山就是金山银山"。

②布置作业(2分钟)。

a. 复习今天的课程内容。

b. 翻译第一课课文第一部分。要求手写完成,并按时提交到北语学习通。

c. 拓展练习:两位同学一组将今天课堂实践用的小视频内容翻译成汉语,每位同学为小视频进行旁白配音,录制视频,发送到学习通。本周之内完成。

(五) 教学后记、教学心得

英汉翻译实践课是外国留学生汉语中高级阶段的重要技能课之一,是汉语国际教育课程体系中的一个重要组成部分。如何让学生在汉语学习的基础上,顺利进行母语/第二外语(此处为英语)与目的语汉语之间的转换,提高学生汉语水平和表达能力,激发他们的翻译兴趣,增强他们的学习主动性,同时实现教书育人,培养知华友华翻译人才的目的,是教学团队在教学中不断尝试和探索的课题。在长期的教学工作中,我们时常思考这些问题:

(1) 英汉翻译课在汉语国际教育体系中的定位是什么?

(2) 英汉翻译课应该教什么?

(3) 面对语言背景不同的留学生,翻译课应该怎么教?

(4) 如何在翻译课的教学中向留学生展示中华文化、介绍中国社会、传播正能量,培养学生对汉语、对学校、对中国的感情和热爱?

北京语言大学是面向留学生开展翻译课教学历史最悠久的学校之一,具有良好的翻译课教学传统、良好的学生基础和师资力量,但是翻译课的教学仍然是汉语国际教育百花园中的一株新芽,从课程体系、教材教辅资料到教师,特别是教学模式和方法等方面都还有待进一步的探索、研究和开发。

北京语言大学的专家们摸索提出的"精讲多练"的教学原则,是英汉翻译课教学所应遵从的"秘诀",是翻译课教学所应遵循的最高原则,完全契合翻译教学侧重实践的教学特点。但针对翻译课,特别是中高级阶段的翻译课教学,还应该有更加明确和细化的原则和标准。尤其面向留学生的英汉翻译课更应该立足于中外语言和文化的对比,向留学生展示优秀的中国文化和传统,展示当今中国发展的最新动态和成就,经过多年来的翻译教学,学校总结出在"精讲多练"的基础上坚持"思政+语言+实践+文化"的翻译教学原则。

翻译是两种语言之间的转换,翻译技能的发展首先要求学习者具备扎实的英语和汉语语言基础。对于翻译课留学生来说,语言学习的重点当然是翻译的目的语汉语。这就要求翻译的课堂教学在兼顾汉英双语的基础上,特别强调汉语知识和能力的培养。但不同于汉语综合等课程,翻译课的汉语学习要立足于汉英语言对比,就两种语言在语法、词汇、表达习惯、思维习惯等方方面面进行广泛对比。在翻译材料的选择、翻译练习的设计、翻译实践活动上都要充分考虑语言的差异,纳入语言对比的要素。特别强调对受英语影响产生的汉语句子翻译偏误进行分析,在对比分析中了解两种语言各自的特点和主要的不同,避免语言差异造成的误译错译,提高学生翻译水平。同时,笔译课教学中要强调汉字和汉语写作的部分,强调汉字的正确书写,加强学生对汉语写作规则的了解。

翻译课是一门技能课,翻译教学归根到底是对学生翻译技能的培养和训练,所以要贯彻"多练"的原则。翻译课教学中的"练"指的是"训练"和"实践"。"训练"不同于一般的课业练习,强调的是"高强度、大容量"。翻译教学中的练习必须达到较高的密度和强度才能激发翻译能力的提高和增强,所以翻译教学中的句子、篇章翻译练习在难度和深度上都有要一定的挑战性;就某一领域、某一话题、某一类句型和表达进行的练习要反复多次进行;学生每周笔译训练的量至少要超过或一倍于同层次汉语写作的任务量。密集高效的翻译训练对提高学生的翻译水平至关重要。当然,翻译训练也包括对翻译方法、技巧、策略使用的训练,这是翻译课不同于汉语课的另外一个特点。所以在翻译教学中必须进行与学生水平相当的翻译方法教学,将"规则"显性化,培养学生理解并应用翻译技巧和策略的能力。翻译学习的最终目的是胜任实际的翻译工作,所以翻译练习也要走出课堂,将翻译实践活动扩展到学生学习、工作、生活中去,同时创造条件为学生提供尽可能多的翻译实战机会。

任何脱离文化和社会的外语学习都很难成功,翻译学习也是如此。除了语言知识、翻译理论和技能,还要将文化教学纳入翻译教学之中。和中国文化课程不同,英汉翻译课中的文化教学要突出中西文化对比,从文化对比和跨文化的角度进行文化教学。另外,要特别强调给学生补充有关中华文化、风俗习惯、中国社会、史地人文等方面的知识,鼓励学生接触中国人、了解中国事、熟知中国理,还要通过课堂教学把中国发展的最新面貌、理念和主张传递给学生。教师要在学习资料的选材上下功夫,力求将语言知识点、翻译技巧、篇章内容和思想内涵有机结合起来,全面提升学生的英汉翻译水平。

高级英汉翻译实践——《LVMH Reports Strong Sales》

一、课程总览

【课程名称】高级英汉翻译技巧。

【课程类型】专业必修课、公共选修课。

【使用教材】自编教材《高级英汉翻译技巧》。

【教学对象】汉语学院四年级本科留学生,多为母语英语国家学生及汉英双语方向非英语母语学生。

【课程总学时】每周 2 学时,全学年共 64 学时。

【本课教学时间】全课共 4 学时,分为两讲,每讲为 2 课时。

【样课授课题目】LVMH Reports Strong Sales

二、课程思政教学目标

(1) 引导学生对文明互鉴产生兴趣。使学生了解并关注中华文明和中国文化自信的理念主张及所取得的成就。

(2) 结合本课有关外来词及其翻译方法的主题和教学内容,让学生了解中国政府在中外文化交流互鉴方面的基本理念、主张和政策,了解中国在中华文化传承和传播方面所做出的努力及取得的成绩,以及在全世界文化保护、传承和交流方面所做出的贡献。

(3) 让学生了解"文化是一个国家、一个民族的灵魂"和"中华文化既是历史的、也是当代的,既是民族的、也是世界的"理念的内容及其深层含义;了解该理论的提出和实施对中华文化传播以及世界文化交流和保护的重大意义。

(4) 结合文化自信和文明互鉴相关理念,训练学生对中华文化传播的英语材料的理解与翻译处理能力。使学生能够熟练掌握与汉字历史和文化相关的汉语词汇,尤其能够就关于甲骨文的相关英文材料进行熟练的翻译处理。译文语法正确,译词选择准确,句式使用合理,语序符合汉语表达习惯。帮助学生提高词义选择的能力、词语辨析的能力及翻译偏误识别与分析的能力;训练学生在翻译实践中感知汉英语言表达的差异,掌握重点句子结构、语序和语气的翻译处理策略及技巧;培养学生对翻译工作进行译前预习准备、译中讨论分析及译后反思复练的意识和能力。

三、课程思政教学重点和难点

（1）思政重点和难点：结合"中华文化自信和中外文化互鉴"的思政主题，使学生了解与汉字历史和发展相关的文化知识，以及中国在中华文化保护和传承方面的主张和成就。训练学生对有关语言文字和甲骨文英语材料的理解与翻译处理能力。

①"中华文化自信和中外文明互鉴"理念。

②中国汉字历史及演变："中华文明：甲骨文"。

（2）思政词语学习，掌握英汉翻译中和"汉字历史演变"有关的重点汉语词汇及表达：

甲骨文、龟甲兽骨、殷墟、青铜器时代、三皇五帝、象形字、文化自信、四个自信、文化交流、文化互鉴。

（3）结合思政主题的表达及句型翻译练习：

①外来词及其翻译处理方法和策略。

②英语定语从句的翻译技巧。

了解翻译处理原则，熟练掌握有关汉字历史、历史演化及发展等相关话题材料的汉译处理方法。

（4）思政实践活动：以小组协作讨论的形式完成"我是最棒译员——中华文明：甲骨文"的翻译拓展活动。完成英文纪录片"中华文明：甲骨文"的视频脚本翻译，录制和剪辑配有汉语解说和汉语字幕的视频实践作品。

四、课程思政教学方法和过程

（一）教学方法

（1）任务型教学法。给学生布置任务：查找和整理有关汉语和英语语言文字发展历史的相关资料，了解两种语言中的外来词使用情况，准备"我是最棒译员——中华文明：甲骨文"的翻译实践活动。

（2）互助讨论式教学法。给学生分组布置翻译任务，让学生通过组内讨论及组间协作、分享的形式进行小组及班级讨论学习活动。

（3）线上线下混合式教学。综合利用北语慕课平台、腾讯会议、微信等各种智能化学习手段，开展在线课堂、在线练习、在线答疑及测试活动。

（二）教学过程

第一阶段：课程导入（10 分钟）。
第二阶段：课文处理（55 分钟）。
第三阶段：实践拓展（25 分钟）。
第四阶段：课程收尾（5 分钟）。

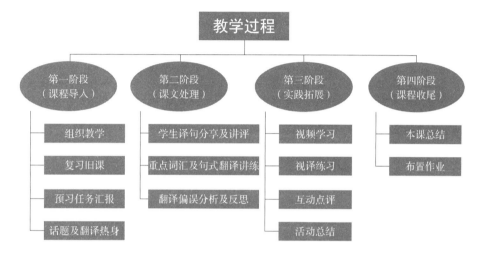

（三）教具

多媒体课件、视频。

（四）步骤

1. 课前准备

（1）微信群提前布置预习任务，发放预习材料，指导和监督学生进行分组、完成预习任务。

（2）检查教学设备，做好上课准备。

2. 课堂教学

（1）组织教学（1 分钟）。

目光（若为在线教学：师生打开摄像头）巡视课堂，简短交流问候，营造上课氛围；考勤点名，传递上课讯息，集中学生注意力。

（2）复习旧课（4 分钟）。

教师导语：同学们，我们上节课通过翻译文章《Neighbor vs. Neighbor》了解了中西不同文化背景下，人名和地名命名方式的传统和方法，重点讲解和练习了英汉翻译中的词义选择问题。现在我们复习一下上节课的内容。

①利用 PPT 展示，让学生进行口头翻译练习，复习上节课学习的词义选择的方法。

要求：能够快速准确地翻译出该组短语和句子的汉语译句，并掌握其中重点词汇的准确汉语译词。

复习：
- to pick up a pencil from the floor
  从地上把铅笔捡起来
- to pick apples
  摘苹果
- to pick up the phone
  拿起电话
- to pick up my daughter after school
  放学后接女儿
- to pick up your favorite book from the shelf
  从书架上选/拿一本你最喜欢的书

flat n.
- He moved in a new flat.
- I bought a pair of new flats last Saturday.

▷ 他搬进一套新公寓。
▷ 他搬到一个新公寓去了。

▷ 上个星期六我买了一双新的平底鞋。

（3）预习任务汇报（3分钟）。

①播放预习视频材料"中华文明：甲骨文"。

②学生按组用中文汇报预习视频材料的主要内容，每组说出两个视频中有关中国文化的词语表达，为之后的翻译拓展实践作准备。

期待答案：

oracle one script（甲骨文）

Chinese civilization（中华文明）

the Bronze Age（青铜器时代）

turtle shells and animal bones（龟甲兽骨）

the Shang Dynasty（商朝）

the Era of Three Emperors and Five kings（三皇五帝时期）

the Conference on Dialogue of Asian Civilization（亚洲文明对话大会）

cultural confidence（文化自信）

exchanges and mutual learning between different cultures（文化交流与互鉴）

（4）话题及翻译热身（2分钟）。

①引入汉语中的外来词的授课主题。

教师导语：在包括汉语、英语在内的各种语言中都有很多来自其他语言的词汇，我们将这些从其他语言"借来"使用的词汇称作"外来词",也叫"借词"。今天我们将从翻译材料出发,了解汉、英两种语言中的外来词,并重点学习和练习英语词汇进入汉语的不同翻译和处理方法。

②引入课文主要内容、文体及语言特点,明确翻译时的注意事项。

a. 预习时在课文中找到了哪些英语外来词?

(期待答案:LVMH、LV、Kenzo、the Tambour watch、Donna Karan、Givenchy 等。)

b. 文章的语言有什么特点?

(期待答案:文章是 LVMH 公司的年度报告,出现大量有关产品、公司名称、人名的外来词;有很多数字和百分数,还有很多定语从句。)

c. 翻译时要注意什么问题?

(期待答案:翻译时要注意公司业绩报告这类财经类文章的写作和用词特点,选择的汉语译词和句式要符合经济类文章的特点。)

(5) 课文处理(55 分钟)。

①学生译句分享及讲评(30 分钟)

教学行为:教师用 PPT 课件展示英语文章中的句子,提问学生重点词汇和短语翻译,特别是外来词的翻译处理。然后学生一人一个句子,汇报课前准备的汉语译句。(考虑到学生构成的复杂性,该过程中可穿插由非英语母语国家的学生读英文原文句子的环节。学生通过讨论完成对原文句子的正确理解,再翻译成汉语。)

【课文第一部分】

教师导语:文章的第一部分对世界知名公司 LVMH 的基本情况和年度经营情况进行了介绍,我们来一起看一下英语原文内容,再由同学们分享一下大家的汉语译句。

用 PPT 逐一展示第一段中的四个句子,每个句子展示之后,教师进行以下处理:

a. 教师提问学生句子重点词汇和短语的翻译,学生回答。

问答:文章中 LVMH 这个英语词汇有什么特点,该如何翻译处理?

——和别的英语词汇不同,这个词是字母缩写构成的英语词汇,有几种不同的处理方法。最简单直接的处理方法是直接使用这个英文词汇,不进行翻译。

引申:利用课文中出现的大量外来词 LVMH、LV、Kenzo、the Tambour watch、Donna Karan、Givenchy 等为例,引出外来词的概念,说明外来词的特点及五种主要翻译处理方法。"外来词(loan word)"指从一种语言借到另一种语言中的词。根据形式和特点,英语外来词进入汉语一般有以下五种方式:音译法,如 Lemon—柠檬;意译法,如 Iceland—冰岛;音译结合法,如 Starbucks—星巴克;加注法,如 salmon—三文鱼;直接借用,如 SOS、SUV、iPad 等。

教师用 PPT 展示更多外来词的例子,由学生探索和分析英语外来词进入汉语的不同方法,并归纳英语外来词翻译成汉语的五种常用方法和手段。教师就音译法、意译法、音意结合法、加注法和直接借用这五种英语外来词进入汉语的翻译处理方法进行分析和总结。

b. 每个句子请 2~3 位学生分享自己的译句。

c. 全班进行译句对比、讨论和偏误分析。

d. 教师进行点评，提出问题和改进意见。

【课文第二部分】

教师导语：文章第二部分介绍了 LVMH 公司的经营和销售增长情况，文中出现了各种数字的表达形式，同学们注意数字和相关表达的翻译方法。我们来一起看一下英语原文内容，再由同学们分享一下你们的汉语翻译。

用 PPT 逐一展示第二部分中的四组句子，每组句子展示之后，教师进行以下处理：

a. 教师提问学生句子重点词汇和短语的翻译，学生回答。

问答：在 "Sales at its Louis Vuitton division rose 22% to €1.175bn（$1.26bn）in the fourth quarter. Total sales at the LVMH group rose 4% to €12.7bn last year" 中出现了很多数字和百分数，在翻译中怎样将其转换成汉语的数字表达呢？

——英语和汉语数字表达的习惯不同，"bn" 是 "十亿"，是英语数字计数时习惯使用的单位，汉语不用十亿做单位，而习惯用 "亿"。所以，在将英语数字转换成汉语数字表达的时候，需要根据所使用的数字计数单位相应地调整数字的位数，使二者相搭配。这个句子中的 "€1.175bn" " $1.26bn" " €12.7bn" 在翻译成汉语时需要转换翻译为 "11.75 亿" "12.6 亿" "127 亿"。另外，汉语的货币单位习惯放在数字的后面，所以可以翻译为 "11.75 亿欧元" " 12.6 亿美元" "127 亿欧元"。

教师用 PPT 提供更多短语/句子，学生进行巩固练习。

Sales of luxury goods rose 56% to $14.6bn last year.

Only 37% of its stall work in Franc, where its head office is located.

The total sales of designer clothes and fashion accessories rose 28% to €1.115bn in the third quarter.

b. 课文第二部分每个句子请 2~3 位学生分享自己的译句。

Sales at its Louis Vuitton division rose 22% to €1.175bn（$1.26bn）in the fourth quarter. Total sales at the LVMH group rose 4% to €12.7bn last year. Bernard Arnault, chairman, said that the fashion and leather goods division of LVMH made "excellent progress".

LVMH had excellent sales because of its strong brands, store openings and successful new product launches. One of its new products, the Tambour watch, did not have huge sales but it brought customers into the stores.

Sales in the US, France and Japan were good. Fewer Japanese tourists travelled last year, but they bought more goods in their home market. Recently, LVMH opened a large store in Japan, which is doing well.

c. 全班进行译句对比、讨论和偏误分析。

d. 教师进行点评,提出问题和改进意见。

②重点词汇及句式翻译讲练(20分钟)。

教学行为:教师用PPT课件依次展示本课翻译重点——几组定语从句汉译的句子,请学生翻译。每组句子翻译完成后,请同学说明自己遇到的困难及问题,并总结该组句子的翻译方法和规律。

- 定语从句的翻译

教师导语:定语从句放在中心语后面,对所修饰的词或者短语进行修饰和限定,这是英语中比较特殊的定语形式。英语定语可在中心语的前面或者后面,但汉语定语一般位于中心语前。所以定语从句在翻译成汉语的时候需要根据定语从句的种类、具体功能和作用进行灵活翻译处理。

教师用PPT展示重点句,引导学生了解定语从句的两种主要类型,即起修饰限制作用的限定性定语从句和主要起补充说明作用的非限定性定语从句;讲授定语从句的三种主要汉译方法。

讲授内容如下:

a. 前置法。

将英语定语从句译成"……的"定语成分放在中心词前面。这种方法适用于比较简单的限制性定语从句。

This is the division of LVMH that made "excellent progress".

(这就是LVMH公司取得显著增长的部门。)

This is the restaurant that the McDonald brothers set up in 1940.

(这就是麦当劳两兄弟于1940年开起来的餐厅。)

b. 后置法。

一些较长、较复杂的定语从句可以不必翻译成汉语的定语成分,而译为并列分句,放在被修饰成分的后面。非限定定语从句经常使用这个方法进行翻译。

LVMH opened a large store in Japan, which is doing well.

(LVMH 在日本开设了一家大型分店,业绩良好。)

It is he who received the letter that announced the death of your uncle.

(是他收到了这封信,宣布了你叔父去世的消息。)

c. 融合法。

一些定语从句在翻译时,可根据需要将英语原文中的主语和定语从句融合在一起,将主句和从句进行合并和融合,翻译为一个句子。英语中的存现句"There is…"句型常可这样处理。

There are many people who want to watch the movie.

(很多人都想看那部电影。)

There was another man who seemed to know the answers.

(似乎还有一个人知道答案。)

教师用 PPT 展示练习,学生逐一进行视译练习。

Oxygen is a gas which unites with many substances.

He'll show her the place where she could be transformed into a princess.

He made the sound of sympathy which comes so readily from those who have an independent income.

Occasionally there would be the days when my depression would dissipate temporarily.

There is a man downstairs who wants to see you.

A fuel is a material which will burn at a reasonable temperature and produce heat.

This is the paper mill that they set up in 1978.

There has never been a man around me who wrote so many memos.

③翻译偏误分析及反思(5 分钟)。

教师及时记录学生在视译练习中出现的典型偏误,带领学生相互纠错改错,鼓励学生分析产生错误的原因。教师插入式点评,最后总结。

(6) 实践拓展(25 分钟)。

①视频学习(10 分钟)。

a. 教师播放"中华文明:甲骨文"的英文视频材料。学生用汉语简单概括视频材料的主要内容。教师板书核心思想。

b. 教师截取视频画面,学生看英文字幕,找到有关中国文化、汉字演化的关键词语及表达,并进行快速翻译练习。

oracle one script（甲骨文）

Chinese civilization（中华文明）

the Bronze Age（青铜器时代）

turtle shells and animal bones（龟甲兽骨）

the Shang Dynasty（商朝）

the Era of Three Emperors and Five Kings（三皇五帝时期）

the Conference on Dialogue of Asian Civilization（亚洲文明对话大会）

cultural confidence（文化自信）

exchanges and mutual learning between different cultures（文化交流与互鉴）

②视译练习（10分钟）。

学生课前预习视频材料，课堂共同学习视频中的重点词汇和表达，进行"我是最棒译员——中华文明：甲骨文"视频翻译实践拓展活动。

a. 教师再次逐句播放英文视频材料，请学生每人一句进行视频字幕的视/听译练习。

b. 教师再次逐句播放英文视频材料，隐去视频声音，学生每人一句进行视频配音练习。

③互动点评（3分钟）。

教师及时记录学生在视频翻译练习中出现的典型偏误，带领学生相互纠错改错，鼓励学生分析产生错误的原因。教师插入式点评。评选出"最棒译员"，就作品进行讲评和表扬。

④活动总结（2分钟）。

教师评价学生预习视频材料的结果；总结视频翻译的完成情况；评价学生视/听译和视频配音的效果；对学生做得好的地方给予肯定和表扬，对出现的问题提出改进意见。深化视频练习内容，提升学生对中华文化自信和中外文化交流互鉴的理解和认同。

（7）课程收尾（5分钟）。

①本课总结（3分钟）。

a. 英语外来词进入汉语的五种常见翻译和处理方法：音译法、意译法、音意结合法、加注法、直接借用法。

b. 英语定语从句的三种常用汉译方法：前置法、后置法、融合法。

c. 学习英语和汉语在数字表达上的不同习惯和规则，以及货币单位的使用规则。

d. 学习"中国文化自信和中外文明互鉴"的理念和主张。

②布置作业（2分钟）。

a. 复习今天课程内容。

b. 翻译第一课课文第一部分。要求手写完成，并按时提交到北语学习通。

c. 拓展练习：每3位同学一组将今天课堂实践用的小视频内容翻译成汉语，每位同学为小视频进行旁白配音，录制视频，发送到学习通。本周之内完成。

下篇 语言文化类课程思政设计案例

初级汉语综合课——《女儿的婚礼》

一、课程总览

  初级汉语综合课是汉语言专业本科留学生在一年级学习阶段的必修课。初级汉语综合课以语言知识（语音、语法、词汇、汉字）的讲解与操练为基础，以听、说、读、写四项言语技能训练为手段，以培养交际能力为目的，将语言知识训练与言语技能训练相互结合，同步进行。要求学生基本掌握现代汉语语音、语法的基础知识，并学会比较准确地运用汉语进行口语和书面语的表达。在教学方法上，突出精讲多练的实践性原则，在课堂上对学生的言语技能进行充分的训练，促进其语言知识与语言技能的共同发展，提高其跨文化交际能力。初级汉语综合课分为一年级上和一年级下两个层次。一年级上的初级汉语综合课属于语法阶段，该阶段的主要教学任务是集中教授汉语的基本语法规则及句型、句式，为成段表达训练打下良好的基础，教学安排为每周 10 学时，一学期总课时为 160 学时；一年级下的初级汉语综合课属于短文阶段，该阶段的主要教学任务是扩大学生的词汇量，继续语法知识的传授，逐步培养学生的成段表达能力，为中级汉语的学习打下良好的基础，教学安排为每周 8 学时，一学期总课时为 128 学时。

二、课程思政教学目标

  "培养中外学生使其成为人类命运共同体的建设者、文明交流互鉴的推动者和具有全球竞争力的高素质国际化人才"是本课程追求的最终目标，在思政教学上分别体现在如下三个方面：

  第一，培养学生成为人类命运共同体的建设者，就要使学生具有坚定的理想信念、崇高的思想品格、优良的道德品质，建立起积极健康的生活观、正确的价值观。初级汉语综合课的本质是教育教学课，教师应当善于利用教材文本资源和其他资源，在语言教学过程中讲好中国故事、传播好中国声音，向学生传达并使学生理解具有高尚道德情操、健康审美情趣和积极人生态度的学习内容。以本课《女儿的婚礼》为例，课文通过一场婚礼细腻地描写了中国父母从反对到同意的心态变化，表现了具有不同文化背景的人们可以相互理解、爱情没有国界的主题，从而达到培养学生成为人类命运共同体的建设者的思政教学目标。

第二，培养学生成为文明交流互鉴的推动者，就要引导学生学会尊重文化差异，能够深入理解中国人"崇尚和谐，以求大同"的传统精神美德，培养大气包容的精神。语言与文化相互依存、密不可分，是一个整体，文化教学应与语言教学紧密结合起来，而文化的渗透又必然会牵涉到生活观、价值观等方面的内容，因此跨文化交际是初级汉语综合课思政教学的重要组成部分。教师应当深入挖掘教材文本资源，将语言教学同中国的传统文化、现代文化相结合，帮助不同文化背景的学生拓宽视野，提高他们对中外文化异同的敏感性和包容性。以本课《女儿的婚礼》为例，教师深入挖掘词语、语法等语言要素的文化内涵，并有意识地同语言知识的讲解与语言技能的操练相结合，比如通过讲解生词"敬酒"表现中西婚俗的差异，让学生感受不同文化的特点。不管是整体的教学设计，还是个别的词语教学，教师都应力求将文化比较蕴含其中，让学生了解中西文化差异，学会尊重文化差异，从而达到培养学生成为文明交流互鉴的推动者的思政教学目标。

第三，培养学生成为具有全球竞争力的高素质国际化人才，就要引导学生掌握与汉语言相关的专业知识体系和听说读写诸项技能，这样学生才足以将他们建设人类美好未来的热情、架起中外友谊桥梁的美好愿望在现实世界中付诸实践并收获成果。初级汉语综合课是一年级本科留学生的必修课，是学生掌握高级汉语知识、技能的基础，帮助学生建构对中国的正确理解，是打开其全球视野的关键阶段。教师应当在日常教学中紧贴培养方案与教学大纲，使学生成为具有正确价值观、良好跨文化意识的高素质国际化人才。以本课《女儿的婚礼》为例，教师遵循北京语言大学经典的初级汉语教学模式，秉持精讲多练的原则，在课堂上既要对学生进行词语、语法等语言知识的教学，又要通过生词听写、课堂问答、课文听述等环节对学生进行听说读写语言技能的训练，最后还要通过课堂活动提高学生的思维能力和表达能力，一系列教学方法和手段的实施使得整堂课呈现出多维度、多层次的教学样态，这也是为了实现培养学生成为具有全球竞争力的高素质国际化人才的教学目标。

三、课程思政教学重点和难点

协调好立德与树人的关系是初级汉语综合课施行思政教学的重点。初级汉语综合课思政教学目标的实现同"立德"与"树人"息息相关。立德，就是指要培养学生形成积极健康的生活观、正确的价值观，志愿成为人类命运共同体的建设者。树人，就是指要培养学生的才能与技艺，使学生成为具有全球竞争力的高素质国际化人才。立德与树人两方面紧密联系、相辅相成、不可分割。教师应以德育为第一要义，在教学实践中将德育与智育相结合，做到德育、智育并重。初级汉语综合课的根本是语言教学，比如教师在讲解词汇、操练句型时不仅应该选取具有典型语法特征的短语、句子，还应该注意在设计短语、例句时同符合社会主义核心价值观的内容相结合。以本课《女儿的婚礼》为例，在讲练语法"在……下"时，教师设计了"在朋友的帮助下，我的汉语水平提高得很快""在我的照顾下，父亲很快恢复了健康"等例句。这些例句和学生的生活紧密相关，不仅让学生理解了语法的意思与使用情境，更让学生学会了如何用汉语表达感恩与反哺，将德育的内容自然地同语言教学结合在一起。

深刻认识留学生学习的一般性与特殊性是初级汉语综合课施行思政教学的难点。留学生学习的一般性是指留学生本质上来说仍然是学生。中外学生的共同特质是同为具有发展需要和发展潜力的人，是教育的对象。然而留学生又具有其特殊性。留学生群体的国家、社会制度、宗教信仰、文化背景和生活习俗同中国有着或大或小的差异，留学生群体之间也存在着差异。来华初期，大多数留学生对这些差异都需要一个适应的过程，这就需要初级汉语综合课同时肩负起帮助留学生理解文化差异、克服文化冲击的任务。在实际教学过程中，教师不能强硬地迫使留学生接受中国的社会制度与文化理念，而是要根据个体差异，采取"润物细无声"的教育方式，随时留意留学生的心理变化，只有这样才能真正达到思政教学的目的。以本课《女儿的婚礼》为例，教师在讲解教学内容时要注意公正地对待中西文化习俗差异与价值观差异，能够辨别不恰当的言论，理性地和学生讨论文化差异问题。教师在课堂上还要注意对学生一视同仁，平等地给予所有学生问答、操练、参与课堂活动的机会，不能对个别学生存有偏见，应该用实际行动表现出中国人"崇尚和谐，以求大同"的传统精神美德。

四、课程思政教学方法和过程

【课型】初级汉语综合课。
【教材】《尔雅中文：初级汉语综合教程》（下）第 2 册 第 12 课。
【教学对象】掌握 1000 词左右的本科一年级（下）留学生，共 17 人。
【教学内容】生词：18 个，包括名词 11 个、动词 1 个、形容词 1 个、连词 1 个、副词 2 个、短语 2 个。重点词：2 个，接着、分别。语言点：在……下。课文：短文 1 篇，共 5 段。第一讲处理完了第 1、2 段，本讲处理第 3~5 段。

（一）教学目标

类别	教学目标
认知领域	学生能掌握生词的发音和意义，能正确理解并运用重点词、语言点进行表达。
	学生能理解并记忆课文内容，就课文中婚礼的 4 个场景进行不少于 150 字的复述。
	学生能和小组成员用汉语进行沟通，能归纳他们的观点，并代表小组进行汇报。

续表

类别	教学目标
技能领域	听:能听懂每分钟180个音节以上语速的课文。 说:能够复述叙述体课文,话语自然流畅。 读:能以每分钟200个字左右的语速朗读课文,语音、语调基本准确,自然流畅。 写:能以每分钟12~15个字的速度书写生词。
情感领域	学生对课文主题表现出兴趣。 学生有用汉语进行表达的愿望。 学生对合作性活动展现出积极配合的态度。
跨文化交际	了解中西方文化的婚俗知识及两者的差异。
思政教学	了解中国人"入乡随俗"的生活观与价值观,学会尊重文化差异,感受中国人"崇尚和谐,以求大同"的精神追求。

(二)教学方法

(1)秉持精讲多练的原则。

(2)按照"词→句→篇"的顺序,循序渐进地培养学生的成段表达能力。

(3)创设真实情境,通过多媒体、语言描述实现教学过程交际化,培养学生的交际能力。

(4)通过小组讨论,将课文中的语言知识迁移运用,培养学生的语言综合运用能力,以及跨文化理解能力。

(5)通过预习复习,实现学生自主学习,引导学生掌握学习策略。

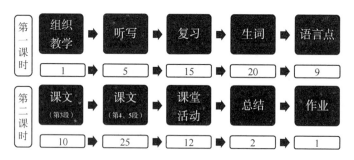

(三)教学安排

《女儿的婚礼》一课选自:《尔雅中文:初级汉语综合教程》,供本科一年级(下)国际学生学习,对应初级汉语的短文阶段。该课思政教学的思路是:

(1)凸显中西文化差异,引起学生的兴趣。

"婚礼"在任何国家都是一件让人开心的事情,而婚俗最能突显一个国家的文化基因。

课文通过对一场婚礼的全程描述，间接对比了中式美式婚礼在"送贺礼、婚礼场所、仪式、婚宴、舞会"等方面的诸多不同，而这些不同恰恰反映了中西方人民在生活方式、人情世故等方面的不同理念，能让学生产生兴趣。教师进而通过调动学生的兴趣与好奇心，引导学生感受与理解文化差异，增强跨文化交际能力。

在教学设计中，教师将这些学生感兴趣的因素同生词、语言点与课文的讲练深度融合，让学生在整个学习过程中都可以保持高度的注意力与参与度。例如：讲解生词"敬酒"时通过视频进行对比，从而展现中国人重视血脉亲情的理念：结婚不仅是两个人的事情，而且是两家人的事情。西方婚礼中新郎新娘则是中心角色，双方家人都要送上祝福。讲解生词"大摆酒席"与"自助餐"，通过对比表现中国婚礼讲究排场、热闹、喜气洋洋的气氛，而美国婚礼则侧重温馨浪漫，呈现出舒适自在的氛围。

（2）根据主题创设情境，激发学生的思考与表达欲。

本课的主题是"跨国婚姻"，一个中国女孩儿与一个美国小伙子谈起了恋爱，并决定结婚。对于"跨国婚姻"中的双方是否能够幸福一世、白头到老，一直是人们热衷讨论的话题，正面负面的例子都很多。课文一开始以女孩儿父母的视角表达了反对的观点。以此为立足点，教师在第一讲中安排学生分组讨论，表达自己对"跨国婚姻"的看法，一方面给予学生整合观点、进行成段表达的机会，一方面为后面的词语操练、课文的深入理解做好铺垫。

在第二讲中，教师继续结合当今的社会现实，安排学生讨论如何在新冠肺炎疫情的冲击下举办一场网上的"云"婚礼，鼓励学生将在课文中学到的婚俗词汇、知识应用到新的情境下，进行创新性的表达训练。借此练习引导学生感悟人类不惧艰难险阻，始终追求美好生活的精神。

（3）以主人公心境变化为线索，彰显"立德树人"的思政功能。

本课在文化教学上存在"小文化"与"大文化"两条线索。"小文化"，即具体的婚礼习俗，包括仪式、婚宴、舞会等具体内容；"大文化"，即中国人"入乡随俗"的生活观念。课文中，女孩儿的母亲虽然一开始竭力反对这桩跨国婚姻，但在关键时刻她和老伴儿仍然选择支持女儿，甚至愿意"入乡随俗"，同意女儿按照美国当地的风俗举办婚礼。随着婚礼的进行，我们可以感受到老人对异国文化由拒绝到好奇，再到敞开心扉，最后发出"幸福与快乐没有国界"的感叹全过程。"入乡随俗"是一种生活观，也是一种价值观，代表着对他人生活方式价值的尊重，其中蕴含着中国人"崇尚和谐，以求大同"的传统精神美德。

在教学设计中，教师首先通过生词讲练，让学生了解"入乡随俗"的准确含义，在串讲课文时带着他们一边理解课文内容，进行复述训练，一边关注母亲的心态变化，最终落脚在两种文化应该互相尊重、互相包容的基调上。这正符合了"培养中外学生使其成为人类命运共同体的建设者、文明交流互鉴的推动者和具有全球竞争力的高素质国际化人才"的教育目标。

1. 第一课时（50分钟）

教学内容	思政教学说明
一、组织教学	
（1）课前老师呈现PPT首页，渲染婚礼氛围。 （2）老师精神饱满地走到教室前中央位置，环视学生。 （3）向学生问好。 （4）开始上课。	
二、听写	
（1）老师上课前在黑板上标出生词的序号。 （2）老师先后叫两个学生到前面听写，每人写五个。 （3）老师读生词，每个生词读两遍。 （4）学生写完后，老师再读一遍，学生检查。 （5）老师纠正黑板上学生书写的汉字。	
三、复习	
复习生词	1. 根据 （1）根据安排，今天我们学习第几课？ （2）昨天的课文里，在美国，新郎新娘的朋友是怎么为他们选择礼物的？ →新郎新娘的朋友根据目录为他们选择礼物。 2. 举办 ~婚礼/会议/比赛/晚会。 3. 正式 （展示图片）请看照片，来宾穿得怎么样？ →来宾穿得很正式。 老师：好，生词复习完了，我们的课正式开始。	从课文内容出发，引导学生说出中西婚礼习俗中"送礼"的差异。
复习课文第1段第2段	（1）展示第1段关键词，学生复述第1段。 （2）展示第2段关键词，通过PPT动画，学生复述第2段。 （3）点名学生单独复述课文第2段，以检查其复习情况。	
四、生词处理	
认读生词	（1）合唱：学生集体认读，老师纠音。 （2）领唱：老师领读，两遍。 （3）独唱：老师点名学生认读，同时注意纠音。 　　4个学生，每人读4个。 （4）合唱：老师领读，快速读一遍。	

续表

教学内容		思政教学说明
讲练生词	1. 仪式 （此处不处理，留到课文讲练环节通过情境让学生理解） 2. 伴奏 （1）（展示图片）孩子在做什么？ 　　→在唱歌。 　　父亲母亲呢？ 　　→在伴奏。 3. 证婚词 （1）西式婚礼中，牧师常说一句话：你会一直爱你的妻子吗？无论她健康还是生病，无论她有钱还是没钱。 （2）牧师说的是什么呢？ 　　→证婚词。 4. 婚宴 扩展：晚宴、宴会。 5. 大摆酒席、自助餐 （展示图片）左边是什么？右边是什么？ →左边是大摆酒席、右边是自助餐。 6. 随意 （1）你喜欢哪种？为什么？（手指两张图片） 　　→我喜欢自助餐，因为可以想吃什么就吃什么。 　　对，因为自助餐很…… 　　→自助餐很随意。 7. 敬酒 （1）（老师用手做拿着酒杯状，走到一个学生面前）祝你身体健康，学习进步！这是什么？ 　　→敬酒。 　　向谁敬酒？ 　　→向学生敬酒。 　　（示意学生向老师敬酒）现在呢？ 　　→向老师敬酒。	通过设置情境，帮助学生理解"证婚词"的含义，同时和课文内容"婚礼"建立联系。 通过电影《喜宴》的视频片段，让学生直观了解中西方在婚宴习俗上的差异，并渲染婚礼的氛围。 通过"大摆酒席""自助餐"的讲解与图片，展示中美婚宴习俗的不同，中国婚礼讲究排场、热闹、喜气洋洋的气氛，而美国婚礼侧重温馨浪漫，让每位宾客感受到舒适。 通过讲解与视频，展示中美婚宴习俗中"敬酒"的差异。中国人重视血脉亲情，结婚不仅是两个人的事情，而且是两家人的事情；西方婚礼中新郎新娘则是中心角色，双方家人都要送上祝福。

续表

教学内容	思政教学说明
<table><tr><td>讲练 生词</td><td>（2）中式、西式的婚礼都需要敬酒，但是不太一样，我们一起来看。（播放视频） （3）西式婚礼，每桌敬一次酒；中式婚礼，一个人敬一次酒，（老师做手势引导），我们第 10 课学过一个词，是什么？ →轮流。 对，在中国，…… →在中国，需要轮流给来宾敬酒。（*课文原句） 8. 分别 （1）我们一共有 4 门课，分别是……？ →分别是综合课、口语课、听力课、阅读课。 （2）昨天的综合课，对跨国婚姻，……谈了自己的看法，……也谈了自己的看法，大家都谈了。 →对跨国婚姻，同学们分别谈了自己的看法。</td></tr><tr><td>练习</td><td>（1）老师布置练习：完成书中 31 页练习。 （2）学生做练习时，老师环绕教室，答疑。 （3）学生说答案，老师纠正。</td></tr><tr><td colspan="2">五、语言点：在……下</td></tr><tr><td></td><td>1. 讲练 （1）（展示图片）……在作文里说他的汉语水平提高得很快。这是谁的帮助？ →朋友的帮助。 所以可以说：在朋友的帮助下，……。 →在朋友的帮助下，……的汉语水平提高得很快。 （2）（展示图片）父亲受伤了。我陪他看病、给他吃药，父亲很快恢复了健康。这是因为谁的照顾？ →因为我的照顾。 所以可以说，在我的照顾下，……。 →在我的照顾下，父亲很快恢复了健康。 （3）在新冠疫情的影响下，我们出门一定要怎么做？（老师做手势） →在新冠疫情的影响下，我们出门一定要戴口罩。</td></tr><tr><td colspan="2" align="center">课间休息</td></tr></table>	

第二课时（50分钟）

	教学内容	思政教学说明
六、课文第3段：仪式		
引入	（1）老师带学生复述课文第2段，一遍。 （2）老师话语：婚礼仪式马上开始了。我们一起来听听仪式是怎么进行的。	带学生回顾课文，目的是：再次强调父母的反对心态，为后面父母的心态变化进行铺垫。
听读	（1）老师布置听前问题：仪式用了多长时间？ （2）老师播放录音，学生听，听后回答问题。 （3）老师布置读前问题： ①在仪式中，"我"的老伴儿要做什么？ ②牧师要做什么？ ③来宾要做什么？ （4）老师领读课文，学生齐读，读后回答问题。 （5）老师在学生回答问题时展示关键词。	本课涉及中西婚礼习俗的差异，需要学生在学习前对此有一定的了解。因此，在课前做如下准备：①在前一讲，给学生播放中国婚礼的视频（4分钟左右），让学生从视频中找出有中国婚礼特色的词汇，使学生对中国婚礼有初步印象；②在每一讲的生词讲练和课文串讲环节，对中西婚礼相关内容进行复现，加深学生的印象。
复述	（1）老师带领学生复述课文。 （2）场景模拟：老师播放一段婚礼仪式的视频，让学生跟着视频进行复述	
七、课文第4段：婚宴、舞会		
引入	老师：仪式结束后是什么呢？（展示PPT）对，就是婚宴和舞会。我们再来听听，美国的婚宴和舞会是什么样的，和中国有什么不同。	再次强调，让学生关注中西婚俗的区别。
听读	（1）老师布置听前问题：美国的婚宴是大摆酒席还是自助餐？（展示图片） （2）老师播放录音，学生听，听后回答问题。 （3）老师布置读前问题： ①美国的婚宴与中国还有什么不同？ ②舞会是怎么进行的？（先……，接着……，然后……） （4）老师领读课文，学生齐读，读后回答问题。 （5）老师在学生回答问题时展示关键词。	

续表

	教学内容	思政教学说明
复述	（1）老师带学生复述课文，两遍。 （2）学生集体复述课文	
整体复述	（1）老师话语：现在我们来试一试，请你向其他人介绍美国的婚礼是什么样的？ （2）（展示图片和关键词）老师带学生进行4个场景的整体复述。 （3）学生准备复述：两人一组，一人复述一人听，各复述一遍。 （4）学生集体进行整体复述。 （5）点名学生进行复述（每个学生完成两个场景）。	
八、课文第5段：感受		
	（1）引入：婚礼快结束了。女儿的母亲一开始是反对的，那么现在她的想法变了吗？我们一起来读课文的最后一段。 （2）老师带学生读课文。 （3）老师提问：作者现在觉得怎么样？ →放松、幸福、快乐。 （4）老师提问：从反对到放松，你觉得作者为什么会出现这种变化？ （5）点名学生回答，2~3个学生。 （6）老师总结。	通过对课文的梳理，让学生体会感受课文中新娘母亲从反对到赞成的心路历程变化，感受对文化差异的理解与包容。
九、课堂活动：一场"云"婚礼		
引入	（1）老师播放PPT，进入课堂活动页面。 （2）老师：下面我想讲一件真事。我在美国有一位女性的好朋友，她是中国人。今年10月，她和她的美国男友结婚了。但是因为新冠肺炎疫情，无论是女孩儿的家人还是男孩儿的家人都没有办法参加婚礼，牧师也不能去。所以他们就决定举办一场网上的"云"婚礼。你可以想象在网上的婚礼，如何举办吗？	为了讨论的顺利展开，课前做如下准备：①通过播放视频片段加深学生对中西婚礼习俗差异的认知；②前一讲，学生在课堂上讨论了对"跨国婚姻"的看法。

续表

	教学内容	思政教学说明
布置任务	（1）老师：传统的美国婚礼要寄请柬、安排婚礼地点、送礼物，举行仪式，还有婚宴和舞会。请你想一想，在新冠疫情的影响下，如果是你，你会怎么安排这场网上的"云"婚礼呢？请注意使用今天学习的生词和语言点。 （2）分组：3个学生一组，讨论，时间6分钟。 （3）要求：展示本课重点词和语言点，鼓励学生在汇报时积极使用。	小组活动的目的是：促进学生间的交流互动与口头表达，展现学习效果，鼓励学生发挥创造性。
小组讨论	（1）老师轮流到各小组听学生发言，回答学生的疑问，及时纠正词语、语法等方面的错误，保证小组汇报顺利进行。 （2）时间快到时，老师要提醒学生。	
学生汇报	（1）汇报：由1个学生代表小组做汇报。 （2）老师对汇报进行评价，同时纠正学生的错误表达。	
十、总结		
	（1）重点词：接着、分别。 （2）语言点：在……下，……。 （3）课文：婚礼的四个场景：场面、仪式、婚宴、舞会。 （4）文化：了解中西婚礼习俗的差异。	
十一、作业		
	（1）用重点词造句。 （2）读课文，并录音。 （3）完成活页练习。	

附件：本节课课件实例

听写生词（10个）

- 安排
- 举办
- 根据
- 接着
- 无论
- 分别
- 特意
- 仪式
- 实惠
- 正式

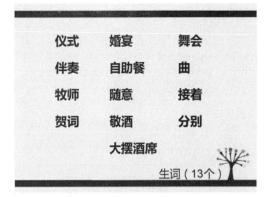

接着 adv.

1. 上周我们学习了第12课，今天我们接着学习。
2. 明天上完……课，接着上……课。
3. 昨天的电影，我没看完，今天接着看。
4. 通常是一个同学读一段，然后其他人接着读。
5. 对不起，请你接着说。

在……下，……

1. 在……的帮助下，我的汉语水平提高得很快。
2. 在……的关心下，我很快习惯了……的生活。
3. 在……的照顾下，我的身体很快恢复了健康。
4. 在……的影响下，我也对……很感兴趣。
5. 在……的安排下，我们参观了长城。
6. 在……的情况下，不能开车。

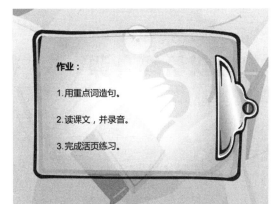

作业：

1. 用重点词造句。
2. 读课文，并录音。
3. 完成活页练习。

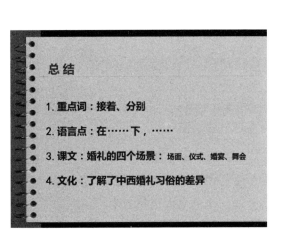

总结

1. 重点词：接着、分别
2. 语言点：在……下，……
3. 课文：婚礼的四个场景：场面、仪式、婚宴、舞会
4. 文化：了解了中西婚礼习俗的差异

高级汉语综合课——《鹤》

一、课程总览

【课程名称】高级汉语综合课。

【课程类型】必修课。

【教学对象】三四年级本科留学生。

【教学课时】三年级每周6课时，四年级每周4课时。

【课程学分】三年级每学期6学分，四年级每学期4学分。

【使用教材】《现代汉语高级教程》（上中下册），马树德主编，北京语言大学出版社。

【课程简介】高级汉语综合课是针对来华留学生的汉语言专业高级阶段汉语教学的主干课程与专业必修课程，是对本科三四年级留学生听、说、读、写各项技能进行综合性训练的语言技能课。以汉语原文原著的阅读理解为基础，侧重书面语体教学，以书面语体词语、复句与语段语篇为主要教学内容，对学生进行听、说、读、写综合技能的训练，以培养并提高学生准确而得体的口语和书面语表达能力为教学目标，使学生能熟练、准确、恰当而得体地掌握和运用汉语，并能在较高层次上理解和欣赏汉语丰富多彩的语言现象。在传授语言知识、培养与提高学生汉语言综合运用能力的同时，注重人文精神的传达与学生人文素质的培养，即引导学生在潜移默化中接受丰富而有益的中华传统文化与现代文化的精神熏陶，加深其对博大精深的中华优秀文化的认识与理解。

【教学内容】高级汉语综合课的教学内容贯彻了汉语教学的阶段性与系统性原则。在不同的教学阶段（三年级上、三年级下、四年级），高级汉语综合课的教学内容既有所不同，又密切联系，总体呈螺旋式上升状态，共同构成科学而完整的高级汉语综合课教学内容系统。

三年级上学期，教学内容以课文、词语例释、近义词辨析和语法解说等为主，语法教学力求细化与深化，以复句连词为中心，对高级阶段语法进行较为系统而全面的归纳总结。三年级下学期的教学内容在课文、词语例释与近义词辨析等方面与三年级上学期基本保持一致，不同之处在于以修辞方法的讲解替代语法现象的梳理总结，突出高级阶段的另一个重要语言现象——修辞手法的广泛运用。四年级的教学内容以篇章教学为主，从篇章语法的角度对汉语文章的章法进行梳理概括，展示汉语篇章的内部结构，为学生提供句子、复句、句群等各级语言单位组合成篇的基本思路；同时，又从语意的角度整理出语意表达和理解中的一些规律。

【教学目标】

知识目标：汉语书面词语（尤其成语）、复句、语段语篇、语体知识。

能力目标：培养学生得体的口语与书面语表达能力、高层次的阅读理解与欣赏能力、分析与创新能力，进而提高其汉语言综合运用能力。

阅读：阅读、理解并欣赏汉语原义原著；阅读专业研究文献。

写作：写作汉语文章；写作专业论文。

听力：很好地理解与生活或专业相关的各种汉语表达。

口语：用准确而得体的汉语明确而流利地进行叙述与论述。

素质目标：引导学生接受并理解中华优秀文化，如中国古都文化、园林艺术、古典文学、建筑艺术、中国革命等，引发学生对人的价值、尊严与人类命运等问题的思考，使之成为知华、友华的高层次国际汉语人才。

二、课程思政教学目标

引导学生接受并理解中华优秀文化、正确认识当代中国国情、更加深入地了解真实的中国，以弘扬中华文化，积极推动中外文明交流互鉴，讲述好中国故事，传播好中国声音；同时让他们把想法和体会介绍给更多的人，促进中外民众相互了解与理解，为促进民心相通、推动构建人类命运共同体贡献力量。提高学生的汉语综合运用能力，加强其综合修养，使之成为知华、友华的高层次国际汉语人才。

创新全过程、全方位的育人体系，将思政教育融入课程教学与人才培养各环节中。强化"语言+"人才培养模式，培养专业扎实，具备卓越汉语言能力的复合型、高层次中外文化交流友好使者和高端人才。

三、课程思政教学重点和难点

（一）课程思政教学重点

（1）让学生理解中华优秀传统文化，如中国的古都文化、园林艺术、古典文学、敦煌壁画、中国绘画、家庭教育、民族精神、宗教、哲学等一系列传统文化主题。

（2）让学生在鲁迅、老舍等文学大师笔下的《药》《阿Q正传》《茶馆》等作品里接受中国近现代革命历史文化教育，感受近代中国的屈辱历史，从而深刻认识中国红色革命的必然性与必要性。

（3）由《傅雷家书》《华罗庚》《鹤》《教化的困惑》《现代技术的危险何在？》等课文引发学生对人的价值、尊严与人类命运等问题的思考，这种思考超越了国家、民族与宗教的界限，是人类文明之道大化于天下的生命大智慧，有助于学生深入理解人类命运共同体、地球生命共同体等先进理念。

（二）课程思政教学难点

（1）高级汉语综合课思政教学内容丰富而复杂，涉及中华优秀文化的方方面面，学生理解起来具有一定的难度。

（2）知识点复杂多样，有较多复杂的词汇与语言现象（如成语、复句、修辞与语体等），学生要做到掌握并熟练运用也具有一定的难度。

（3）有的学生因汉语水平有限，无法很好地理解并掌握所学内容，难以用准确而得体的汉语顺畅地表达自己的观点。

四、课程思政教学方法和过程

（一）教学方法

教学方法多样融合。为引导学生更好地理解并接受中华优秀文化，加深其对中华优秀文化的认识与理解，采用任务型语言教学、自主探究式教学、视听说结合教学、体验式教学与语言实践教学等多种教学方法，积极开展师生参与、问题导向、理性探究、情感体验、多维感知的课堂教学，使学生在潜移默化中接受中华优秀文化的熏陶，接受丰富而有效的思政教育。

（二）教学过程

高级汉语综合课教学包括课前预习、课堂教学、课后复习三个主要教学环节；三者有机结合，有序贯通，构成系统而科学的高级汉语综合课教学过程。积极探索思政课程教学模式，将思政教学贯穿于高级汉语综合课整个教学过程，在课前、课中、课后三个教学环节均有充分体现，且不同教学环节思政教学方法各有侧重。

（1）课前预习环节：教师根据具体教学目标，制定自主学习任务单，布置自主学习任务（含自主查阅与探究，了解中华优秀文化与习近平新时代中国特色社会主义思想）；学生自主完成各项任务，整理疑难问题，带着思考与疑问进入课堂；负责查阅探究的学生小组向全班同学汇报小组自主探究的成果。

（2）课堂教学环节：教学方法多样融合，采用任务型语言教学、自主探究式教学、视听说结合教学、体验式教学等多种教学方法，组织丰富多样的教学活动，主要有课文讲解、词语讲练、师生问答、语言知识讲练、文化知识讲解、小组讨论、分组辩论、资料查阅与分享等，引导学生深入理解课文内容，学习并掌握相关的语言与文化知识，深刻理解课文中蕴含的中华优秀文化与思想理念。

(3) 课后复习环节：课后复习包括作业布置、提交、批改、反馈四个步骤。作业主要为书面表达作业，重在理解表达与实践提升，将中华优秀文化和习近平新时代中国特色社会主义思想理解转化为准确而得体的语言表达。

附：

第六课《鹤》教案

一、课型

高级汉语综合课（汉语言专业、汉语国际教育专业三年级下必修课）。

二、使用教材

《现代汉语高级教程》（修订本）中册（马树德主编，编者为马树德、李文、张亚茹、塔广珍，北京语言大学出版社，2013年9月第2版）。

第六课《鹤》作者：陆蠡（1908—1942），作家、翻译家、为抗日而献身的伟大爱国者。本文选自《新文学鉴赏文库·现代散文卷》第二卷（李若冰主编，陕西人民出版社，1989年出版）。

三、教学对象

汉语言专业、汉语国际教育专业本科三年级下留学生。

四、教学目的与要求

（1）能按照教师要求自主查阅有关人与动物关系、鹤与白鹭、保护生物多样性与构建地球生命共同体理念的资料，并自己组织语言讲解。

（2）了解课文作者生平经历、主要贡献，了解我们应该如何对待动物，理解保护生物多样性与构建地球生命共同体的重要性。

（3）熟练朗读课文，掌握课文的结构、层次与文本意义，并理解其深层含义。

（4）《鹤》是倒叙性叙事散文。掌握叙事文六要素：时间、地点、人物，事件的起因、经过、结果；掌握倒叙的叙事方法。要求叙事条理清晰，情节真实，逻辑严密，语言准确。

（5）掌握重点词语的意义与用法，并做到熟练而得体地运用。

（6）深入领会课文中作者所表达出的不同动物彼此平等，没有高低之分，应尊重生命的观点；以此为基础，深刻体会习近平总书记构筑地球生命共同体这一理念的先进性与重要性。

五、教学内容

（1）《鹤》课文。

（2）词语：21个重点词语，4组近义词辨析。

(3) 修辞知识：对偶。

(4) 词汇知识：单音节词在现代汉语书面语中的运用。

(5) 思政要点：人应该平等地对待各种动物，不能区分高低贵贱，推而广之，就是平等的价值观念，即每一个生命个体都是平等的，都是有尊严的，都应该得到尊重。深刻理解保护生物多样性与构建地球生命共同体的理念。

六、教学重点

(1) 课文内容、篇章结构、叙事方法的讲解和梳理。

(2) 重点词语意义与用法：

重点词语：消遣、加以、留意、寄予、为难、省事、难题、赞同、猜想、叱责、恐吓、本能、题材、鞭挞、驱逐、相当。

非重点成语：不知不觉、兴高采烈、惊魂未定、原封不动。

(3) 同义词辨析：往往/常常；遭受/遭遇；原因/理由；渡过/度过。

(4) 修辞知识：对偶。

讲解对偶的形式与作用，要求能够识别对偶，并可在书面表达中练习使用。

(5) 思政内容：生命平等、保护生物多样性、构建地球生命共同体理念。

七、教学方法

(1) 布置学生课前以小组合作形式自主查阅并整理有关人与动物关系、鹤与白鹭、保护生物多样性与构建地球生命共同体理念的资料。

(2) 引导学生阅读有关习近平主席关于构建地球生命共同体的讲话，结合课文事例深入思考人与动物间和谐共处的问题。

(3) 课堂讲授课文、词语、语法点，运用提问、讨论等形式帮助学生掌握课文内容与知识点。

(4) 以课文最后小主人公自己的反思引导学生针对"人与动物的关系、人类对待生命的态度、构建地球生命共同体理念"等进行思考，展开课堂讨论，要求学生深入领会生命平等、保护生物多样性、构建地球生命共同体理念的深刻内涵，并以书面形式写出个人体会，进而深刻体会保护生物多样性与构建地球生命共同体这一理念的先进性与重要性。

八、课时安排

共12课时，其中课文与语言知识讲练10课时，练习2课时。

本教案为《鹤》第7~8课时教案。

九、第7~8课时教学内容

(1) 课文第9~16段："我们的鹤养的相当时日……我有点不公平吧。"

理解重点：

①在精心豢养"鹤"的过程中，"鹤"发生了哪些变化？兄弟俩的态度发生了哪些变化？请谈谈你对这些变化的看法。

②在得知这只鸟不是鹤之后,"我"的态度和行为发生了哪些变化?为什会发生变化?对此你如何评价?

③这只鸟的结局如何?造成悲剧的原因有哪些?

④我们应该如何对待动物?引导学生理解保护生物多样性与构建地球生命共同体理念,对如何正确处理人与自然的关系形成共识。

(2) 词语:题材;渡过/度过。

(3) 修辞知识:对偶

(4) 结合课文深入理解应平等对待不同动物与习近平总书记构建地球生命共同体理念,并进行相关成段表达练习。

十、第7~8课时教学流程

(一) 组织教学,复习课文

1. 组织教学

2. 复习课文内容

请大家回答PPT上的问题:

(1) "我"和弟弟是如何精心照顾那只受伤的鸟的?

(2) 兄弟俩为什么精心照顾这只鸟?

(3) 带着这种功利目的养动物的做法好不好?为什么?

3. 学生小组汇报

汇报内容:保护生物多样性与习近平总书记构建地球生命共同体理念。

学生以小组为单位,分工合作,共同完成资料的查阅、整理、讨论、制作PPT、课上发言等一系列任务。下面仅列举学生所做PPT的4页内容,以此管窥学生的自主探究式学习成果。

保护生物多样性,共建地球生命共同体	
以"生态文明:共建地球生命共同体"为主题,推动制定"2020年后全球生物多样性框架",为未来全球生物多样性保护设定目标、明确路径,具有重要意义。国际社会要加强合作,心往一处想、劲往一处使,共建地球生命共同体。人与自然应和谐共生。	理念与共识: 将生态文明建设摆在全局工作的突出位置,为建设美丽中国迈出重要步伐,绿水青山就是金山银山的理念成为全社会的共识和行动。 中国始终秉持人类命运共同体理念,主动承担与国情和能力相适应的国际责任,积极参与全球环境治理,展示着中国担当。展望未来,中国将坚持生态文明理念,建设人与自然和谐共生的现代化,与国际社会一道,携手呵护好我们共同的地球家园。

续表

保护生物多样性,共建地球生命共同体	
建议: (1)以生态文明建设为引领,协调人与自然关系。我们要解决好工业文明带来的矛盾,把人类活动限制在生态环境能够承受的限度内,对山水林田湖草沙进行一体化保护和系统治理。 (2)以绿色转型为驱动,助力全球可持续发展。我们要建立绿色低碳循环经济体系,把生态优势转化为发展优势,使绿水青山产生巨大效益。我们要加强绿色国际合作,共享绿色发展成果。	(3)以人民福祉为中心,促进社会公平正义。我们要心系民众对美好生活的向往,实现保护环境、发展经济、创造就业、消除贫困等多面共赢,增强各国人民的获得感、幸福感、安全感。 (4)以国际法为基础,维护公平合理的国际治理体系。我们要践行真正的多边主义,有效遵守和实施国际规则,不能合则用、不合则弃。设立新的环境保护目标应该兼顾雄心和务实平衡,使全球环境治理体系更加公平合理。

内容选自:2021年10月12日习近平主席在《生物多样性公约》第十五次缔约方大会领导人峰会上的主旨讲话。

(二)讲解分析课文第9、10段

请大家朗读课文,思考并回答PPT上的问题:

(1)在我们的精心照顾下,那只鸟发生了哪些变化?(从课文中寻找描写这只鸟变化的语句)

(2)大家觉得这只鸟的这些变化好不好?为什么?

变化	影响	变化	影响
羽毛渐渐光泽 伤痕平复 胖了 胃口越来越大	身体康复	得到了安闲 懒于向水里伸嘴 有依赖心 习于安逸的生活	失去本能 失去警惕性 失去独立生存的能力

(3)长期的精心照顾给我和弟弟造成了什么影响?我们的态度发生了哪些变化?

从游戏变成工作(对偶)

由快乐转入苦恼

(4)兄弟俩的态度为什么会发生这样的变化呢?(从课文中寻找描写兄弟俩态度变化与变化原因的语句)

母亲	叱骂
祖父	叱责 恐吓
鱼	不肯上当 难抓
鹤	胃口愈来愈大 供应不及

(5)从鸟的变化与"我"们态度的变化可知,我们兄弟俩的豢养方式如何?大家觉得应该怎么做呢?

（三）**讲解分析课文第 11~14 段**

1. 处理课文第 11 段

请大家朗读课文，并回答 PPT 上的问题：

（1）我们是如何知道这只鸟不是鹤而是白鹭的？

（2）知道这只鸟不是鹤而是白鹭时，"我"有什么反应？

啊！我的鹤！

（3）从舅舅的话与"我"的反应可知，他们对鹤与白鹭的态度一样吗？为什么？

（4）我们应该以什么样的态度对待不同的动物？

2. 处理课文第 12~14 段

请大家朗读课文，并回答 PPT 上的问题：

（1）当得知它不是鹤时，"我"的态度发生了什么变化？为什么？（请找出描写"我"态度的语句）

失望而且懊丧　懊丧转为恼怒

把骗人的食客逐出，把假充的隐士赶走（对偶）

虚荣受到欺骗　"清高""风雅"成为可笑的题材

（2）当"鹤"的身份被揭穿后，"我"是怎么对待这只白鹭的？（请找出描写"我"与白鹭行为的语句）

"我"的行为	"鹤"的反应
拳足交加　高声逐它	不解　徘徊瞻顾　不肯离开
拿竹箄打它	带飞带跳地逃走
（打在洁白的羽毛上）	赶到很远
宿在原处　亲热	
恼怒	
捉住　越过　穿过　复渡过	认不得路跟踪回来
清闲快乐	

（3）为什么"我"会有这种态度与行为的转变？

（4）对于"我"的态度与行为，你有什么看法？为什么？

（四）**讲解分析课文第 15、16 段**

1. 请大家朗读课文，并回答 PPT 上的问题

（1）这只鸟的结局如何？

（2）对于鸟被猎杀这样的结局，"我"是什么态度？为什么？

（3）鹭鸶的悲剧性结局是什么原因造成的？（根据全文进行总结）

2. 拓展思考

（1）兄弟俩这样精心照顾与狠心抛弃的豢养方法对不对？存在哪些问题？

(2) 我们应该如何正确处理人与动物之间的关系，应该如何对待地球上的动物/生物呢？

思政要点：从我做起，爱护动物，保护动物。世界各国共同努力，保护生物多样性，构建地球生命共同体，为共建我们人类与生物和谐共处的地球家园而共同努力！

"生物多样性使地球充满生机，也是人类生存和发展的基础。保护生物多样性有助于维护地球家园，促进人类可持续发展。"

"人不负青山，青山定不负人。生态文明是人类文明发展的历史趋势。让我们携起手来，秉持生态文明理念，站在为子孙后代负责的高度，共同构建地球生命共同体，共同建设清洁美丽的世界！"

——习近平主席在《生物多样性公约》第十五次缔约方大会领导人峰会上的主旨讲话

（五）语言知识讲练

1. 重点词语

题材指构成文学和艺术作品的材料，即作品中具体描写的生活事件或生活现象。

词语：现实题材、历史题材、爱情题材、题材丰富。

（1）《鹤》这篇课文是以"我"养"鹤"的故事为**题材**创作的叙事散文。

（2）鲁迅先生的作品以现实**题材**居多。

（3）梁晓声利用父亲做群众演员的真实故事作**题材**创作了《普通人》。

（4）我们教材选取的课文体裁多样，**题材**丰富。

（5）A：你喜欢看哪一类的小说？

　　B：_____。

2. 近义词辨析

渡过/度过

"渡过"指通过江河湖海，与水有关。主要是从空间方面来说的。同时，因渡水的困难，引申可以表示渡过"难关、危机"等。如：

（1）我把它捉住，越过溪水，穿过溪水对岸的松林，复**渡过**松林前面的溪水，把它放在沙滩上，自己迅速回来。

（2）没有陆栖动物能够**渡过**辽阔的海洋。

（3）地震发生后，救援人员和救灾物资都将在最短的时间内抵达灾区，以帮助灾民**渡过**难关。

（4）只要世界各国加强合作，共同努力，我们就一定能顺利**渡过**新冠疫情危机。

"度过"现在主要是从时间方面来说的，宾语常为表示时间的词语。如：

（1）一般人只想着如何**度过**时间，而聪明人则是设法利用时间。

（2）他们在美丽的海边**度过**了一个愉快的假期。

（3）同学们之间的团结、友爱，使我开心**度过**每一天。

（4）经过医生的精心治疗，她终于**度过**了可怕的术后危险期。

请大家完成下面的辨析练习：

（1）正是在大家的共同努力下，我们才得以顺利_____难关。

（2）傅聪在家陪伴父母，傅雷一家三口共同_____了一个愉快的假期。

（3）他现在处境艰难，作为朋友，我们应该帮助他_____这段困难时期。

（4）有了现代化的水上交通工具——轮船，我们才能够顺利而安全地_____辽阔的海洋。

3. 修辞方法：对偶

对偶的特点与作用：两个**结构相同（或相似）**、**字数相等**、**语义相关**的句子或短语，让它们成对地出现，以追求一种形式美和表义的精练。

（1）虫　　僵　　叶　　落
　　 ｜　　｜　　｜　　｜
　　 草　　偃　　泉　　枯

（2）从　　游戏　　变成　　工作
　　 ｜　　｜　　　｜　　　｜
　　 由　　快乐　　转入　　苦恼

（3）把　　骗人　　的　　食客　　逐出
　　 ｜　　｜　　　｜　　｜　　　｜
　　 把　　假充　　的　　隐士　　赶走

请大家完成下面的对对联练习：

（1）风声、雨声、读书声，声声入耳　　　a. 花香不在多

（2）青山不老　　　　　　　　　　　　　b. 福满人间

（3）室雅何须大　　　　　　　　　　　　c. 家事、国事、天下事，事事关心

（4）春回大地　　　　　　　　　　　　　d. 绿水长流

（5）大肚能容，容天下难容之事　　　　　e. 天高有佛月点灯

（6）蝉噪林逾静　　　　　　　　　　　　f. 开口便笑，笑世间可笑之人

（7）庙小无僧风扫地　　　　　　　　　　g. 鸟鸣山更幽

（六）**总结**

1. 课文

（1）在兄弟俩的精心照顾下，这只鸟身体完全康复。

（2）在得知这只鸟的真实身份前后，"我"的态度与行为差异明显：以鹤的身份被豢养，以鹭的身份被驱逐。

（3）白鹭的悲惨结局：被猎杀，小主人公"我"进行了深刻反思。

（4）启示：平等对待每一种动物，保护生物多样性，构建地球生命共同体。

2. 重点词语

题材;渡过/度过。

3. 修辞方法

对偶。

（七）布置作业

1. 词语造句

完成课后练习题三第 17 题"题材"。

2. 回答问题

（1）当"鹤"的身份被揭穿后，"我"是怎么对待这只鹭鸶的？为什么会有这种态度的转变？对此，你有什么看法？

（2）请就如何对待动物、如何正确处理人与动物之间关系的问题，谈谈你自己的看法。

（3）请谈谈你对保护生物多样性、构建地球生命共同体理念的理解与看法。

高级汉语综合课——《现代技术的危险何在?》

一、课程总览

高级汉语综合课是北京语言大学汉语学院为汉语言（非经贸方向）、国际中文教育和翻译等专业三、四年级本科生开设的必修课，是该专业的主干课，也是其他各专项技能课的纽带与核心。高级汉语综合课对学生进行听、说、读、写综合训练，承担着培养学生高水平的语言能力、语言交际能力的重要任务。

高级汉语综合课的教学目标是以课文中的语言材料为依托，以重点词语、常用句式与语段、语篇为基本内容，一方面在学生已有语言基础上进一步培养其汉语听、说、读、写综合语言能力和言语交际能力，另一方面通过潜移默化的方式引导学生了解并理解接受中华优秀文化，如中国历史、优秀的传统文化和传统美德、文学艺术科技等方面的经典传承与创新、中国人民百年来的反抗与奋斗史、新时代中国面貌等，培养学生成为知华、友华的高层次汉语国际人才。

高级汉语综合课的教学对象：汉语学院三、四年级本科生（非经贸方向）。

学时：三年级每周6课时，四年级每周4课时。

二、课程思政教学目标

本次课的教学内容为课文《现代技术的危险何在?》的第三次课，《现代技术的危险何在?》一文的作者是著名学者、作家周国平。这篇课文重点讨论现代技术的本质到底是什么，并在此基础上引出"现代技术的特点在于技术几乎成了唯一的方式，实现了'对整个地球的无条件统治'""在现代技术的统治下，自然万物都失去了自身的丰富性和本源性，仅仅成了能量的提供者""现代技术的危险在于人与世界之关系的错误建构"，最后留下一个让人深思的问题"在技术化的千篇一律的世界文明时代中，是否以及如何还能有家园?"

本次课的授课对象为汉语学院三年级（下）本科生（非经贸方向）。

本次课要完成的教学任务有：①学习课文最后三段并讨论相关的话题；②学习课文最后两段的重点词语：分工、取代、阻止、出路、千篇一律；③同义词比较：后果/结果、放弃/抛弃；④就教师布置的拓展问题，进行小组讨论和全班讨论；⑤课程思政融入：现代技术对世界的影响、人与世界如何和谐共存、新发展理念与生态文明建设。

本次课程思政的教学目标：通过课堂学习和讨论，引领学生共同思考全人类作为一个命运共同体，如何更好地守护我们共同的地球家园，同时帮助他们了解中国在这一方面所做出的贡献。课程思政的教学目标可具体分为 2 个：①通过围绕课文内容展开的讨论阐述现代技术对世界产生的影响，启发学生思考人类应如何解决当今世界面临的生态环境保护与发展的矛盾，思考人与自然应如何和谐共存，如何给子孙后代留下美好家园；②通过查找、阅读相关材料，让学生了解习近平总书记提出的新发展理念的内涵，了解中国生态文明的建设情况。

三、课程思政教学重点和难点

本次课的教学内容有课文学习、语言点学习（重点词语、同义词比较）、自主查阅资料基础上的拓展讨论。在这些教学内容中，教师将融入提炼出来的课程思政内容。

（一）课程思政教学重点

（1）学生能理解、掌握课文内容，并用恰当的语言表述对下列问题的看法，如：①为什么说技术占领了一切领域，也包括文化领域？过去和现在经历了什么样的变化？②为什么说现代技术的危险在于人与世界之关系的错误建构？③目前有一个什么事实是毋庸置疑的？④举例说明技术有可能会带来的不良后果。⑤如果克服这些不良后果，现代技术的真正危险是不是就消除了？⑥关于出路问题，作者的看法是什么？⑦关于人类的出路问题，你有什么样的想法和建议。⑧人类应如何解决当今世界面临的生态环境保护与发展的矛盾？⑨我们应该给子孙后代一个什么样的家园？人与自然应如何和谐共存。

（2）学生能在课文学习过程中掌握 5 个重点词语的用法和 2 组近义词的区别。教师在教授这些语言点的过程中，在例句中有机融入与课文相关的课程思政内容，让学生进一步加深对这些内容的理解。

（3）通过自主查阅资料，学生能了解中国为地球家园做出的努力：生态文明建设和新发展理念。

（二）课程思政教学难点

（1）人类应如何解决当今世界面临的生态环境保护与发展的矛盾？
（2）我们应该给子孙后代一个什么样的家园？人与自然应如何和谐共存？
（3）中国为地球家园做出的努力：生态文明建设和新发展理念。

四、课程思政教学方法和过程

课程思政强调的是"三全育人"——所有课堂都是育人阵地，所有课程都有育人功能，所有教师都有育人职责。高级汉语综合课是来华留学生本科教育汉语言专业的必修课，教师在这门课程中挖掘思政要素、梳理课程思政教学的内容、厘清思政教学的重点和难点并具体落实于教学过程中是非常重要的。

（一）教学过程

（1）复习环节：①关于技术的本质，通常的观点是什么？②作者的观点是什么？③对于能否控制技术的后果，人们有哪些不同看法？④技术在现代社会中所起的作用与"过去的时代"有什么不同？

（2）课文教学环节：①概括"技术占领了一切领域（包括文化领域）"的表现，并对这一点加以举例说明。②课文中提到哪一个事实是毋庸置疑的？你怎么看待这个事实？③面对现代技术的危险，出路在哪里？海德格尔的看法是什么？你怎么理解这个看法？

（3）语言点教学环节：①引导学生掌握重点词语"分工""取代""阻止""出路""千篇一律"。②引导学生进行同义词比较：后果/结果、放弃/抛弃。

（4）拓展讨论：①你是否同意现代技术的危险在于人与世界之关系的错误建构？请说明理由。②关于人类的出路问题，你有什么样的想法和建议？③人类应如何解决当今世界面临的生态环境保护与发展的矛盾？④我们应该给子孙后代一个什么样的家园？人与自然应如何和谐共存？

（5）小组汇报：①自己的祖国为地球家园做出的努力。②中国为地球家园做出的努力：生态文明建设和新发展理念。

（6）本次课总结。

（7）布置作业。

（二）教学方法

1. 文本精读法

原文原著的精读是高年级汉语学习者的一个重要学习方法。课前教师给学生布置相关的预习任务，比如听录音、朗读、查阅生词，准备思考题，让学生对所学内容先进行初步的自主学习。但因为是非母语的原文原著，学生在自主学习的过程中可能会遇到各种困难，因此教师在备课过程中要根据学生自身情况和教学目的、教学内容梳理教学重点与难点，在课堂教学过程中，引导学生对所学内容进行精读，帮助学生更深入地理解课文内容。使用文本精读法时，将课程思政点融入相应的课文理解中，比如：技术占领了一切领域（包括文化领域）的表现，你能否对这一点加以举例说明？哪一个事实是毋庸置疑的？你怎么看待这个事实？面对现代技术的危险，出路在哪里？海德格尔的看法是什么？你怎么理解这个看法？

2. 问题引导法

采用问题引导法可以"润物细无声"地将学生的思考方向引导到课程思政点上，从而能让学生产生兴趣，并引发他们的深入思考。教师抛出问题后，给学生创造讨论的机会和环境，既能培养学生的综合语言能力，更能让学生在思考和表达的过程中完成价值塑造和精神引领，从而完成"立德树人"的最终目标。比如本次课在完成课文的精读之后，教师引导学生思考并讨论下列问题：你是否同意现代技术的危险在于人与世界之关系的错误建构？请说明理由。关于人类的出路问题，你有什么样的想法和建议？人类应如何解决当今世界面临的生态环境保护与发展的矛盾？我们应该给子孙后代一个什么样的家园？人与自然应如何和谐共存？

3. 小组学习法

对学生来说，小组学习能让他们更好地理解不同的文化背景，培养他们主动参与的意识，激发他们的合作意识和求知欲，也有利于培养他们更好的大段表达能力。本次课前教师给学生布置了自主查阅资料的任务，即了解自己的祖国为地球家园做出的努力和中国为地球家园做出的努力：生态文明建设和新发展理念。课上留有专门环节让他们以小组活动形式介绍自己的查阅情况。在小组活动过程中，学生既对如何保护地球家园有了更深入的思考，也深入地了解了中国在这一方面做出的努力。

附：

第四课　《现代技术的危险何在？》（3）

教学内容：《现代技术的危险何在？》第5~7段（《现代汉语高级教程》中册，马树德主编）。

教学目标：

(1) 理解课文内容，并能就相关话题展开论述。

(2) 学习4个重点词语，2组同义词比较。

(3) 对保护地球家园相关话题有自己的思考，并能进行较深入的阐述。

教学对象：汉语学院三年级下（非经贸方向）。

教学课时：2课时。

第五课时

一、复习

(1) 按照通常的看法，技术的本质是什么？

(2) 技术有好坏之分吗？对于能否控制技术的后果，人们有哪些不同的看法？

(3) 海德格尔对技术的本质是怎么看的？

(4) 技术在过去和现代社会发生了哪些变化？举例子加以说明。

二、学习新课

（一）学习第5段

1. 学习并理解课文内容

(1) 用一句话概括第5段的主要内容。

(2) 作者举了哪些例子来说明这一观点？

学者：博学通才、有自己的……严密的专家/技术人员（被……取代）。
文学作品：有待从……角度去解释的对象。
艺术作品：成了……的对象。
语言：被……对象化为……。

2. 重点词语学习

（1）分工：分别从事不同的但又互相补充的工作，动词。例如：
①在汉语课的小组活动中，同学们需要分工合作完成任务。
②我的父母在家里分工明确，父亲负责赚钱，母亲负责家务。
③这项任务由你们俩负责，你们最好分一下工。

（2）取代：用……代替，动词。例如：
①现在支付宝和微信已经逐步取代了现金，我们去买东西只要带手机就行了。
②你在我心中的地位无人能取代。
③现代医学对"死亡"的定义，已经用脑死亡取代了呼吸和心跳。

（二）学习第6~7段

1. 学习并理解课文内容

（1）用一句话概括本段的主要内容。
（2）技术有可能会带来不良后果，比如手机和电脑会给人类带来哪些不良后果？如果克服这些不良后果，现代技术的真正危险是不是就消除了？为什么？
（3）目前有一个什么事实是毋庸置疑的？
（4）那么，出路在哪儿？作者对这个出路是一种什么样的态度？从哪些地方可以体会出来？
（5）解释下列词语的意思：不良、毋庸置疑、田园、被讥为、千篇一律。
（6）关于出路问题，你有什么样的想法和建议？

2. 重点词语学习

（1）阻止：使……不能前进，使……停止，动词。常说"阻止谁做什么事、阻止人/事"。例如：
①去中国留学他已经想好了，我们别阻止他了，让他去吧。
②为了控制时间，他阻止我继续说下去。
③没有人可以阻止科学技术的发展，所以我们能做的就是好好使用科学技术。

（2）出路：本义是指通向外面的路（出去的路），意思即"出口"，名词。例如：
①我们在森林里迷路了，找不到出路。
②这个楼太大了，我们找了半天都没找到出路。
用得更多的是引申义，指前途，名词。常说"寻找出路、有/没有出路"。例如：
①现在留在农村的年轻人比较少，大部分人都到城市来寻找出路了。
②父亲常跟我说年轻的时候要奋斗，不奋斗是没有出路的。

③老王被公司解雇了,只能另谋出路。

(3) 千篇一律:出自南朝梁钟嵘《诗品·晋司空张华》,"张公虽复千篇,犹一体耳(张公虽然一篇又一篇地写了一千篇,但都好像是一样的)。"形容形式雷同,没有新意,贬义。常作谓语和定语。例如:

①一些建筑学家批评现在的住宅小区千篇一律,没有独特的美感。

②很多电视剧千篇一律的内容让观众觉得特别无聊。

③美应该是丰富多彩的,千篇一律,就失去了个性,失去了个性,也就失去了美感。

第六课时

(三) 小组活动——向全班汇报

(1) 你是否同意现代技术的危险在于人与世界之关系的错误建构?请说明理由。

(2) 关于人类的出路问题,你有什么样的想法和建议?

(3) 人类应如何解决当今世界面临的生态环境保护与发展的矛盾?

(4) 我们应该给子孙后代一个什么样的家园?人与自然应如何和谐共存?

(四) 近义词辨析

1. 结果/后果

结果:泛指事情的结局,包括好的与不好的。中性词,适用范围较大。

后果:侧重指不好的结果。贬义词,适用范围较小。例如:

(1) 化验结果出来了,她得的是肝炎。

(2) 大规模野生动物毁灭会引起一系列连锁反应,产生严重后果。

结果:还可以作连词,表示在某种情况或条件下产生某种结局。例如:

(3) 他本来想跟我们一起去湖南实习,结果出发前两天发高烧了,只好临时取消计划。

2. 放弃/抛弃

共同点:意义上"舍弃、丢掉不要"。

区别:意义与搭配不同。

"放弃"侧重指舍弃机会、原则、权利、财产等拥有者认为是有价值的东西,这些东西可以是自己已经拥有的,也可以是有可能属于自己的,一般为抽象事物。例如:

(1) 为了照顾家人,他放弃了留在大城市的机会。

(2) 他放弃了自己家的全部财产。

(3) 他放弃了原本可能属于他的幸福。

"抛弃"侧重在扔掉,抛弃的东西都是自己认为没有价值的或错误的,而且必须是已有的东西,抛弃是主动的。例如:

(1) 来到城市不久,他就抛弃了农村的妻子和孩子。

(2) 双方经过多次磋商,终于抛弃成见,达成了合作意向。

三、总结

（一）课文内容

第 5 段：技术的本质对现代的统治是全面的，它占领了一切领域，包括文化领域。

证明现代技术危险的例子：

——大地、畜禽、河流（自然界）；

——人；

——学者、文学作品、艺术作品、语言（文化领域）。

第 6~7 段：出路在哪儿

——是否……呢？

——能否……？

（二）重点词语

分工、取代、阻止、出路、千篇一律。

（三）同义词辨析

结果/后果；放弃/抛弃。

四、作业

（1）完成课后练习三第 17~21 题。

（2）完成第 86 页课后练习一和练习二。

高级汉语综合课——《茶馆》

一、课程总览

　　高级汉语综合课是针对来华留学生的汉语言专业高级阶段汉语教学的主干课程与专业必修课程。高级汉语综合课与北京语言大学国际中文教育本科专业同步设立，至今已经历了四十余年的发展，具有明确的教学目标和科学的教学理念，形成了丰富的教学内容和灵活多样的教学方法，并建立了配套的科学训练与测评体系。教材选取汉语文本，基本保持原文原貌，兼顾多种文章体裁。课堂讲授侧重书面语体教学，重点讲练书面语体的词语、复句与语段语篇。教学立足于对文章内容的深入解读，以准确的阅读理解为基础，对学生进行听、说、读、写综合技能的训练，使学生能熟练、准确、得体地掌握和运用汉语，并能在较高层次上领略汉语丰富多彩而又独特的魅力。在传授语言知识、培养与提高学生汉语言综合运用能力的同时，注重人文精神的传达与学生人文素质的培养。引导学生在潜移默化中接受丰富而有益的中华传统文化与现代文化的精神熏陶，加深其对博大精深的中华优秀文化的认识与理解。

　　高级汉语综合课的教学对象为汉语学院汉语言方向、国际中文教育方向、双语翻译方向的三、四年级本科生（非经贸方向）。学时：三年级一学年，每周6课时，共192学时；四年级一学年，每周4课时，共128学时。

二、课程思政教学目标

　　国际中文教育在新时代面临创新人才培养的新课题，要求高级汉语综合课也围绕这一新课题展开。作为本科汉语课程的核心课，高级汉语综合课率先垂范，突破传统的以语言教学为中心的教育观念和教学模式，提出了结合思政内容的新的人才培养目标。从重视知识传授、语言技能训练，转到着力培养语言实践能力，提高人文素养，塑造正确的世界观、人生观、价值观上面来。

　　在语言教学中始终贯穿中华优秀文化教学，弘扬中华文化，积极推动中外文明交流互鉴。讲述好中国故事，传播好中国声音，让世界更立体、更全面地了解中国，促进中外民众相互了解与理解。引导学生接受并理解中华优秀文化，如中国古都文化、园林艺术、古典文学、建筑艺术、中国革命等，引发学生对人的价值、尊严与人类命运等问题的思考；

引导学生正确认识当代中国国情，使之成为中国与世界沟通的桥梁和高层次中外文化交流的友好使者。

更加注重教书育人，将思政教育融入课程教学与人才培养的各环节中，强化"语言+"人才培养模式，培养专业扎实、具备卓越汉语言能力的复合型人才；同时兼顾通识教育和精英教育，加强学生的综合修养，致力于培养德智体美劳全面发展、知华友华的创新型高端国际汉语人才。

高级汉语综合课四年级的《茶馆》一课，是中国近现代革命历史文化教育的优秀教本。本课不但可以让学生了解作为老北京的风情标志之一的茶馆和茶馆文化、旗人的文化特征，更可以引导学生熟悉中国从清朝末年到中国人民共和国成立前夕的社会历史状况，从而对中国社会的发展道路、中国红色革命的必然性有较为深刻的认识。

三、课程思政重点和难点

本课程所采用的教材为《现代汉语高级教程》（马树德主编，北京语言大学出版社），其中含有大量值得挖掘的思政内容。重点为以下几个主题：一是中华传统文化主题，如中国的哲学思想、民族精神、文学艺术、教育思想等，以及由此生发的对于人类命运、人生价值、伦理道德等重大问题的思考；二是中国近现代革命历史文化主题，如教材选取的经典文学作品所传达的中国近百年的发展历程，所体现的中国人民的奋斗精神，对于中国社会乃至世界发展道路的启示；三是当代中国文化教育主题，如当代中国的科学发展观、日新月异的科技成就及其背后的科学创新精神与尊重人才观念，源远流长的尊师重道观念和家风家教传统，尊重自然、保护动物、保护环境、与万物和谐共生的地球家园观念和自然教育理念。

本课程的思政难点在于如何向具有不同文化背景的教学对象讲解以上思政内容。《茶馆》这一课的难点在于，由于国籍、母语、成长环境和思想观念的不同，各国留学生对于课文中蕴含的思政内容，即中国近现代历史的发展道路，会有相当大的理解和接受度差异，甚至会出现相当程度的隔阂、误解乃至排斥。这就要求教师在教学中要深刻理解和把握中国近现代社会状况、中国人民百年来探索奋斗的光辉历程，以润物无声的方式，适当地结合实践活动，向学生传递课文中包含的有关中国道路的思想观念。教师要启发学生思考如何将相关思考升华到超越国家、民族与宗教界限的境界，透过中国经验折射人类文明之道。

四、课程思政教学方法和过程

本课程案例：《现代汉语高级教程》下册第六课《茶馆》，第1~2课时。

授课对象：汉语学院非经贸方向四年级上本科生。

教学目标：课文为老舍话剧《茶馆》第一幕。通过讲解，让学生把握剧中第一幕所展示的主要矛盾冲突和主要人物形象；品味准确、生动、幽默而富于个性化的台词，体会"京味语言"风格，认识交际目的、交际对象和话语场景对交际的影响。

思政教学目标：中国近现代革命历史文化教育。让学生了解中国从清朝末年到中华人民共和国成立前夕的社会历史状况，从而对中国社会的发展道路、中国红色革命的必然性有较为深刻的认识。

教学过程：整篇课文的讲授共 14 课时，分配如下：

1、2 课时：处理作者、背景、人物表和幕启部分。

3、4~7、8 课时：串讲课文。

9、10 课时：看《茶馆》话剧录像。

11、12 课时：分析讨论剧情、人物形象和语言特色及处理课后语言知识。

13、14 课时：做课后练习题。

其中课文串讲和有关的讨论、习题也可穿插进行，课时可作灵活安排。思政内容融入教学时，在课前、课中、课后环节中有不同方式和侧重。

课前：布置学生查找《茶馆》相关的历史背景资料。

课中：在内容串讲中分析人物、分析剧情，引导学生根据教师提示的线索，进行小组讨论和全班讨论，拓展理解。通过课文中具体生动的人物形象和故事情节，讲清楚近代中国的社会状况、内忧外患的形势和历史巨变；从中国人民近百年的曲折探索和艰苦奋斗历程中总结中国红色革命的必然性与必要性。

课后：概括总结，凝练成对中国问题的认识和思考。通过对《茶馆》故事的把握，关注社会各阶层人的生存与发展、人的价值与尊严，思考人类社会的命运和方向等问题，提高认识，深化思考。

教学环节（1、2 课时）：

（一）教学导入

（1）提问：大家在北京、外地或自己的国家有没有去过茶馆？说说对茶馆的印象和对茶客的观察。

（2）回顾衔接：三年级学过的课文《药》中的茶客→中国的茶馆文化→茶馆老板的辛酸→旧中国的茶馆的命运。

（二）了解作者及其代表作品

（1）检查上次课布置的分专题查找资料的作业，让几个学生到讲台前发言，后发言者补充前面同学所讲的内容。分三个主题提问：

①老舍的生平简历。

②老舍的主要代表作品。

③《茶馆》的经典地位。

（2）总结学生发言的主要内容，概括出对作者相关情况的简介。视频资料演示老舍的生平简历：

老舍（1899—1966），中国现代著名的小说家、剧作家。原名舒庆春，字舍予。满族旗人，生在北京西城小杨家胡同的一个贫民家庭。童年在别人的帮助下读书，1913年入北京师范学校学习，1918年后在北京、天津当过小学校长和中学教员。1924—1929年在英国，当汉语教师并开始发表长篇小说。抗日战争爆发后回国，任济南齐鲁大学副教授、青岛山东大学教授，编辑文学刊物并写作。1936年辞去教职，专事文学创作。1946年去美国讲学一年，期满后继续在美国从事创作。1949年年底回国，历任政协全国委员会常委、中国文联副主席、中国作家协会副主席、北京市文联主席等。"文革"时受迫害，投湖自尽。

老舍的主要代表作品：长篇小说《骆驼祥子》《四世同堂》《老张的哲学》《大明湖》《猫城记》《正红旗下》；中篇小说《月牙儿》《我这一辈子》；话剧《茶馆》《龙须沟》等。

《茶馆》的经典地位：自1957年发表以来，在国内外多年上演不衰，成为话剧艺术的典范。

（三）理解课文的时代背景

第一幕的时间：1898年深秋，戊戌变法失败后的某日。

（1）检查上次课布置的分专题查找的资料，提问几个学生，互相补充发言。分三个小题目提问：

①戊戌变法的原因。

②戊戌变法的主要内容。

③戊戌变法的结果。

（2）总结学生的发言，概括中国清朝末年自鸦片战争、甲午战争以来逐步沦为半封建半殖民地社会的历史过程。突出几个关键的历史时间，让学生对中国近代史的轮廓有大致的把握。

（3）视频资料演示戊戌变法简介。

1840—1842年，中英鸦片战争。中国战败，签订了中国近代史上第一个不平等条约《南京条约》，被迫开放通商口岸，赔款，割让香港；其后又经历了多次与西方国家的战争和失败。

1894—1895年，中日甲午战争。中国战败，签订《马关条约》，被迫开放更多的通商口岸，支付巨额赔款，割让台湾和辽东半岛。

帝国主义列强加紧了瓜分中国的步伐，民族危机空前严重，引起中国知识分子的深重忧虑，康有为、梁启超等人开始呼吁变法自强，挽救国家危局。光绪皇帝接受一些大臣和康、梁等人的主张，于1898年（清光绪二十四年，农历戊戌年）6月开始颁布一系列诏书,宣布改革措施。主要内容是学习西方,提倡科学文化,改革政治、军事、教育制度、发展农、工、商业等。但以慈禧太后为首的、握有实权的守旧派强烈反对,于9月发动政变,幽禁光绪皇帝,处死谭嗣同等六人,康、梁等逃亡国外。历时仅103天的变法终于失败。这次运动也称戊戌维新、百日维新。

(四)梳理出场人物,概括形象特点

(1) 让学生找出人物表中较不熟悉的词语,推测大意,然后给出准确词义。

(2) PPT显示并讲解重点语汇:

①精明:精细,聪明。例:精明的商人,做生意从不亏本。精明强干

②心眼(儿):

a. 内心:打心眼里高兴。

b. 心地,存心:心眼好。别轻易相信他,我看他没安好心眼。

c. 聪明机智:他有心眼,什么事都想得周到。

d. 对人的不必要的顾虑和考虑:他这个人就是心眼太多。

e. 气量(用于气量小或窄):他心眼小,受不了委屈。

③无依无靠(成语):没有任何依靠,形容十分孤苦,多用于老人和小孩。注意讲清的是:不是表示"不需依靠别人"的独立性,而是"需要依靠却无所依靠"的无奈和可怜。

(3) 根据课文中的出场人物表,让学生浏览式阅读并分类。

将学生前后邻座四人就近分组,一起讨论人物归类。让每组选择一种方式分类。教师巡视各组,听取分类的结果。提示分类标准,比如:

A. 按经济状况分。

有钱人:松二爷、常四爷、马五爷、秦仲义、庞太监。

有碗饭吃的人:王利发、李三、二德子、刘麻子、黄胖子、小牛儿、宋恩子、吴祥子。

穷人:唐铁嘴、康六、老人、乡妇、小妞、康顺子。

B. 按社会地位分。

C. 按正面、反面、中间人物分。

D. 按其他标准分类,如:旗人与汉人;关心政治的与不关心政治的;茶馆的主人一方和客人一方;男角与女角。

启发学生尝试从多角度分类,让学生通过分类来大致把握第一幕出场的19个人物的身份、特点。抽查提问是否能说出下列人物的主要特征:

王利发:精明的商人,四面讨好,小心谨慎,心眼不坏。

唐铁嘴:相面的,抽大烟。

松二爷:游手好闲、胆小、爱面子的旗人。

常四爷：爱国、正直、有勇气的旗人。
李三：跑堂，勤恳。
二德子：打手，在军营当差，蛮横。
马五爷：吃洋教的恶霸。
刘麻子：说媒拉纤的，心狠意毒。
康六：贫苦农民。
黄胖子：流氓头子。
秦仲义：房东、资本家，想办实业救国。
老人：无依无靠，卖点小东西糊口。
乡妇：贫苦农民。
小妞：可怜的被卖的孩子。
庞太监：宫中总管，有钱有势。
小牛儿：太监的书童。
宋恩子：老式特务，无耻狠毒。
吴祥子：同宋恩子。
康顺子：被卖的姑娘，康六的女儿。

对重点人物形象的进一步分析留待课文串讲之中、之后进行。

(4) 引导学生总结《茶馆》剧本在人物塑造上的特点：人物众多而又个性鲜明。用课文中词语"三教九流、各色各样"概括。

引导学生思考并说出人物设计的原因：社会众生相，反映社会现实的深度和广度。

（五）讲解幕启部分

(1) 段落划分：让学生先将幕启部分的自然段划分成逻辑段。
(2) 朗读正音：每一逻辑段让一学生朗读，朗读中纠正主要的发音错误。
(3) 推测词意：读后让学生提出不太熟悉的词语并推测大意，然后再给出解释
(4) 就重点词语提问并举例说明。
(5) 就本段内容进行概括性提问。

具体如下：

第一段：PPT 显示并讲解重点语汇。

(1) 起码：最低限度，至少。例：进一趟城，起码得半天。贫困地区的孩子连最起码的学习条件都没有。
(2) 调解：劝说双方消除纠纷。例：调解纠纷，调解人。
(3) 化干戈为玉帛（成语）：变战争为和平。干戈：兵器；玉帛：玉器和丝绸，见面的礼品，象征和平。

提问：这一段主要写了什么？请概括段意。（对较好的学生）

这种大茶馆里的布置是什么样的？有什么特点？（对较差的学生）

第二段：PPT 显示并讲解重点语汇。

（1）荒唐：（说话，做事）错误，让人觉得奇怪。例：他想要让公鸡生蛋，母鸡打鸣，真是荒唐。你们做过荒唐的事情吗？

（2）入神：着迷，对眼前的事物发生浓厚兴趣而注意力高度集中。例：他看书看得入神了，我喊他都没听见。大家听得入神了。（习题）

（3）非……不可：双重否定，一定会……。例：天很冷，她却穿只穿了件衬衣，非冻感冒不可。非出人命不可。

（4）纠纷：争执的事情。例：引起纠纷，解决纠纷。（习题）

（5）三三两两：三个一群，两个一伙，形容人少。例：教室里，三三两两地坐着几个同学。夏天的傍晚，人们三三两两地在河边散步。（习题）

（6）横眉立目：也作"横眉怒目"，怒视的样子，多来形容强横或强硬的神情。例：因为一点小事，两个人都横眉立目地准备打架。（习题）

提问：

①人们在茶馆里做什么？

②透露了哪些时代信息？

③具有时代特征的事物有哪些？

④反映了当时人们什么样的精神状况和知识结构？

提示：听戏、斗虫玩鸟、迷信、鸦片、洋兵上岸、帝国主义的侵略、老百姓言论不自由

导出结论：平静悠闲的茶馆折射出动荡不安的时代氛围。

（六）本次课小结

检查性提问：茶馆里的人有没有正经事？茶馆里都是些什么人？（要求至少答出三个人的职业）

总结性提问：老舍先生为什么说"一个大茶馆就是一个小社会"？

（七）布置作业

（1）预习第二部分。

（2）任选一个人物进行简介，下次课抽查。

（3）做课后练习二：用重点词语完成句子。

中级汉语口语课——和睦家庭

一、课程简介

中级汉语口语课,以培养学生的跨文化汉语口头交际能力为目标,是北京语言大学汉语学院汉语系为二年级来华留学生开设的必修课。教学对象在学习本课内容前,已掌握汉语基础句型句式、部分中级汉语语法和表达法,具备中级水平的汉语听说读写能力。

本课程使用教材为《尔雅中文:任务型中级汉语口语(上、下)》(北京语言大学出版社,2012年和2013年出版),教材编写者是赵雷、赵建华、高岳等。

本次课学习第十二单元——和睦家庭。全部内容计划分两次课(共4学时)进行。本设计以第二次课为例。

本次课的教学总目标是:①能讲述感人的亲情故事;②能完成家庭相关问题的调查、采访及调查报告。

具体目标是:

(1) 语言知识层面:学生应熟练掌握以下词汇、短语:尊重、榜样、代沟、交流、照顾、关爱、宽容、抚养、赡养、冷漠、自私、责任、义务、感恩、不闻不问、理所当然、得到……的支持/理解等。

(2) 语言技能层面:培养学生交际合作及成段表达的能力。学生应该了解和熟练运用讲述故事并引申自己感想的语篇框架和结构;能够有礼貌地采访他人并对调查采访结果进行总结报告,能够清晰流畅、有逻辑地表达自己的观点。

(3) 文化交际方面:帮助学生了解中国和世界不同文化中的家庭结构和家庭关系,了解中国"关爱老人"和"百善孝为先"的文化。

(4) 学习策略方面:本节课将通过课前预习和课后学习任务,引导学生掌握学习策略,实现自我监控,自主学习,主动探索汉语的规律。

本节课的教学时间为2课时。

二、课程思政教学目标

本节课在思想政治方面的教学目标主要有以下几个方面:

（1）家是温馨的港湾，情感的归宿；家庭是人生的第一个课堂，也是人们美好情感的源泉。父母对子女的舐犊之情，兄弟姐妹之间的手足之情，子女对父母的反哺之爱，是中华文化流传至今的瑰宝，也是人类社会共通的情感。文明互鉴是构建人类命运共同体的人文基础，是增进各国人民友谊的桥梁、推动人类社会进步的动力、维护世界和平的纽带。本节课将通过复述故事、讲述故事，引发反思与共情、共鸣。

（2）在疫情当前，大部分学生都住在家中，和父母、家人朝夕相伴。年轻人应该如何和父母相处？家庭成员之间应该怎样关爱？遇到困难和矛盾时，应该如何互助互爱、互相理解包容？本节课将引导学生思考上述问题，明确自己应该承担的家庭责任，增进学生对父母的感恩和关爱之情。

（3）和谐是社会主义核心价值观。国家和社会的和谐离不开每一个小家庭的和谐。家是国的基础，国是家的延伸。千千万万个小家都好，国家和民族才能好；幼有所教、老有所养，有无数千千万万小家庭的和睦安康，才有国家的和谐和发展。本节课将通过讲练家庭相关的话题，通过普通中国百姓的故事，培养知华、友华、爱华的文明使者。

三、课程思政教学重点和难点

（一）教学重点

血浓于水的亲情是人类共同的情感，是精神文明的基础和源泉，思考亲人之间相处的方式、促进家庭的幸福和谐，是本节课思政教育方面的重点。

（二）教学难点

课程思政教学需要针对学生的学习习惯和特点，采用符合学生实际情况的灵活多样且具有趣味性的教学方法。留学生的成长背景、教育背景和中国学生不同，一定要避免采用说教式的教学方法，要春风化雨、润物无声，通过丰富多样的教学活动，让课程思政内容真正走入各国青年的内心。

同时，学生来自不同国家、不同民族和文化背景，开展思政教学，让学生了解中国文化、世界其他国家文化的同时，也要尊重每一个学生所处国家和社会的文化，不能冒犯他们的民族文化情感。因此，在教学过程中，要尽量避免有争议的话题、谨慎地选择教学内容。

四、课程思政教学方法

1. 本节课的教学辅助手段主要是多媒体材料

使用两段亲情故事视频——《周末》和《父亲》视频，以及一张亲情关爱照片，展示真实生活场景，激发学生的表达兴趣。将一段故事音频文件作为讲述故事的参考模板。

PPT：含文字、图片，用于激发学生的词汇联想，展示语言脚手架，并通过图文结合的方式，为学生提供话题，激发学生的学习主动性，使学生尽可能地沉浸在操练中，高质量地完成任务。

2. 课程设计理念

（1）以学生为中心。课程围绕着学生的需求，努力将学生的课外学习和课内学习结合在一起，注意通过各种方式激发其学习动机。学生能做的，教师不"代劳"：在组织教学（点名）、词汇认读（带读）、视频评价、互动活动任务的执行和展示、发言评价等环节中，都将学生作为课堂的主体和中心。学生是课堂上的演员、运动员，教师则仅承担导演、教练的角色，给予必要的指导和充分的鼓励，充分调动学生的积极性和主动性，增强其自信心、责任感和团队合作精神，让学生在自然愉快的氛围中学习和使用汉语。

（2）交际任务活动贯穿始终。课程围绕口头表达的两种典型场景——对话和独白，设计了与学生现实学习生活和未来发展密切相关的任务活动。对话部分包括小组讨论、调查采访，独白部分包括复述故事、看图说话、讲述自己的故事，还有调查总结报告。任务活动具有信息差、意见差、需要解决问题的特点，将有意义的交际活动贯穿于课堂教学的各个环节之中。

（3）关注意义，但也注意意义和形式的平衡。本课的任务活动具有真实的场景，具有清晰的交际理由和需求。学生为了完成任务，必须以语言形式为基础。因此，本课涵盖了课前预习（上一课结束时布置的预习作业）、词汇语篇复习、词汇热身、任务准备（引导借助语言脚手架进行语言输出）、实施任务过程中的语句和语篇提升、脱稿熟练度练习环节等，层层引导，阶梯式提升，力求让意义得以准确、完整地输出，提高学生表达的准确度、流利度、复杂度。

3. 具体教学方法

（1）视听法教学：取材来源于真实生活的视频、照片，从视觉、听觉上给予学生真实的语言、文化和情景输入。

（2）任务型教学：通过设计完整的任务，给学生提供真实交际活动的机会。此外，对学习热情和内驱力的调动，也是"全人教育"中重要的环节。

五、课程思政教学过程

语言是文化的载体，语言教学过程中离不开思政文化的内容，做好思政文化教学也有助于学生更深入地理解、掌握和熟练地使用语言。本节课将思政教学内容有机地融入口语训练教学之中，具体内容和步骤如下表所示。

第一课时 亲情故事		
教学步骤	教学内容	思政要点
组织教学（约4分钟）	点名、课程引入、学习内容和目标介绍。	点名环节由学生完成，学生可以在这个环节加强汉字的认读能力，增进学生之间的互相了解，营造学习气氛，有利于开展教学任务，也能促进不同国家学生之间的文化交流。 课程引入部分播放《父亲》视频，结合视频，向学生讲述中国文化中"百善孝为先"的思想。
任务准备（约6分钟）	基于课前学习内容，教师展示本节课讨论所需的语言材料，包括词汇和短语等，并请学生朗读。教师纠正学生朗读的语音，并请学生带读词汇。	在这一环节中，通过学生带读，能增加学生的开口时间，并增强学生的自信心，同时为其他学生起到榜样的作用。
实施任务（约20分钟）	1. 听《小橘的亲情故事》录音两次，并回答问题。 2. 根据内容提示，复述故事，并参考语言脚手架互相讲述自己的亲情故事和感想。	小橘的故事主要讲述了父母对子女无限的包容和爱，以及子女对自己不耐烦的行为的反思。通过录音故事，启发学生思考自己和父母之间的关系，激发学生对父母的感恩和体谅。老人和年轻人之间常常存在代沟，但是可以通过更多的交流、互相理解来化解这些矛盾。通过互相讲述故事和感想，进一步引发学生尊敬父母、关爱父母的行动。
实施任务（约10分钟）	全班一起观看视频《周末》，2人一组复述故事，并讨论年轻人在繁忙的日常工作、学习之中，应该怎样和父母相处。	随着子女成长、离家，老人空巢是常见的社会现象。视频《周末》反映了老人需要亲情陪伴的情感需求，引导学生换位思考"当你有了子女，年纪渐长，你希望和家人（包括子女和/或伴侣）拥有怎样的关系？" 通过复述视频里的故事和讨论年轻人怎样与父母相处，启发学生多关心父母、多花时间陪伴家人，以及多和老人谈论自己的生活和工作，教老人学会使用电子设备等，反哺老人、反哺家人。
成果展示和点评（约10分钟）	教师抽选2位学生复述故事、谈论故事感想并讲述自己和家人相处的小故事。	家庭生活中，总是难免有各种各样的矛盾和误会。通过复述故事、分享自己的故事、聆听他人的故事和想法，引起学生对关爱家人这一价值观的共鸣。

续表

第二节课　家庭关系		
教学步骤	教学内容	思政要点
任务准备（约2分钟）	介绍问卷调查任务及采访调查时的要点。	访谈过程中要"礼貌得体"地向他人发起询问，并能在倾听的过程中给予积极的反馈。在调查采访的问答过程中，要学会使用"重述"的方法确认信息，不懂就问，主动积极地进行会话。此外，要对不同国家的社会文化有包容尊重的态度。
实施任务（约35分钟）	每位学生任意对其他四位同学进行调查和采访。（20分钟）每位学生独自对调查采访内容进行总结，并准备调查报告。（10分钟）每人报告调查结果，录音时间3~5分钟。	
成果展示和评价（约10分钟）	全班一起听取两位学生的报告录音并点评	
总结和作业布置（约3分钟）	学生对本节课学习内容进行总结，全班同学和教师一起补充。布置看图讲故事的录音作业。	亲情之爱是人类共有的美好情感，希望大家在疫情肆虐的当下，照顾好自己，也照顾好家人，珍惜和家人朝夕相处的时光，多创造一些美好的回忆。

附1：《小橘的亲情故事》录音文本

我上床的时候是晚上11点，窗户外面下着小雪。我缩到被子里面拿起闹钟，发现闹钟停了。"哎呀，我忘买电池了！"天这么冷，我不愿意再起来，就给妈妈打了个长途电话。"妈，我闹钟没电池了，明天还要去公司开会，要起早，你6点的时候给我来个电话叫我起床吧！"妈妈在那头的声音有点哑，可能已经睡了。她说："好，放心！你快睡吧。"

电话响的时候，我在做一个美梦。外面的天黑黑的，妈妈那边说，"小橘你快起床，今天要开会的。"我抬手看表才5：40。我不耐烦地叫起来，"我不是叫你6点吗？我还想多睡一会儿呢，被你搅了！"妈妈在那头突然不说话了。我挂了电话，起来梳洗好，出了家门。

天真冷啊，漫天的雪，天地间白茫茫一片。我站在公交车站台上不停地跺着脚，周围黑漆漆的，旁边却站着两个白发苍苍的老人。我听见老先生对老太太说："你看你，一夜都没有睡好，几个小时前就开始催我们来。这么早，还要等好一会儿呢！"我心里想："是啊，第1趟公交车还要等5分钟才来呢。"

终于，车来了。我上了车，开车的是一位很年轻的小伙子。他等我上车之后就轰轰地把车开走了，我说："喂，师傅！下面还有两位老人呢。天气这么冷，人家等了很久，你怎么不等他上车就开车呀?"那个小伙子很神气地说:"没关系的,那是我爸爸妈妈。今天是我第一天开公交车,他们来看我的。"我一下子说不出话来了。这时我看到了爸爸发来的短信,短信里这样写的:"女儿,妈妈说是她不好,妈妈担心你会迟到,一直没有睡好,很早就醒了。"看完短信,我的眼泪止不住地流了下来。

我忽然想起一句谚语:"父亲给儿子东西的时候儿子笑了,儿子给父亲东西的时候父亲哭了。"直到现在想起这事,我还止不住地落泪。有多少年了,我们好像很少注意到白发苍苍的父母们默默奉献的爱,甚至把他们的关爱当成啰唆,常常不耐烦地拒绝他们的关注和细心的询问。那是他们的心和全部的爱呀!如果我们对父母的爱能多一点体察,多一点理解,多一点回应,也许就会让他们更开心,更温暖,更幸福。我们所需要做的只是一点点耐心地回答、一两句电话里面的问候和一两天在家中的耐心陪伴,朋友们赶快行动吧。

附2:复述故事和自己故事的框架

  A:视频/录音/图片里讲的是这样一个故事……

  B:听了/看完这个故事/视频/录音,我很感动。这个故事让我想起了……(自己的亲情故事)。

  C:自己的感想,比如"子欲养而亲不待""父母是世界上最爱我们的人"……

附3:调查问卷:留学生的家庭观

  调查者:　　　　　　　被调查者:

  1. 你家有几口人?

  A. 1~3口人（　　）　　B. 4~5口人（　　）　　C. 6口人以上（　　）

  2. 你经常和家长说你生活和学习的情况吗,比如和朋友的关系、谈恋爱、生病、旅行、学习等?为什么?

  A. 经常说,和家长无话不谈（　　）,原因是_____

  B. 只说开心的事,但很少说困难和不开心的事（　　）,原因是_____

  C. 几乎不说,只有他们问,我才说（　　）,原因是_____

  3. 你在家的时候,家务一般谁来做,是家长还是你自己?
_____

  4. 你的家人互相之间会发脾气或者吵架吗?他们会因为什么事情生气?

  如果他们从不发脾气,你认为原因是什么?

  完全不发脾气,因为_____

  偶尔会发脾气,比如_____

  常常会发脾气,比如_____

5. 你有了烦恼常和谁说?

A. 主要是和好朋友说（　　）

B. 经常和父母说（　　）

C. 和谁都不说（　　）

D. 和朋友说也和父母说（　　）

6. 你现在的生活费是自己挣的还是父母给的?

A. 父母给的（　　）　　B. 自己挣的（　　）

C. 一部分父母给,一部分自己挣（　　）

7. 疫情期间你和家人的关系有了哪些变化? 请具体说一说。

没什么影响,原因是: _____

有一些影响,具体是: _____

8. 你觉得你对父母的关心程度怎样?

A. 很关心（　　）　　B. 一般（　　）　　C. 不太关心（　　）

9. 你认为你和父母的关系怎样?

A. 很好（　　）　B. 一般（　　）　C. 不太好（　　）　D. 很不好（　　）

如果选择不太好或很不好,原因是: _____

家庭成员之间应该怎样相处? 请给家长、孩子或者长辈、亲戚提一些建议。

_____
_____
_____
_____

附4: 看图说话作业图片及学生作业样例

父亲的爱（录音转写）

安诺（南非）

图片说的是一天的早晨在街上，一位父亲送他的儿子去幼儿园。他左手拎着手提包，右手给儿子打着伞。因为他怕儿子会被雨淋着，不要让他感冒，父亲浑身都淋湿了，他的衣服被雨水湿透了，成了一个落汤鸡。儿子背着书包，全身很干爽，这张图片让我很感动，因为这位父亲为了保护自己的儿子被雨淋湿了，我觉得父亲这样做对儿子表示了自己的爱。父母对孩子的爱这么深，他们为了孩子会牺牲自己的生命，为了保护孩子，他们会冒任何危险。

这张图片不禁让我想起了我和爸爸的故事。我还记得青春期的时候家里的经济情况不太好，但是我爸还是为了我和我的哥哥不停地工作，有时候他工作这么忙，在一个月之内，甚至一天的休息时间也没有，他也要夜里去上班，那时他的工作很危险，但是他为了我们坚持努力。当时我可能对情况不太理解，但是现在明白了，他是世界上最爱我们的，为了我们他什么都愿意做。

（未作修改）

新闻视听——气候

一、课程总览

【课程名称】新闻视听。

【课程类型】选修课。

【课程目标】新闻视听是一门融语言技能训练与国情理解为一体的课程，因此其课程目标可从语言技能和国情文化两个方面来设定。

在语言技能方面，新闻视听依托当下国内主流媒体（央视新闻占75%）发布的新闻（比如政治、经济、文化、体育、交通、科技、气候、人口、旅行、读书等），着力提高学生视听中文新闻的能力。

在国情理解方面，学生可以通过视听汉语新闻视频，走近中国，了解中国。

【教学对象】三年级本科留学生。

【学时】每周2课时。

【教学安排】每一新闻单元包括精视听和泛视听两部分，其中精视听由新闻一、新闻二来实现，用时2课时，泛视听由新闻三和新闻速递来实现，用时2课时。

【教学方法】视听、问答、讲解。

二、课程思政教学目标

"新闻视听"既是一门语言技能课，也是一门中国国情课，因此，该课程思政内容主要体现在新闻内容方面。下面将以三年级上的"气候"为例，分析这一课的课程思政教学目标。

"气候"单元的课程思政目标：

（1）坚持人与自然和谐共生。大自然是包括人在内的一切生物的摇篮，是人类赖以生存发展的基本条件。大自然孕育抚养了人类，人类应该以自然为根，尊重自然、顺应自然、保护自然。不尊重自然，违背自然规律，只会遭到自然的报复。自然遭到系统性破坏，人类生存发展就成了无源之水、无本之木。我们要像保护眼睛一样保护自然和生态环境，推动形成人与自然和谐共生的新格局。

（2）正确认识气候变暖与人类的关系。极端天气来自气候变暖，而20世纪以来全球气候变暖一半以上是由人类活动造成的这一结论越来越被人们所接受。正确认识气候与人类活动的关系,有助于全球气候问题的最终解决。

(3) 坚持走可持续发展的道路。如何处理好经济发展与气候治理之间的关系,是每个国家都要面对和应对的问题,中国提出的可持续发展的思路日益受到国际认可。

三、课程思政教学重点和难点

(一) 课程思政教学的重点

(1) 极端天气气候事件。通过大量的新闻事实,使学生认识到极端天气气候事件正在发生,就在我们身边。我们要正视气候正在发生的变化,立足现实,分析其原因,了解其后果。

(2) 气候变暖与人类的关系。全球气候变暖与人类活动息息相关,尤其是工业污染。因此,在教学过程中应引导学生通过气候变暖的表现(包括极端天气)来分析其形成的原因。

(二) 课程思政教学的难点

(1) 经济发展与环境保护的关系。自从人类进入工业文明时代以来,在创造巨大物质财富的同时,也加速了对自然资源的攫取,打破了地球生态系统平衡。近年来,气候变化、生物多样性丧失、荒漠化加剧、极端气候事件频发,给人类生存和发展带来了严峻挑战。

(2) 各国都要携手应对气候问题。气候问题是全球性的问题,因此解决问题也需要各国携手应对。各国应遵循《联合国气候变化框架公约》及其《巴黎协定》的目标和原则,努力落实 2030 年可持续发展议程。治理全球气候,须坚持共通但有区别的责任原则。

四、课程思政教学方法和过程

教学过程	思政要点
新闻一:2019 世界气象日	
一、引入 老师:(展示 PPT)今天我们开始学习"气候"这一新闻单元。今天的课将从极端天气气候事件开始说起。请大家看 PPT,辨别这些图片代表的是哪种极端天气气候事件? 学生:干旱、暴雨、洪水、冰雹、暴雪、龙卷风、海啸、雷电。 老师:那么,什么是极端天气? 学生:非常少见且破坏性巨大的天气事件。 老师:非常正确!极端天气是指一定地区在一定时间内出现的历史上罕见的气象事件,其发生概率通常小于 5% 或 10%。	

教学过程	思政要点
刚刚看到的这些极端天气气候事件不是近几年才出现的,但在最近一段时期,发生这些极端天气的频率越来越高。这不禁引发我们的思考,是什么原因导致了这些极端天气气候事件频发呢?  学生:天气原因。 老师:只说出了一部分原因,另一部分原因是什么? 学生:人类活动,尤其是工业活动,排放了大量的二氧化碳,使全球变暖。 老师:非常好!下面我们来了解一下全球变暖的相关情况。(展示PPT)  的确极端天气气候事件频发跟全球气候变暖有关,那么怎么证明现在全球气候变暖了呢?	正视极端天气的客观存在。 方法:问答。 正确认识经济发展与环境保护的关系:经济发展在一定程度上破坏了环境,给气候带来了负面影响。 方法:讲解。

续表

教学过程	思政要点
学生：气温升高、海平面上升、海冰变少。 老师：那么，又是什么原因导致全球气候变暖？ 学生：主要是人类活动排放了大量的二氧化碳。 老师：二氧化碳是怎样影响全球气候变暖的呢？这里不得不提到一个名词，"温室效应"。什么是温室效应？ 学生：是气温升高。 老师：为什么二氧化碳会影响气温升高呢？在正常情况下，白天太阳照射地球，给地球带来热量，晚上的时候，热量就会从地面散发出去，我们会觉得凉爽。但随着人类活动的增加，阻碍了太阳辐射向太空的散逸，让更多的太阳辐射能被保留在地球，从而使地球表面气温上升。现在大家就清楚了，极端天气气候事件频发的原因是全球气候变暖，而全球气候变暖的原因，正在于人类活动排放的大量二氧化碳。今天我们第一篇新闻就宏观地介绍了目前的气候变化。	
二、生词 1. 齐读生词 极端、频发、滥砍滥伐、摄氏度、二氧化碳、威胁、牡蛎、临界、减排、估量、模型、陆地、民生、携手、瞄准、低碳。 2. 重点讲解 （1）极端：极端天气、极端事件。 （2）频发：频繁发生。比如：极端天气频发、宠物伤人事件频发。 （3）滥砍滥伐：没有限制、没有计划和不合理的砍伐林木的行为。 例：滥砍滥伐树木会破坏自然环境，导致水土流失。 由于人们滥砍滥伐，所以森林覆盖面积越来越少。 （4）临界：指由某一种状态或物理量转变为另一种状态或物理量的最低转化条件。 如：冰在超过 0 ℃之后就化成了水，水在超过 100 ℃之后又变成了水蒸气。物理变化中往往存在这样的临界点，在其前后物质的状态和性质会发生很大的变化。 （5）减排：减少有害物质的排放量，特指减少二氧化碳的排放量。 例：节能减排。 （6）估量：估计。 例：全球气候变暖给人类造成了难以估量的损失。 （7）携手：（书）手拉着手。 例：面对全球气候问题，各国应该携手共进。 （8）瞄准：对准。 例：瞄准目标。 （9）低碳：温室气体（以二氧化碳为主）排放量较低的。 例：低碳生活、低碳环保。	

教学过程	思政要点
三、课文 1. 看第一遍视频，简要回答问题 （1）"世界气象日"是哪一天？（每年的3月23日） 老师进一步解释：每年的3月23日为世界气象日，目的是让各国人民了解和支持世界气象组织的活动，唤起人们对气象工作的重视和热爱，推广气象学在航空、航海、水利、农业和人类其他活动方面的应用。 （2）目前，全球气候出现了什么变化趋势？（全球气候变暖） 2. 看第二遍视频，选择正确答案 （1）今年世界气象日的主题是什么？（A） A. 太阳、地球和天气　　　B. 太阳、地球和气候 C. 太阳、地球和空气　　　D. 太阳、地球和健康 新闻文本：每年的3月23日是世界气象日，今年世界气象日的主题是"太阳、地球和天气"。 老师：每年的"世界气象日"，世界气象组织执行委员会都要选定一个主题进行宣传，以提高世界各地的公众对与自己密切相关的气象问题的重要性的认识。2019年世界气象日的主题是"太阳、地球和天气"。太阳维持着地球生命的存续，地球是我们赖以生存的星球，天气时刻影响着我们的生活。 （2）什么是极端天气？（B） A. 经常见到的气象事件　　B. 比较少见的气象事件 C. 从来没发生过的气象事件　D. 影响力很小的气象事件 新闻文本：当今之世，气候变化正在深刻地影响着人类的生存与发展。干旱、洪水、台风、暴雪等极端天气气候事件频发。而这一切，正发生在全球气候变暖的背景之下。 老师：气候变化正在深刻地影响着人类的生存与发展。干旱、洪水、台风、暴雪等极端天气气候事件频发。那么，什么是极端天气气候事件？在"引入"和"生词"环节我们都接触到了这个词。那么第2题的答案应该是什么？ 学生：B。 （3）导致巴西气温升高的原因是什么？（C） A. 沙漠面积扩大　B. 空气污染严重　C. 森林面积缩小　D. 人口增长过快 新闻文本："一项最新研究显示，巴西的滥砍滥伐现象将导致当地气温到2050年平均每年升高1.45摄氏度。" 老师：从研究结果来看，巴西气温升高的原因在于巴西的滥砍滥伐行为。那么，为什么人们会滥砍滥伐呢？ 学生：都是为了经济利益。	人与自然和谐共生。 大自然是包括人在内的一切生物的摇篮，是人类赖以生存发展的基本条件。大自然孕育抚养了人类，人类应该以自然为根，尊重自然、顺应自然、保护自然。 方法：讲解。

教学过程	思政要点
老师：是的。亚马逊热带雨林被人们称为"地球之肺"是因为它强大的"呼吸"功能。亚马逊热带雨林占据了世界雨林面积的一半，占全球森林面积的20%，是全球最大及物种最多的热带雨林。亚马逊热带雨林通过光合作用，每年不断地吸收二氧化碳，同时向大气中大量补充氧气。据估计，亚马逊热带雨林所产生的氧气，至少可达到地球氧气供给量的20%以上，因此，亚马逊热带雨林被称为"地球之肺"。它横穿8个国家，其中巴西境内的森林占亚马逊热带雨林的60%。但不合理的土地使用政策使得巴西人毫无节制地砍伐森林，以满足当地人开矿的需求。 　　2021年上半年，巴西亚马逊雨林砍伐面积比去年同期增加了17%，这不仅加速了物种灭绝，也加速了气候变化。 　　相关报告指出，如果对巴西亚马逊热带雨林的滥伐和毁灭性开发得不到控制，那么该雨林所在地区的气温将会持续上升，被誉为"地球之肺"的这片雨林可能将消失。同时，巴西有超过30%的人口居住在沿海城市，这些城市大都依山傍海，如果海平面持续上涨，这些城市未来将无路可退，里约热内卢将是最可能受到威胁的城市之一。 　　（4）二氧化碳排放的增加会带来什么后果？（A） 　　A. 使全球气温升高　　　　B. 海水酸度下降 　　C. 有利于物种生存　　　　D. 牡蛎越来越多 　　新闻文本："另一项最新研究显示，二氧化碳排放增加，除了导致全球变暖之外，还会导致海水酸度上升，这会对一些物种的未来生存构成威胁，其中就包括最受欢迎的海鲜之一——牡蛎。" 　　老师：新闻告诉我们，二氧化碳排放增加会导致哪些结果出现？ 　　学生：全球变暖、海水酸度上升、对一些物种的未来生存构成威胁，包括牡蛎。 　　老师：所以，答案为A。 　　海水酸度是什么？海水pH值一般情况下呈弱碱性，在7.5~8.2的范围内变化，其值变化很小，因此有利于海洋生物的生长。海水的pH值变化主要是由二氧化碳的增加或减少引起的。二氧化碳的增加会引起海水酸度上升，进而对一些海洋物种的未来生存构成威胁，比如：牡蛎。 　　（5）《巴黎协定》的目标是，在本世纪结束前全球平均气温出现什么变化？（D） 　　A. 一直维持在2摄氏度　　　B. 至少升高2摄氏度 　　C. 最好升高3.5摄氏度　　　D. 升幅最好在1.5摄氏度以下 　　新闻文本：根据《巴黎协定》，本世纪结束前需将全球平均气温升幅控制在2摄氏度之内，并为控制在1.5摄氏度之内而努力。联合国政府间气候变化专门委员会（IPCC）发布的《全球升温1.5摄氏度》特别报告进一步指出，1.5摄氏度是临界点，人类应更快采取更大的减排行动，以避免因气候变化带来不可估量的损失与风险。 　　老师：根据新闻，《巴黎协定》应该是一项跟什么有关的协定？	气候变暖与人类的关系。强调人类活动对环境的负面影响。不尊重自然，违背自然规律，只会遭到来自然的报复。自然遭到系统性破坏，人类生存发展就成了无源之水、无本之木。 方法：问答。 　　了解巴西亚马逊热带雨林的现状。 方法：看视频资料、讲解。

教学过程	思政要点
学生：跟气候有关。 老师：《巴黎协定》是 2015 年 12 月 12 日在巴黎气候变化大会上通过、2016 年 4 月 22 日在纽约签署的气候变化协定。该协定为 2020 年后全球应对气候变化的行动做出了安排。 根据《巴黎协定》，要在本世纪即 21 世纪结束前把全球平均气温上升的幅度控制在 2 摄氏度之内，也就是不能超过 2 摄氏度，所以，A"一直维持在 2 摄氏度"是错误的，B"至少升高 2 摄氏度"也是错误的。那么，最好要努力把气温控制在多少度之内呢？ 学生：1.5 摄氏度 老师：正确。根据新闻内容，该题答案应为 D"升幅最好在 1.5 摄氏度以下"。	人类活动破坏了生物的多样性。 方法：问答。
（6）人类为什么应该采取更大的减排行动？（B） A. 增加损失与风险　　　　B. 避免巨大的损失与风险 C. 气候变化不可预测　　　D. 从根本上解决气候问题 新闻文本：联合国政府间气候变化专门委员会（IPCC）发布的《全球升温 1.5 摄氏度》特别报告进一步指出，1.5 摄氏度是临界点，人类应更快采取更大的减排行动，以避免因气候变化带来不可估量的损失与风险。 老师：联合国政府间气候变化专门委员会，全称为 Intergovernmental Panel on Climate Change，缩写为 IPCC，主要任务是对气候变化的现状，气候变化对社会、经济的潜在影响以及如何适应和减缓气候变化的可能对策进行评估。 在《全球升温 1.5 摄氏度》这一文件中，认为 1.5 摄氏度是临界点，即气温上升如果超过 1.5 摄氏度，那么气候变化将有更大的情况发生，同时，呼吁人类应更快采取更大的减排行动。减排，就是减少二氧化碳的排放。那么，"人类为什么应该采取更大的减排行动？" 学生：以避免因气候变化带来不可估量的损失与风险。 老师：请大家注意这里的新闻常见结构"……A……，以……B……"，"以"表示目的，放在第二个小句的句首。表示事件 A 的目的是 B。"不可估量"，表示无法预计，一般指数量大。所以，该题的答案为 B"避免巨大的损失与风险"。	国际组织为解决全球气候问题所做的努力。 方法：讲解。
（7）据气候模型预测，未来会出现什么气候现象？（D） A. 高温　　B. 强降水　　C. 干旱　　D. 包括 ABC 新闻文本：据气候模型预测，大多数陆地和海洋区域的平均温度将升高，大多数人居地区出现极端高温的现象将增加，一些地区将出现更多强降水，而有些地区将有更大的干旱和降水不足的可能性。 老师：什么是气候模型？气候模型是科学家用来研究地球气候的工具。这些模型可以很小，也可以用来研究一个小区域的气候，但更多的时候它们是大型的全球气候模型，用来研究地球气候在所有海洋和陆地上的相互关系。 根据气候模型预测，未来会出现什么气候现象？	

续表

教学过程	思政要点
学生：高温、强降水、更大的干旱和降水不足。 老师：根据大家的表述，该题答案应该为 D "包括 ABC"。 （8）根据新闻，全球变暖不会引发什么问题？（C） A. 卫生安全　　B. 粮食安全　　C. 文化交流障碍　　D. 人类安全 新闻文本：随着全球变暖，与气候相关的卫生、民生、粮食安全、供水、人类安全和经济增长风险预计将会上升。 老师：请大家注意这里的新闻常见结构"随着……A……，……B……"，"随着"用在句首或动词前面，表示动作、行为或事件的发生所依赖的条件。有了条件 A，才发生了 B。即全球变暖引发后面的一系列风险增加，这些风险都有什么呢？ 学生：卫生、民生、粮食安全、供水、人类安全和经济增长。 老师：根据新闻，全球变暖不会引发什么问题？ 学生：C "文化交流障碍"。 老师：正确，文化交流障碍一般不受气候变化的影响。其他 ABD 在新闻中都已经提到了。 （9）关于应对全球气候变化的做法，哪一项是正确的？（C） A. 世界大国应该承担全部责任 B. 世界各国不需要合作，各国自己解决环境问题 C. 节约资源，重视环境保护 D. 人类与动物不能和谐相处 新闻文本：人类只有一个地球，但地球不独属于人类。作为地球上最富智慧的生灵，人类有责任携起手来以更切实的行动，瞄准实现全球减排应对气候变化的目标，推动绿色低碳发展。 老师："人类只有一个地球，但地球不独属于人类。"毫无疑问，人类属于地球，因为除了地球，我们还无法确定其他星球是否有人类，但是，地球又不只属于人类，那么，地球还属于谁？ 学生：地球上的一切生灵，动物、植物、微生物。 老师：所以，我们保护地球、保护气候，就是保护所有生活在地球上的生物。那么，我们人类应该怎么做呢？ 学生：一起合作。 老师：对，"人类有责任携起手来"，这说明，世界上的每个国家都应该合作，一起应对气候问题。所以，A "世界大国应该承担全部责任"、B "世界各国不需要合作，各国自己解决环境问题" 都是错误的。 "以更切实的行动，瞄准实现全球减排应对气候变化的目标，推动绿色低碳发展"中的"以"是用的意思，也就是说，保护环境不能仅仅停留在口头上，而是要付诸实践。瞄准《巴黎协定》将气温升幅控制在 2 摄氏度以内，并为 1.5 摄氏度而努力的目标，推动绿色低碳发展。	面对全球性的气候问题，需要各国携手应对。方法：问答。

续表

教学过程	思政要点
什么是绿色低碳发展？ 学生：环境保护。 老师："绿色"意味着环保，"低碳"是减少二氧化碳的排放，也是环保的代名词，因此"绿色低碳"强调了未来一定要朝着环境保护的方向发展。 3. 看第三遍新闻，回答问题 （1）新闻中提到了哪些极端天气？极端天气频繁发生跟全球气候的什么变化有关？ 干旱、洪水、台风、暴雪，跟全球气候变暖有关。 （2）人类未来应该采取什么样的发展方式？ 绿色低碳。 4. 听新闻，并用指定词语和结构复述新闻大意 气候变化、生存与发展、干旱、洪水、台风、暴雪、强降水、极端天气、频发、气候变暖、在……背景之下、减排、损失与风险、不可估量、卫生、民生、粮食安全、供水、人类安全、经济增长、携手、绿色低碳。 学生复述略。	
四、课堂小结：新闻结构框架及主要内容 （1）极端天气频发。 （2）人类活动导致气候变化。 （3）为了应对气候变化，国际组织提出了奋斗目标。 （4）全球变暖给人类及社会带来的影响：增加……等方面的风险。 （5）未来的行动：人类有责任携起手来以……的行动，瞄准……的目标，推动……的发展。	
新闻二：全球气候变化 欧洲专家：极端天气仍将持续	
一、引入 老师：什么是极端天气？ 学生：指一定地区在一定时间内出现的历史上罕见的气象事件，其发生概率通常小于5%或10%。 老师：请大家举例说明哪些天气算极端天气现象？ 学生：暴雨、暴雪、龙卷风、海啸、洪水、干旱…… 老师：下面我们将关注全球气候变化影响下的极端天气，并对未来的极端天气进行预测。	

续表

教学过程	思政要点
二、生词 1. 齐读生词 冲击、席卷、肆虐、刷新、一度、预警、连日、历年、停摆。 2. 重点讲解 （1）冲击：比喻干扰或打击。 例：世界各国的经济都受到了新冠肺炎疫情的冲击。 （2）席卷：像卷起席子一样把东西全部卷进去。后面经常与表示范围的词连用，表示某范围内都发生了某种现象。 例：汉语热席卷全球。 （3）肆虐：起破坏作用。 例：狂风肆虐。 （4）刷新：刷洗使变新，比喻突破旧的而创出新的（纪录、内容等）。 例：刷新纪录。刷新纪录也是创造了新纪录。 （5）一度：表示过去发生过；有过一次。 例：他家经济条件不太好，一度休学。 （6）预警：预先警告。 例：发出预警、高温预警（在一定的时间内，最高温度达到一定的高度则为高温预警。高温预警信号分三级：黄色预警指的是连续三天日最高气温将在35 ℃以上，橙色预警指的是24小时内最高气温将升至37 ℃以上，红色预警指的是24小时内最高气温将升至40 ℃以上。） （7）连日：接连几天。 例：连日赶路，非常辛苦。 （8）历年：过去的很多年；以往各年。 例：他花光了历年的积蓄，买了一套房。 （9）停摆：钟摆停止摆动，泛指事情停顿。 例：因为没有资金，所以工程陷入停摆状态。	
三、课文 1. 看第一遍新闻，简要回答问题 （1）新闻提到了哪些极端天气？（高温、降雨、干旱） （2）哪些国家遭受了极端天气？（法国、德国、印度、美国） 2. 看第二遍新闻，判断正误 （1）新闻主要关注的是全球的极端天气状况。（错） 新闻文本：近日，两位来自欧洲的气象研究者表示，尽管人类将全球气温上升幅度控制在2摄氏度以内，北半球的夏天还是分别出现了持续更久的热浪、干旱或者降雨。 老师：新闻开头引用欧洲气象研究者的观点，"尽管"表示让步，认为是事实，因此，虽然现在全球的气温上升幅度还在2摄氏度以内，还在《巴黎协定》的要求范围	

续表

教学过程	思政要点
内,但是,北半球的夏天还是出现了一些极端天气。新闻里提到了哪些极端天气呢? 　　学生:热浪、干旱或降雨。 　　老师:注意这三个词前面还有一个定语:持续更久的。也就是说出现了长时间的高温、干旱、降雨天气。或许短期的高温、干旱、降雨我们还是比较容易应对的,但持久的高温、干旱、降雨可能会给人类带来更大的损失,甚至是生命威胁。 　　从这一段内容来看,请判断第(1)题"新闻主要关注的是全球的极端天气状况"的正误。 　　学生:错。不是全球的,而是北半球的情况。 　　老师:正确。 　　(2)极端天气给人类健康和经济发展等都带来了很大的影响。(对) 　　新闻文本:随着极端天气持续时间的增加,人类健康、经济发展等都将受到不小的冲击。 　　老师:"随着"表示后面事件出现的条件,极端天气持续时间的增加会给哪些方面带来影响呢? 　　学生:人类健康、经济发展。 　　老师:所以,第(2)题"极端天气给人类健康和经济发展等都带来了很大的影响"是否正确? 　　学生:正确。 　　(3)今年夏天,南半球的高温引发了山火和水资源短缺。(错) 　　新闻文本:今年夏天的热浪席卷北半球,从北美到欧洲再到亚洲,因高温干燥引起的山火在多地肆虐,水资源短缺地区也越来越多。 　　老师:"今年夏天的热浪席卷北半球"中的"席卷"一词,表达的意思是什么? 　　学生:整个北半球都遭遇了高温天气。 　　老师:是的。从北美到欧洲,再到亚洲,无一例外。这些地方"因高温干燥引起的山火在多地肆虐,水资源短缺地区也越来越多。"到底这些地方遭遇了什么? 　　学生:山火、缺水。 　　老师:山火是什么引起的? 　　学生:高温干燥。 　　老师:"肆虐"一词表达了山火的破坏性怎么样? 　　学生:破坏性很大。 　　老师:下面请判断第(3)题"今年夏天,南半球的高温引发了山火和水资源短缺"是否正确? 　　学生:错误。应该是北半球。 　　老师:正确。 　　(4)数据显示,今年6月和7月都创了历史上同期最高气温的纪录。(对)	

续表

教学过程	思政要点
新闻文本：欧洲哥白尼气候变化项目的最新数据显示，继今年6月创下全球历史最高温月份纪录后，7月也被确认是史上同期最热。 老师：这一句话中，提到了数据来源于欧洲哥白尼气候变化项目。哥白尼，波兰的天文学家，他提出了有名的"日心说"，认为太阳是宇宙的中心，而不是地球。以他的名字命名的"哥白尼气候变化项目"属于欧盟下的一个组织。最新数据说明了什么？ 学生：继今年6月创下全球历史最高温月份纪录后，7月也被确认是史上同期最热。 老师：注意这里的新闻常见结构"继……A……后，B也……"。它表达的含义是：两个事情相继发生，A在前，B在后。我们来看这里的A和B指的是什么？ 学生：A指的是，今年6月创下全球历史最高温月份纪录。 老师：正确。注意这里的新闻常见结构"创……纪录"，意思是：出现历史上没有出现过的新的成绩。与"纪录"搭配的动词也可以是"创""创造""刷新""打破"。6月创了历史最高温月份纪录，即按每个月的气温纪录来看，今年6月的气温是最高的。在"继……A……后，B也……"结构中，B是什么？ 学生：7月也被确认是史上同期最热。 老师：正确。"史上同期"，指历史上所有的7月。因此，7月也是历史上最热的7月。 下面请大家判断第（4）题"数据显示，今年6月和7月都创了历史上同期最高气温的纪录"是否正确？ 学生：正确。 （5）今年7月，德国的最高气温比法国高。（对） 新闻文本：比如，法国多地刷新了有气象记录以来7月同期气温纪录，曾一度高达42.1摄氏度，法国20多个省升级至红色高温预警。7月份的德国也持续遭遇高温，温度曾高达42.6摄氏度，是德国1881年有气温记录以来的最高值。 老师：这是一道比较题，到底哪个国家7月的气温更高呢？ 学生：德国。 老师：怎么判断出来的？ 学生：法国最高42.1摄氏度，德国42.6摄氏度。 老师：非常好。 新闻中提到"法国多地刷新了有气象记录以来7月同期气温纪录"，这里"刷新纪录"跟"创……纪录"是一样的意思，是指法国很多地方的气温都达到了有记录以来的最高温。"曾一度高达42.1摄氏度"，表明有过这么一次。"20多个省升级至红色高温预警"，生词中讲过"红色高温预警"是级别最高的预警等级，说明这20多个省的气温很高。 下面看德国情况。"7月份的德国也持续遭遇高温，温度曾高达42.6摄氏度，是德国1881年有气温记录以来的最高值。"42.6摄氏度也是有气温记录以来最高值。	

续表

教学过程	思政要点
因此，两个数字进行比较，可知这道题的答案应该是正确。 （6）今年夏天，印度遭遇极端高温，导致10多人死亡。（错） 新闻文本：连日来，印度则是暴雨成灾，引发严重洪水，已造成数十人死亡。 老师：印度遭遇的极端天气是什么？ 学生：暴雨。 老师：而且是暴雨成灾，引发严重洪水，给人们带来灾难，导致十几人死亡。 因此，第6题"今年夏天，印度遭遇极端高温，导致10多人死亡"是正确还是错误的？ 学生：错误。不是高温，是暴雨。 （7）2018年，德国的炎热与干旱给粮食生产带来了很大的影响。（对） 新闻文本：来自德国洪堡大学的气象研究员彼得·普夫莱德雷尔博士表示，极端天气持续时间每增加一点，就会对人类健康、粮食生产、生物多样性、甚至是经济发展造成更大冲击。举例来说，在2018年欧洲热浪期间，数个持续好几周的炎热与干旱，导致德国小麦产量减少15%。 老师：在做出判断之前，我们先来看来自德国洪堡大学的气象研究员彼得·普夫莱德雷尔博士的观点："极端天气持续时间每增加一点，就会对人类健康、粮食生产、生物多样性、甚至是经济发展造成更大冲击。"这是什么意思呢？ 学生：极端天气持续的时间越长，它的影响就越大。 老师：非常好！请大家注意这里的新闻常见结构"每……就……"。"每"，副词，表示同一动作行为有规律地反复出现。"每……就……"的含义是：每次出现A时，都会带来B的结果。所以，极端天气持续的时间越长，它对人类健康、粮食生产、生物多样性、甚至是经济发展就会造成更大的冲击。比如：高温天气持续时间长，被热死的人的数量就会上升，粮食就会干死，颗粒无收，有些喜欢寒冷气候的动物就会因气温上升而受到生命的威胁，比如北极熊，而且持续的高温天气也会给农业、畜牧业尤其是工业中需要户外作业的行业带来更大的影响。 "在2018年欧洲热浪期间，数个持续好几周的炎热与干旱，导致德国小麦产量减少15%。"这个实例告诉我们炎热与干旱持续了好几周，直接结果是小麦产量减少。 下面请大家判断第（7）题"2018年，德国的炎热与干旱给粮食生产带来了很大的影响"是否正确？ 学生：正确。 老师：非常好！ （8）美国的持续降雨使生物的多样性遭到破坏。（错） 新闻文本：在美国，过去12个月是历年来最潮湿的一年，核心地带有一大片区域因为持续降雨与洪灾陷入生产停摆。 老师：美国遭遇了什么天气？	

续表

教学过程	思政要点
学生：持续降雨与洪灾。 老师：持续的降雨与洪灾带来了什么后果？ 学生：生产停摆。 老师：这是什么意思？ 学生：生产停止，不能继续生产了。 老师：正确。因此，第（8）题"美国的持续降雨使生物的多样性遭到破坏"是否正确？ 学生：错误。根据新闻内容，它主要是对生产造成了影响，没有提到对生物多样性的影响。 3. 看第三遍新闻，回答问题 （1）新闻报道了哪些国家的哪些极端天气事件？ 法国高温、德国高温、印度暴雨、美国持续降雨。 （2）德国气象研究员认为，极端天气持续时间的增加会给哪些方面造成冲击？ 人类健康、粮食生产、生物多样性、经济发展。 4. 听新闻，说一说：介绍自己国家或其他国家遭遇的极端天气。 学生回答略。	极端天气给人类带来的影响。 方法：问答。
四、小结：新闻结构框架及主要内容 极端天气频发、各地极端天气、极端天气带来的影响。	
本课总结 老师：面对全球变暖的事实，面对频繁发生的极端天气，我们应该怎么做？ 学生：做好天气预报，减少损失。 学生：善待环境，做一个环保主义者。 学生：减少二氧化碳的排放，树立绿色环保的理念。 …… 老师： 第一，我们要认识到气候的重要性。气候是人类以及一切生物赖以生存的自然环境，也是经济社会可持续发展的重要基础资源。人类社会的发展进程，既是寻求和利用气候资源以满足发展需求的历史，也是抵御和抗争气候灾害以延续生存愿望的过程。 第二，正确认识经济发展与环境保护之间的关系。习近平总书记于2013年提出："我们既要绿水青山，也要金山银山，但我们不能以牺牲生态环境为代价换取经济的一时发展。坚决摒弃损害甚至破坏生态环境的发展模式，坚决摒弃以牺牲生态环境换取一时一地经济增长的做法。" 第三，气候问题是全球性问题，需要各国人民共同努力。中国作为发展中大国积极应对气候变化。中国已经正式宣布将力争2030年前实现碳达峰、2060年前实现碳中和。这是中国基于推动构建人类命运共同体的责任担当和实现可持续发展的内在要求作出的	认识气候的重要性。 引导学生正确认识经济发展与环境气候之间的关系。 全球问题需要各国共同应对；同时，展示中国在气候问题方面做出的努力，坚持绿色低碳可持续发展。

教学过程	思政要点
重大战略决策。中国承诺实现从碳达峰到碳中和的时间,远远短于发达国家所用的时间,需要付出艰苦努力。 第四,我们这一代人应该怎么做。从我们生活的一点一滴做起,少用塑料袋及一次性餐具,避免浪费纸张,尽量乘坐公共交通工具……	引导留学生善待环境,"从我做起"。 以上方法均为:讲解。
作业 (1) 预习新闻三的生词。 (2) 安排3~4人搜索并观看一篇关于气候方面的新闻,下次课汇报新闻,做练习,并谈自己对新闻事件的看法。	

附:新闻文本

新闻一:2019世界气象日

(2019.3.23,CCTV4,2:03)
(http://tv.cctv.com/2019/03/23/VIDeeORubeAt5bDCAEsHrt
19190323.shtml)

"新闻一"来自2019年3月23日中央电视台中文国际频道(CCTV4)播出的新闻,标题是《2019世界气象日》,时长为2分3秒。新闻内容如下:

新闻事件:今天是世界气象日。

每年的3月23日是世界气象日,今年世界气象日的主题是"太阳、地球和天气"。

接下来,新闻指出全球极端天气气候事件频发,原因则是全球气候变暖。

当今之世,气候变化正在深刻地影响着人类的生存与发展。干旱、洪水、台风、暴雪等极端天气气候事件频发。而这一切,正发生在全球气候变暖的背景之下。

那么,人类的哪些活动会对全球气候带来巨大的影响呢?

一项最新研究显示,巴西的滥砍滥伐现象将导致当地气温到2050年平均每年升高1.45摄氏度。另一项最新研究显示,二氧化碳排放增加,除了导致全球变暖之外,还会导致海水酸度上升,这会对一些物种的未来生存构成威胁,其中就包括最受欢迎的海鲜之一——牡蛎。

为了应对气候变化,国际组织做出了很多努力。

根据《巴黎协定》,本世纪结束前需将全球平均气温升幅控制在2摄氏度之内,并为控制在1.5摄氏度之内而努力。联合国政府间气候变化专门委员会(IPCC)发布的《全球升温1.5摄氏度》特别报告进一步指出,1.5摄氏度是临界点,人类应更快采取更大的减排行动，以避免因气候变化带来不可估量的损失与风险。

未来全球变暖将会带来哪些后果？

据气候模型预测，大多数陆地和海洋区域的平均温度将升高，大多数人居地区出现极端高温的现象将增加，一些地区将出现更多强降水，而有些地区将有更大的干旱和降水不足的可能性。

随着全球变暖，与气候相关的卫生、民生、粮食安全、供水、人类安全和经济增长风险预计将会上升。

新闻最后强调，气候问题是全球性问题，应由全人类共同应对。

人类只有一个地球，但地球不独属于人类。作为地球上最富智慧的生灵，人类有责任携起手来以更切实的行动，瞄准实现全球减排应对气候变化的目标，推动绿色低碳发展。

新闻二：全球气候变化 欧洲专家：极端天气仍将持续

（2019.8.22，CCTV13，1：41）

（http：//tv.cctv.com/2019/08/22/VIDEPTLFx6igB7pzKXWZm1x8190822.shtml）

"新闻二"来自2019年8月22日中央电视台新闻频道（CCTV13）播出的新闻，标题是《全球气候变化 欧洲专家：极端天气仍将持续》，时长为1分41秒。新闻内容如下：

新闻首先援引气象研究者的分析，强调了极端天气对人类社会的冲击。

近日，两位来自欧洲的气象研究者表示，尽管人类将全球气温上升幅度控制在2摄氏度以内，北半球的夏天还是分别出现了持续更久的热浪、干旱或者降雨。随着极端天气持续时间的增加，人类健康、经济发展等都将受到不小的冲击。

北半球的极端天气有哪些？

今年夏天的热浪席卷北半球，从北美到欧洲再到亚洲，因高温干燥引起的山火在多地肆虐，水资源短缺地区也越来越多。

欧洲哥白尼气候变化项目的最新数据显示，继今年6月创下全球历史最高温月份纪录后，7月也被确认是史上同期最热。比如，法国多地刷新了有气象记录以来7月同期气温纪录，曾一度高达42.1摄氏度，法国20多个省升级至红色高温预警。7月份的德国也持续遭遇高温，温度曾高达42.6摄氏度，是德国1881年有气温记录以来的最高值。

连日来，印度则是暴雨成灾，引发严重洪水，已造成十多人死亡。

极端天气将给人类社会带来哪些影响？

来自德国洪堡大学的气象研究员彼得·普夫莱德雷尔博士表示，极端天气持续时间每增加一点，就会对人类健康、粮食生产、生物多样性、甚至是经济发展造成更大冲击。举例来说，在2018年欧洲热浪期间，数个持续好几周的炎热与干旱，导致德国小麦产量减少15%。在美国，过去12个月是历年来最潮湿的一年，核心地带有一大片区域因为持续降雨与洪灾陷入生产停摆。

初级汉语阅读课——《中国的春节》

一、课程总览

【课程名称】初级汉语阅读课。
【课程类型】必修课。
【教学对象】一年级本科留学生。
【教学课时】每周 2 课时，两学期共 64 学时。
【课程学分】每学期 2 学分，两学期共 4 学分。
【使用教材】《初级汉语阅读教程》（自编教材）。
【课程简介】阅读课是汉语言专业本科初级阶段一门重要的技能训练课。它是学生巩固所学的语言知识、扩展并积累词汇、训练阅读技巧、培养阅读习惯、逐步获得独立阅读能力的必要途径。初级阶段阅读课的任务是让学生通过视觉感知汉语的字、词、句子、段落及篇章等书面文字材料，学会从书面文字材料中获取信息的规则和方法，掌握熟练的阅读技巧，养成良好的阅读习惯，使学生从阅读中既能学到许多真实的语言知识和文化背景知识，又能掌握符合言语交际需要的阅读技能，从而达到能够快速、熟练地阅读并准确地理解汉语书面语之目的。

汉语学院一年级的初级汉语阅读课教学分为语法阶段和短文阶段。一年级下学期处于短文阶段，是阅读的"提高阶段"，这一阶段侧重于对段落、篇章大意的理解能力及概括能力的培养和训练。培养学生阅读语篇的能力，着重训练学生尽快把握文章主要观点、主要内容并进行略读和查读等快速阅读的技能，使学生在完成本阶段的学习后，初步具备阅读汉语书面语的能力。

二、课程思政教学目标

习近平总书记在党的十九大报告中指出，"没有高度的文化自信，没有文化的繁荣兴盛，就没有中华民族伟大复兴。要坚持中国特色社会主义文化发展道路，激发全民族文化创新创造活力，建设社会主义文化强国。"中华优秀文化博大精深，是社会主义核心价值观的根脉和源泉，将中华优秀传统文化作为课程思政的素材，在语言教学实践中培育和践行社会主义核心价值观，培养学生的中华文化意识，增进文化理解，是本课程的思政教学目标。

本课的主课文为《中国的春节》。中国传统节日有着源远流长的历史，承载着炎黄子孙的共同记忆，具有丰富的内涵和深厚的文化底蕴，是中国传统文化的重要组成部分。中共中央办公厅、国务院办公厅也明确要求开展中国传统节日振兴工程，比如加大弘扬春节、清明、端午、中秋、重阳等传统节日文化的力度，将中华民族几千年来积淀的历史文化活力重新点燃。在中宣部、中央文明办、教育部、民政部、文化部联合发布的《关于运用传统节日弘扬民族文化的优秀传统的意见》中指出，中国传统节日凝结着中华民族的民族精神和民族情感，承载着中华民族的文化血脉和思想精华。在打造文化强国的过程中，弘扬传统节日文化是最重要的举措之一。本课的课文深入挖掘并着力凸显单元主题中弘扬传统节日文化这一思政元素，并将其有机融入课堂教学和课后练习中，让学生在阅读过程中了解认识中国传统节日的同时，潜移默化地感受中国传统节日的丰富意蕴，提升对中国传统文化的认同感。

三、课程思政教学重点和难点

（一）课程思政教学重点

中国传统节日文化教育对来华留学生教育有着重要的意义，在来华留学生教育中重视并加强中国传统节日文化教育，有利于提高来华留学生的教育质量，促进中国传统文化在世界的传播和影响。本章涉及的内容主要为中国传统节日，如春节、元宵节、端午节、中秋节等。中国传统节日文化的内容较为丰富，并且生动形象，具有较强的渗透性，大部分中国优秀节日文化都是利用历史故事及典故作为基础的，使学生的学习兴趣得到有效的提高，如此不仅能够使学生接受我国传统节日文化的熏陶，还能够实现思想政治教育工作手段的拓展，提高教学内容的针对性。

（二）课程思政教学难点

中国节日文化包含的内容丰富，知识点也很细致，学生不容易把握。通过学习，使学生充分了解中国节日文化特征，加强对中国节日文化的了解和认知，感知中华传统文化的源远流长，进而提升对中国文化的认同度，将中国传统节日文化的内涵发扬光大。要引导学生讲好中国故事，传播好中国声音。来华留学生也有各自不同的本国传统节日，在介绍拥有几千年历史的中国传统节日时，引导学生比较各自文化里节日的异同，培养他们用理性和包容的态度对待多元文化，也能使学生感受中西方文化的异同，提升学生的跨文化交流能力和跨文化交流意识，促进学生在成长和学习阶段健全知识架构。

四、课程思政教学方法和过程

（一）教学方法

（1）教师导读、提问、讲解、答疑，与学生默读、回答问题、讨论相结合，突出阅读理解能力的培养与阅读技能的训练。

（2）以教师为主导、学生为中心的启发式教学：教师通过图片、例句等引导学生理解字、词、句的含义，帮助学生建立同一语义场的联想图示，尽量少做讲解。

（3）结合学生小组活动的任务式教学：一些题目由学生合作完成，以有效减轻语言水平较低的学生的焦虑，促进学生和学生之间，以及师生之间的互动，活跃课堂气氛。

（二）教学过程

教学内容	教学行为	教学说明	思政要点
阅读前准备	［教师行为］演示PPT，引入本课内容。 ［教师导入语］ 你知道中国有哪些节日吗？最重要的节日是什么？ ［教师行为］ 先出图片，让学生说出相应的词语，再显示文字，验证正确与否。词语演示完毕，教师领读，学生齐读，再由学生每人一次轮流读一遍。 看PPT图画，说出相应的词语。隐去文字，只留下图片，推选一名同学指图片，其他学生说出词语。	演示与课文相关的词语图片，引入本课话题，让学生对于中国的春节有一个初步了解，为后面的阅读做铺垫。 这些阅读前期准备活动的目的，一是可以帮助学生了解相关的背景知识和主要内容，激活学生的语言文化知识储备，为正式的阅读活动扫清障碍、做好铺垫；二是可以集中学生的注意力，激发他们的阅读兴趣，引导他们积极参与完成阅读任务。	教师课前给学生提供一些中国人过春节的视频、有关中国节日的短文，演示PPT，引出相关的一些重要词语，如春联、福字、窗花、年画、鞭炮、饺子、鱼、年糕、红包（压岁钱）、拜年等，让学生对中国春节有一个初步的了解，感受中国春节的习俗。课前预习、课堂导入环节是学生课程思政实施的重要环节，能满足他们对中国文化的渴望，在一定程度上增进对中国传统文化的认知。

续表

教学内容	教学行为	教学说明	思政要点
通读全文：根据提示，快速通读全文	[教师行为] 要求学生默读课文并回答问题。 全文约700字，5分钟之内读完。读之前先让学生看PPT上的阅读提示。 阅读提示： 1. 中国的春节是在哪一天？ 2. 在中国，过春节时有哪些习俗？ 通读之后，回答前面提示的问题。如果学生回答正确并且其他同学也没有异议，就继续进行下一题。如果学生回答错误或其他同学有疑义，再带领学生回到课文，启发学生思考，找出正确答案。	阅读教学中的任务可以分为两个层次，第一层次的任务为把握文章主旨，即在学生对文章的内容、语言和结构都不熟悉的情况下，为学生快速浏览阅读文章，了解文章相关信息而设计相应的任务。这一层次的任务，侧重于对阅读材料的整体理解，不宜过多、过细、过深。	学生通读一遍全文，对于中国春节的各种习俗有了一个初步的了解和认识。
分段阅读课文： 1. 阅读课文第一段，完成练习； 2. 阅读课文第二段，完成练习； 3. 阅读第三段，完成练习；	1. 默读第一段，提问： （1）春节的历史有多久了？ （2）中国人从什么时候开始为春节做准备？节前要做哪些事？ 2. 默读第二段，提问： （1）春节是一个什么样的节日？ （2）什么是除夕？除夕时人们要做什么？ （3）有的人家为什么把"福"字倒过来贴？人们为什么要贴窗花和年画？ 3. 默读第三段，提问： （1）除夕晚上吃的饭叫什么？一定要吃什么？为什么不能吃完？	在快速浏览文章之后，教师布置第二层次的任务。这一层次的任务可以概括为对文章的深入理解，包括对文中重要事实和细节的理解，要求学生在通读文章的基础上，运用相关的阅读技能，理解文中信息，捕捉文中细节。	传统节日文化，是人民在节日活动中所创造的物质财富和精神财富的总和，涵盖了人们物质生活（饮食、服饰等）和精神文明（价值观念、风俗习惯等）各方面。对来华留学生的中国节日文化教育，不应仅仅停留于物质文化层面，还应进一步包含节日文化所承载的价值观念和社会意识。 春节是中国最重要的传统节日，承载着丰富的文化内涵。春节作为中华民族辞旧迎新、喜庆祥和、向美好未来重新出发的传统佳节，包

续表

教学内容	教学行为	教学说明	思政要点
4. 阅读第四段，完成练习； 5. 阅读第五段，完成练习； 6. 阅读第六段，完成练习；	（2）北方和南方的年夜饭有什么不同？ （3）为什么要吃年糕？ 4. 默读第四段，提问：吃年夜饭时，要说什么样的话？对老人说什么？对孩子们呢？ 5. 默读第五段，提问： （1）除夕夜里到了12点，人们会做什么？ （2）初一人们要做什么？为什么要给孩子压岁钱？ 6. 默读第六段，提问：春节期间，人们一般会做什么？	阅读课中重点词语和句式的教学以理解为主，只要理解词义即可，不要求会使用。因此，不宜过多讲解，也不宜采用造句、替换练习等训练方法，而应让学生读例句，再由教师提问检查理解情况，以阅读带动理解。	含了中华民族团团圆圆的家庭意识、邻里和谐的宽广胸怀和家国同构的社会意识。 　　春节以前，人们要进行一系列的准备，说明人们对这一节日的重视。春节最重要的主题是团圆。引导学生在阅读过程中关注这一核心，即春节期间所有的活动，都围绕着团圆的主题。 　　贴福字、贴窗花、贴对联，都表达人们对辞旧迎新、迎祥纳福的美好愿望，体现了中国人对于幸福美好生活的向往。 　　中国人的年夜饭是家人的团圆聚餐，这是年尾对一家人来说最重要的一顿晚餐，象征着告别旧岁迎来新岁，家庭团圆。引导学生关注年夜饭上必备的几种食物，启发他们探寻鱼、饺子和年糕所蕴含着的美好寓意。而透过年夜饭看南北方的差异，则可以感悟到中华文化的多元与包容。

续表

教学内容	教学行为	教学说明	思政要点
7. 阅读第七段，完成练习	7. 默读第七段，提问：春节的庆祝活动一般什么时候结束？		在此基础上，进一步深入挖掘春节所凝结的优秀传统文化内涵。除夕的年夜饭，承载了全家团聚合欢的美好寓意，最集中体现了以家庭亲情为本的人伦精神。中国传统节日主题多以家庭为中心，体现了"贵人伦、重亲情"的伦理道德，这与中华民族农耕文化背景和儒家以"孝"为基础的伦理情感有关。良好的家庭人伦关系，不仅关系到一个家庭，也影响到整个社会的道德和价值观。
完成书后练习。	完成课后练习（43页）： 1. 根据课文内容判断正误。 2. 选择对下列画线词语的正确解释。 3. 选词填空。 4. 根据课文内容回答问题。	分别让不同学生读题目并给出答案，如果学生回答正确并且其他同学也没有异议，就继续进行下一题。如果没做对，举例解释该词的用法。	

续表

教学内容	教学行为	教学说明	思政要点
扩展阅读练习	扩展阅读共四篇文章，课上完成两篇。余下两篇布置作业，课后完成。 [教师行为] 1. 提出阅读技能训练要求：找出文中的中心词、主题句。 2. 让学生先看问题，在规定时间内完成阅读。 3. 要求学生回答问题并说出答案。如果学生回答正确，其他同学没有疑义，可以不讲或略讲；如果学生回答错误，再回到课文，让学生自己更正。 4. 根据学生回答情况做出补充讲解。 文章一《中国的传统节日》： 提问：这篇文章介绍了中国的哪几个传统节日？ 	节日名称	别名	时间	饮食	主要活动
---	---	---	---	---
春节	农历新年、大年	农历正月初一	饺子年糕	吃年夜饭、放鞭炮、拜年等
				| 文章二《中秋节的传说》： 读后做练习，根据课文内容选择正确答案。		课后的四篇阅读文章都是关于中国节日文化的，对于本课的重点词语、句式和阅读技能起到巩固和强化的作用，也扩大了学生的课外阅读量，加深了对于中国节日文化各个方面的理解。 元宵节、端午节和中秋节，是仅次于春节的重要传统节日，在阅读过程中学生可以了解中国传统节日文化的多样性，以及不同地区、不同民族节日的差异性。 《中秋节的传说》包含了羿射九日、嫦娥奔月的神话故事，充斥了浓烈的情感，树立了鲜明的形象，融入了美妙的想象力，也蕴含了丰富的民族精神，可以让学生很好地了解中国人民族精神的源头和民族性格的根源。
总结、布置作业，宣布下课	布置作业，展示PPT辅助说明： 1. 扩展阅读文章三和四，完成课后练习：		课后作业这两篇文章都是关于中国传统节日对于其他国家的影响的，旨在引导学生了解中国节日文化在世界各国的影响，比较各自文化里节日的异同，培养他们用理性和包容的态度对待多元文化，提高对于中国传统节日的认同度，

续表

教学内容	教学行为	教学说明	思政要点
	(1) 文章三《巴伐利亚的"中国狂欢节"》。 (2) 文章四《他们也过春节》。 2. 回答问题： (1) 你的国家过春节吗？跟中国有什么相同和不同？ (2) 在你的国家最重要的节日是什么？有什么习俗？		将中国传统节日文化的内涵发扬光大。 　布置的课后任务是课堂阅读与课后阅读内容的延伸，引导学生将所学内容与现实生活相结合，自主查找资料，比较各国节日间的相同与不同，使学生更加深入理解中华传统文化的精髓，并树立开放包容的文化理念。

附件：本节课课件实例

第4课　中国的春节

阅读提示：
（1）春节是在哪一天？
（2）在中国，过春节时有哪些习俗？

读第一段

- 1.从什么时候开始准备过春节？
- 2.人们会为春节做哪些准备？

- 1.从腊月二十三起，人们便开始为过节做准备了。
- A.农历一月　B.农历二月　C.农历十一月　D.农历十二月
- 2.从腊月二十三起，人们便开始为过节做准备了。
- A.就　B.才　C.方便　D.只

读第二段

1.哪一天家家门口都要贴上红色的春联？

2.除了贴春联，有些人家还会在窗户上和墙上贴什么？

3.过年的前一夜，即旧年最后一天，也叫除夕。
  A.就是 B.立即 C.马上 D.即使

4.有的人干脆将"福"字倒过来贴。
  A.被 B.将来 C.将要 D.把

读第三段

1.北方团圆饭一定要有什么？

2.在南方过年有什么习俗？为什么？

3.团圆饭为什么一定要有鱼？

读第四段

吃团圆饭时，全家人做什么？说什么？

读第五段

1.正月初一孩子们会做什么？

2.大人给孩子什么？为什么这样做？

5.大人们领着孩子，带着礼物去走亲戚。
  A.带 B.陪 C.跟 D.抱

读第六、七段

1.从初二开始，大人领着孩子们做什么？

2.传统的庆祝活动哪天结束？

一、根据课文内容判断正误

1.中国人最重要的传统节日是春节。（　）
2.春节的活动是从正月初一开始的。（　）
3.春节是一个全家团聚的节日。（　）
4.正月的第一天叫除夕。（　）
5.春节贴福字时，可以倒着贴。（　）
6.团圆饭的鱼一定要吃完。（　）
7.一般来讲，午夜饭北方吃年糕，南方吃饺子。（　）
8."压岁钱"是大人给孩子们的。（　）
9.拜年时，孩子们要留在家里。（　）

二、根据课文内容回答问题

1. 中国最重要的传统节日是什么?
2. 春节从什么时候开始准备?要做哪些准备?
3. 为什么要贴春联、贴福字?
4. 谁会收到"压岁钱"?为什么要给他们"压岁钱"?

小结

农历	除夕
团聚	春联
团圆	年糕
祝福	顺利
鞭炮	拜年
亲戚	庆祝

扩展阅读

· 文章一

· 中国的传统节日

根据课文内容,填写下面的表格。

节日名称	别名	时间	饮食	主要活动
春节	农历新年、大年	农历正月初一	饺子、年糕	吃年夜饭、放鞭炮、拜年等

节日名称	别名	时间	饮食	主要活动
·春节· ·	农历新年、大年	农历正月初一	饺子、年糕	吃年夜饭、放鞭炮、拜年等
元宵节	灯节	正月十五	元宵	观灯
端午节	五月节	农历五月五日	粽子	划龙舟
中秋节	八月节	农历八月十五	月饼	赏月

文章二

中秋节的传说

根据课文内容回答问题

1. 后羿射下了几个太阳?为什么他要射下太阳?
2. 嫦娥是怎样飞到月亮上面的?
3. 传说月亮上面有什么?
4. 八月十五,人们为什么要在月下摆上水果点心?

作业

1. 扩展阅读文章三和四,完成课后练习。
   (1) 文章三《巴伐利亚的"中国狂欢节"》;
   (2) 文章四《他们也过春节》。
2. 回答问题:
   (1) 你的国家过春节吗?跟中国有什么相同和不同?
   (2) 在你的国家最重要的节日是什么?有什么习俗?

初级汉语阅读课——《中国的茶文化》

一、课程总览

【课程名称】初级汉语阅读课。

【课程类型】必修课。

【教学对象】一年级本科留学生。

【教学课时】每周2课时，两学期共64学时。

【课程学分】每学期2学分，两学期共4学分。

【使用教材】《初级汉语阅读教程》（自编教材）。

【课程简介】阅读课是汉语言专业本科留学生初级阶段一门重要的技能训练课。它是学生巩固所学的语言知识、扩展并积累词汇、训练阅读技巧、培养阅读习惯、逐步获得独立阅读能力的必要途径。初级阶段阅读课的任务是让学生通过视觉感知汉语的字、词、句子、段落及篇章等书面文字材料，学会从书面文字材料中获取信息的规则和方法，掌握熟练的阅读技巧，养成良好的阅读习惯，从阅读中既学到许多真实的语言知识和文化背景知识，又掌握符合言语交际需要的阅读技能，从而达到能够快速、熟练地阅读并准确地理解汉语书面语之目的。

汉语学院一年级的初级汉语阅读课教学分为语法阶段和短文阶段。一年级下学期处于短文阶段，是阅读的"提高阶段"，这一阶段侧重于对段落、篇章大意的理解能力及概括能力的培养和训练。培养学生阅读语篇的能力，着重训练学生尽快把握文章主要观点、主要内容并进行略读和查读等快速阅读的技能，使学生在完成本阶段的学习后，初步具备阅读汉语书面语的能力。

二、课程思政教学目标

（1）知识目标：包括语言知识、文化知识和策略知识。通过对课文的通读、分段阅读及完成相关练习，让学生理解文章内容，巩固语言知识，扩大词汇量，同时通过阅读训练，让学生了解中国茶文化的基本知识，如种茶和饮茶的历史，茶叶的分类、名称和产地，饮茶的好处，以及中国茶文化对于其他国家的影响等，并培养和提高学生在阅读过程中的阅读策略，主要是忽略策略（跳越障碍），还包括结构策略、语境策略、标题策略、联想策略、推理策略、概括策略等。

（2）能力目标：包括语言能力和跨文化交际能力。能够了解文章主旨，整体上理解文章，运用相关的阅读技能，理解文中信息，捕捉文中细节，速度每分钟 200 字左右，正确理解率为 85%以上。茶文化经由中国流传到各个国家后，对于其他国家产生了深远影响，对其进行对比分析，可以有效提升学生的跨文化交流能力。

（3）思政目标：使学生对中国茶文化有一个总体上的了解，培养学生对中华文化的兴趣，增进文化认同，增强其尊重、理解、包容不同文化的格局与视野。本课旨在在阅读技能训练的基础上，结合各种资源开展思政教学，让学生了解和感受中国茶文化的独特魅力和恒久价值，学习和感悟中国传统文化，培养学生学习中国文化的兴趣，增强其对中国文化的理解认同，减少文化冲突，使之成为中华优秀文化的传播者和弘扬者。

三、课程思政教学重点和难点

（一）课程思政教学重点

茶文化作为中国传统文化的精髓，包含着中国传统哲学思想，不仅体现了中国人民重情好客的文化礼仪，更彰显着中国的文化自信。本课程思政教学重点是使学生通过阅读，掌握茶文化相关知识，包括种茶和饮茶的历史，茶叶的分类、名称、产地，有关茶的书籍和传说，体会茶文化的内涵，以及中国茶文化对其他国家的影响。

（二）课程思政教学难点

中国茶文化包含的内容丰富，知识点也很细致，学生不容易把握。通过学习，使学生对中国茶文化有一个总体的全方位的了解和认知，感受中华传统文化源远流长的历史和多元丰富的内涵。中国具有 5000 年的文明历史，是茶叶的起源国家，茶文化经由中国流传到各个国家后，形成不同的茶文化模式，这也充分说明中国茶文化的包容性。了解中国茶文化理念和特征后，进一步了解中国茶文化对于其他国家的影响，有利于加强对比，也能使学生感受到中西方文化的差异，提升学生跨文化交流能力和跨文化交流意识，促进学生在成长和学习阶段健全知识架构。

四、课程思政教学方法和过程

（一）教学方法

（1）教师导读、提问、讲解、答疑，与学生默读、回答问题、讨论相结合，突出阅读理解能力的培养与阅读技能的训练。

（2）以教师为主导、学生为中心的启发式教学：教师通过图片、例句等引导学生理解字、词、句的含义，帮助学生建立同一语义场的联想图示，尽量少做讲解。

（3）结合学生小组活动的任务式教学：一些题目由学生合作完成，以有效减轻语言水平较低的学生的焦虑，促进学生和学生以及师生之间的互动，活跃课堂气氛。

（二）教学过程

教学内容	教学行为	教学说明	思政要点
阅读前准备	[教师行为] 演示PPT，引入本课内容。 [教师导入语] 请同学们猜一猜，今天的课文讲的是什么？文章题目的意思是什么？你喜欢喝茶吗？喝哪种茶？ [教师行为] 演示PPT，引出相关的一些重要词语。先出图片，让学生说出相应的词语，再显示文字，验证正确与否。词语演示完毕，教师领读，学生齐读，再由学生每人一次轮流读一遍。 看PPT图画，说出相应的词语。隐去文字，只留下图片，推选一名学生指图片，其他学生说出词语。	演示与课文相关的词语图片，引入本课话题。 根据题目猜测文章内容。 演示图片，让学生对于茶叶的种类有一个初步了解，为后面的阅读做铺垫。 这些阅读前期准备活动的目的，一是可以帮助学生了解相关的背景知识和主要内容，激活学生的语言文化知识储备，为正式的阅读活动扫清障碍、做好铺垫；二是可以集中学生的注意力，激发他们的阅读兴趣，引导他们积极参与完成阅读任务。	课前准备阶段： 根据本课的中国茶文化这一话题，在课前预先布置任务，学生自主查阅资料：茶的起源、茶的种类、茶树种植、各国饮茶习俗的异同等。 学生分组，每组承担一个任务，组内采取分工合作的模式，完成后上传至学习通，为阅读训练做好知识铺垫。教师发布微课视频，要求学生观看，了解中国茶文化背景知识和相关词汇。教师还可以通过平台清晰地了解学生的完成状况。 这里的语言准备不同于一般的词语学习，演示这些词语的目的是为完成下一阶段的任务做准备，同时也是产生文化理解和文化认同的基础。阅读心理学指出，只有当学生对阅读内容产生了兴趣之后，才有可能进行意义层次上的阅读，才不会被文章中的生词和不熟悉的句法结构所困扰，敢于大胆推测、跨越障碍，在理解意义的同时也提高了阅读技能。

续表

教学内容	教学行为	教学说明	思政要点
根据提示，快速通读全文	［教师行为］要求学生默读课文并回答问题。 全文约1200字，5分钟之内读完。读之前先让学生看PPT上的阅读提示。 阅读提示： 1. 中国人是怎样发现和饮用茶的？ 2. 中国人饮茶的习俗影响了哪些国家？ 3. 茶叶可以分为哪几类？ 通读之后，回答前面提示的问题。如果学生回答正确并且其他学生也没有异议，就继续进行下一题。如果学生回答错误或其他学生有疑议，再带领学生回到课文，启发学生思考，找出正确答案。	阅读教学中的任务可以分为两个层次。第一层次的任务为把握文章主旨，即在学生对文章的内容、语言和结构都不熟悉的情况下，为学生快速浏览阅读文章、了解文章相关信息而设计的相应任务。这一层次的任务，侧重于对阅读材料的整体理解，不宜过多、过细、过深。	学生通读一遍全文，对中国茶文化的相关知识有了一个初步的了解和认知。
分段阅读课文： 1. 阅读课文第一段，完成练习； 2. 阅读课文第二段，完成练习； 3. 阅读第三段，完成练习；	1. 默读第一段，提问： （1）为什么说中国是茶叶的故乡？ （2）中国人饮茶的历史有多长？ 2. 默读第二段，提问： 根据这个传说，中国人最早把茶作为什么？ 3. 默读第三段，提问： （1）这一段提到的《茶经》《茶录》《茶谱》《茶史》是什么？ （2）这些书里面写的是什么？	在快速浏览文章之后，教师布置第二层次的任务。这一层次的任务可以概括为对文章的深入理解，包括对文中重要事实和细节的理解，要求学生在通读文章的基础上，运用相关的阅读技能，理解文中信息，捕捉文中细节。	引导学生了解中国茶文化的悠久历史。

续表

教学内容	教学行为	教学说明	思政要点
4. 阅读第四段，完成练习； 5. 阅读第五段，完成练习；	4. 默读第四段，提问： （1）中国人喝茶的习惯影响了哪些国家？（由学生发言，填写表格内容。） | 时间	国家	
---	---	---
唐代	日本	
17世纪中叶	美国	冰茶
18世纪中叶	英国	午后茶
1780年	印度	
1841年	斯里兰卡	
1893年	俄国	| （2）现在有多少个国家和地区的人饮茶，多少个地方产茶？ 5. 默读第五段，提问： 中国茶叶分为几类？（对照PPT图片，让学生对每一类茶有一个直观感受） ［教师行为］演示PPT，引入本课要学习的阅读技能。 ［导入语］阅读中遇到障碍——一些很长或者有很多生词的句子时，如果我们只需要了解大概的意思，并不需要说出每个句子精确的意义，就可以采用跳跃障碍的方法，即对文章中不重要的部分跳过去不看。这段话中列举了很多名茶的例子，有很多不认识的字词，我们只需知道这些都是地名和茶叶的名称就可以了，可以直接跳过去，不用细读，也不必查字典。 演示PPT，具体体会跳跃障碍的方法。	阅读课中重点词语和句式的教学以理解为主，只要理解词义即可，不要求会使用。因此，不宜过多讲解，也不宜采用造句、替换练习等训练方法，而应让学生读例句，再由教师提问检查理解情况，以阅读带动理解。 在教学中重视词语的拓展，包括近义词和反义词的联想。	饮茶习俗的由来与神农的传说有关。"神农尝百草"的传说反映了中国古代人民逐渐认识和利用各种植物的艰难过程，蕴含着华夏先民锲而不舍地探究自然规律，为了族群发展不惜牺牲自己的伟大精神。通过对这一传说的阅读，学生可以感知中国茶文化的精神内涵。 让学生了解中国有很多有关茶的书籍，尤其是知晓世界上最早的关于茶的著作——《茶经》。这也印证了中国茶文化丰厚的底蕴，从一个侧面反映出中华文化的博大精深。 这一段主要让学生了解中国茶文化对世界的影响。作为茶的起源国，茶文化经由中国流传到各个国家后，形成了不同的茶文化模式，这也是中国茶文化包容性的一个例证。在前面对于中国茶文化有了一个初步的认识之后，学生通过这一段的阅读，可以进一步了解中国茶文化对于其他国家的影响，有利于加强对比，也能使学生感受中西方文化的差异，提升学生的跨文化交际能力。

续表

教学内容	教学行为	教学说明	思政要点
6. 阅读第六段，完成练习； 7. 阅读第七段，完成练习	6. 默读第六段。 [导入语] 这一段的主题句是哪一句？ （答：茶除了饮用外，还具有药用价值。） 重点句式：除了……（以）外，还…… [教师行为] 教师通过提问的方式，帮助学生理解句义。 [教师行为] 提问，要求学生回答。 [导入语] 茶有什么药用价值？ [教师行为] 演示PPT内容。 [导入语] 这个句子中也有很多生词，应该怎么办？ 阅读技能：跳跃障碍。 不影响句子意思的并列近义词语，即顿号之间的并列词语，只要理解其中一个的意思就够了，其他的可以跳跃过去。 词语联想：电视病—空调病 7. 默读第七段，提问： 哪一种饮料是医学界公认的"当代最佳健康饮料"？ 教师用提问的方式帮助学生理解词义。	拓展词语、扩大词汇量的一个重要方式，就是按语素归纳已学过的和即将学习的词语。这个工作也可以作为预习的作业，在课前由学生来完成。	中国的茶种类繁多，其所存在的地域不同，所具有的茶叶特色也各不相同，各有各的形态、品味和功效。很多地方都有自己的名茶。通过这一段的阅读，让学生领略中国茶文化的丰富多彩，并感受中华茶文化的多元性。 茶的药用价值在中医文化中有着悠久的历史，很多经典古籍中都有茶入药的记载。通过阅读使学生了解茶的药用价值是一种健康的饮品，从而将中国茶文化这种古老的文化与现代医学联系起来，使其获得崭新的生命力。
完成书后练习	1. 根据课文内容判断错误。 2. 完成书后练习190页第2题：选择对下列画线词语的正确解释。	分别让不同学生读一遍题目，然后给出答案。如果学生判断正确，可以不讲或略讲；如果学生判断错误，再带领学生回到课文，让学生自己更正。 分别让不同学生读题目并给出答案，如果学生判断正确并且其他学生也没有异议，就继续进行下一题。如果做错了，举例解释该词的用法。	

续表

教学内容	教学行为	教学说明	思政要点
扩展阅读练习	扩展阅读共四篇文章，课上完成两篇，余下两篇布置作业，课后完成。 ［教师行为］ 1. 提出阅读技能训练要求：找出文中的中心词、主题句。 2. 让学生先看问题，在规定时间内完成阅读。 3. 要求学生回答问题并说出答案。如果学生回答正确，其他学生没有疑义，可以不讲或略讲；如果学生回答错误，再回到课文，让学生自己更正。 4. 根据学生回答情况做出补充讲解。 5. 结合本节课学习的跳跃障碍的技能，找出文章中可以跳跃的部分。	在阅读过程中，除了解决阅读理解问题，还要结合本课阅读技能训练的重点——跳跃障碍以及以前学过根据上下文的猜测词义、找主题句等阅读技能，将快速阅读的方法传授给学生。	课上扩展阅读练习的两篇文章都是关于中国的茶馆的——《老舍茶馆》和《老北京的茶馆》。茶馆作为茶文化里重要的一部分，也是源远流长的。通过阅读，使学生进一步加深对于中国茶文化各个方面的理解。
布置作业，宣布下课	布置作业，展示PPT辅助说明： 1. 扩展阅读文章三和四。 2. 扩展阅读对于本课的重点词语、句式和阅读技能起到巩固和强化的作用，也扩大了学生的课外阅读量。	课后作业的两篇文章都与本课中国茶文化的主题密切相关——《中国人与茶》和《广东早茶》。两篇文章对于课堂所了解的中国茶文化知识进行了补充和延伸。中国地大物博，造就了各地的文化差异，茶文化也不例外。不同地区、不同民族的饮茶习俗大异其趣。通过阅读，使学生一方面加深对中国茶文化各个方面的理解，另一方面也可以感受到中华文化的多元和包容。	

附件：本节课课件实例

第12课
中国的茶文化

阅读提示：
（1）中国人是怎样发现和饮用茶的？
（2）饮茶的习俗影响了哪些国家？
（3）茶可以分为哪几类？

阅读第1段

思考：
1. 为什么说中国是茶叶的故乡？
2. 中国人从什么时候开始饮茶？

中国人饮茶，<u>至少</u>也有4700多年的历史了。
　　A. 最少　B. 很少　C. 至于　D. 多少

阅读第2段

思考：
1. 茶是怎么被发现的？
2. 茶最开始被当作什么？

没想到，<u>不一会儿</u>，肚子就不疼了。
　　A. 过了很长时间　　B. 很快
　　C. 有时候　　　　　D. 不知道过了多长时间

阅读第3段

思考：
1. 世界上最早的有关茶叶的书是什么？
2. 《茶录》《茶谱》和《茶史》的内容是什么？

阅读第4段

思考：
1. 中国饮茶的习俗影响了哪些国家和地区？
2. 现在世界上产茶的国家和地区有多少个？

阅读第4段，填写下列表格。
中国人喝茶的习惯对其他国家的影响

国家	时间	习俗
日本	唐代	
英国	18世纪	午后茶
俄国	17世纪初	
美国	17世纪中叶（1650年左右）	冰茶

美国人<u>好</u>(hào)冷饮，尤其喜欢<u>将</u>茶泡水后冷却。

将（C）
　　A. 将来　B. 将要　C. 把　D. 即将

阅读第5段

思考：
1. 茶叶可以分为哪几类？
2. 各类茶叶中有哪些名品？

阅读第6段

这一段的主题句是哪一句？
　　茶除了饮用外，还具有药用价值。
　重点句式：除了……（以）外，还……

1. 今天来听课的除了学生，还有老师。
2. 除了故宫以外，阿里还去过颐和园。
3. 除了绿茶，红茶、乌龙茶也对身体很有好处。
4. 山本现在除了学汉语以外，还在学习英语。

阅读技能：跳跃障碍

　　茶可以防暑降温、防治癌症、预防"电视病"、抗衰老、美容、减肥，等等。

阅读第7段

思考：
哪种饮料会成为21世纪最受欢迎的饮料？

　　茶叶已被世界医学界公认为"当代最佳饮料"。

1. 这次综合课考试年级最佳成绩是98分。
2. 姚明曾经当选中国"十佳运动员"。
3. 老师希望同学们期末考试能够取得佳绩。

　　茶叶已被世界医学界公认为"当代最佳饮料"。

1. 李海是全班公认的好学生。
2. 熊猫在中国被公认为国宝。
3. 北语被大家公认为"小联合国"。

小结

来历	传说
品尝	逐渐
种植	习俗
流传	流行
品种	名品
价值	公认

扩展阅读
文章一　《老舍茶馆》

根据课文内容判断正误:
1. 北京的茶馆很多,最有名的是老舍茶馆。
2. "老舍"是一位作家的名字。
3. 人们很喜欢读老舍先生的作品。
4. 老舍茶馆很有北京特色。
5. 老舍茶馆,无论什么时候都可以看到精彩的演出。
6. 在老舍茶馆演出时,客人也可以上台表演。
7. 很多名人到过老舍茶馆。
8. 老舍茶馆历史很长,外国人在这里可以了解中国文化。

文章二 《老北京的茶馆》

思考:
1. 文中介绍了老北京的哪几种茶馆?
2. 大茶馆里卖什么?
3. 人们一般会在清茶馆吃饭吗?
4. 在书茶馆里可以做什么?
5. 老北京哪里的棋茶馆多?

课后作业

阅读159页《中国人与茶》、162页《广东早茶》,完成后面的练习。

中国文化基础——《长城》

一、课程总览

  本课程为汉语言专业二年级选修课，授课对象为北京语言大学汉语学院二年级本科生，每周2课时，1学年总课时为64学时。本课程将文化知识、文化理解与课程思政相结合，遵循以学生为中心、以教师为主导的教学原则。课程分为二上、二下两学期，二上学习《长城》《太极拳》《京剧》《中国龙》《中国画》《孔子》《春节》《北京城》《黄河、长江与中华文明》等中国文化中具有代表性的内容，以帮助学生了解中国文化的基本面貌，感受中国文化的悠久历史与独特魅力。二下学习、中国古代神话、唐诗宋词赏析、中国民间传说、中国古代建筑、中国民间音乐、中国茶文化、中国医药文化和中国古代教育等专题，通过十六篇课文帮助学生从文学、艺术、生活、教育等方面了解中国文化的独特性与多样性。与此同时，通过中外文化间的对比加深学生对人类文化共性和差异性的认知与理解。为降低语言难度以帮助中级汉语水平学生更好地理解中国文化，本课程对课文中出现的文化词语进行分类设计，将人名、地名、民族名、朝代名等作为专有名词单独列出，同时将一些专业术语加以脚注。此外课后练习的形式多样，包括词语类、文化理解类、成段表达类以及"今天我来讲"等跨文化对比类。力求通过对本课课程学习，提高学生的汉语水平，特别是与文化相关的专业性材料的阅读能力，进而由浅入深地提升学生对中国文化的理解力和跨文化交际能力。

二、课程思政教学目标

  本课程将文化目标与语言目标相结合。通过课文讲析，使学生了解具有代表性的中国文化内容。二上课文在编选上注重基础性和趣味性。"基础性"指课文内容均为中国文化中最有代表性的内容，如长城、中国龙、印刷术、孔子、京剧、中国画等。"趣味性"指课文内容尽量做到生动有趣，以激发学生的学习兴趣；同时在叙述上深入浅出，并照顾到来华留学生及海外中文学习者的独特视角，为其日后继续学习中国文化和自觉提高跨文化意识提供动力。二下课文在编选上遵循汉语作为第二语言文化教学的系统性、实用性等原则，在内容上选取中国不同历史时期、不同地域富有代表性的文化知识点，教学中力求将中国古老的文化传统与当代文化传承与发展结合在一起。课文篇幅与语言难度适中，教学文本注重语言与文化相互融合，以帮助学生进一步拓宽文化视野。与此同时通过视频、音频等立体化教学手段和中外文化对比，增加学生对中国文化和人类文化多样性的直观感受和切身体验，提高学生的文化理解能力与汉语表达能力。

本课程在教学中始终遵循不同文化之间相互尊重、平等相待的原则，通过师生互动、生生互动，培养学生友善、包容的文化品格。在思政教学方面，本课程注重对学生进行价值塑造和能力培养，全面提升学生的人文素养和跨文化交际能力，以润物细无声的方式丰富和加深其对中国文化以及人类文化多样性的感知与理解，为培养热爱和平，"以尊重、宽容、共情的态度看待和评价中国文化的特点和文化间的差异，超越刻板印象和文化偏见"的国际中文人才奠定基础。

三、课程思政教学重点和难点

中国文化基础课程以具有中级汉语水平的学生为教学对象，思政教学重点在于通过具体生动的形象，引导学生认知最有代表性的中国文化符号及其意义；从不同视角理解中国人的思想、情感和价值观念——如坚忍不拔、勤劳勇敢、刚柔并济、尊师重教、热爱自然、崇尚奉献等；一方面以润物无声的方式帮助学生了解中华传统文化在当代中国的传承与发展，另一方面通过中外文化对比促进文明交流互鉴。习近平总书记于2014年3月17日在联合国教科文组织总部的演讲中指出："我们应该推动不同文明相互尊重、和谐共处，让文明互鉴成为增进各国人民友谊的桥梁、推动人类社会进步的动力、维护世界和平的纽带。"中国文化基础课程在教学重点上亦体现了这一思想。

如何适当降低中国文化课的内容和语言难度，增强文化教学的针对性、实用性、趣味性，以激发学生对文化学习的兴趣和热情，帮助学生理解中国文化的基本精神，最终促进不同文化之间的交流和理解，是中国文化基础课程思政教学的难点。为此本课程一方面在课文内容编选和结构安排上下了很大功夫，另一方面在教学设计上特别注重语言与文化的融合。例如：课前要求学生预习和查阅相关资料；课上采用立体化教学模式，注重互动、交流和讨论；课下提供多样化练习，在注重文化理解的同时也重视语言技能和言语表达的训练，例如，词语类练习有画线连接、选词填空，理解类练习有判断正误、回答问题、选择答案、比较异同、古今对译，成段表达类练习有用指定词语概括介绍文化内容、课堂讨论、角色扮演，跨文化对比类练习有"今天我来讲"等。在本课程思政教学过程中，教师充分运用现代教育技术，引导学生通过特定的语言环境及声音、图像、文字等多种媒介全方位理解中国文化的内涵，以丰富学生的文化感知，拓宽学生的文化视野，培养学生的跨文化融通意识，加深学生对中国文化与世界文化多样性的理解，进而提升跨文化意识和汉语表达能力。

四、课程思政教学方法和过程

授课内容：第一课《长城》。

教学对象：北京语言大学汉语学院二年级上本科生。

授课方式：线上授课（腾讯会议）。

授课课时：2 学时。

授课教材：《中国文化基础》（上），李春雨编著，北京语言大学出版社，2019 年版。

教学用具：Powerpoint 课件，视频和音频资料。

教学重点和难点：

(1) 长城在历史上的防御功能；

(2) 长城的象征意义；

(3) 相关词汇；

(4) 思政教学内容：长城的历史以及文化内涵。

教学目的与要求：

通过课堂教学使学生能够：

(1) 了解长城的历史、规模和修筑过程；

(2) 了解长城的功能和象征意义；

(3) 理解"不到长城非好汉"的含义。

本课程采取"学习通平台+腾讯会议直播"的混合式教学模式。分为课前准备、课堂教学与课后练习三个阶段。教学中采用以学生为中心、以教师为主导、以任务为驱动的教学理念，将文化目标、语言目标与思政目标有机融合，贯穿其中。

（一）课前准备阶段

在这一阶段，教师提前布置预习任务，并将相关资源上传至学习通平台。

要求学生预习生词和课文，了解背景知识，记下难点，以便上课讨论。

（二）课堂教学阶段

这一阶段包括导入、生词、课文、观看视频、成段表达、课堂讨论，个人报告"今天我来讲"、小结、布置作业等环节。

第 1、2 课时

教学时间安排和分配：

(1) 导入（约 5 分钟）。

(2) 学习生词与课文（约 45 分钟）。

(3) 观看视频，回答问题（5 分钟）。

(4) 成段表达练习（约 10 分钟）。

(5) 课堂讨论（约 20 分钟）。

(6) 今天我来讲（约 10 分钟）。

(7) 小结（约 3 分钟）。

(8) 布置作业（约 2 分钟）。

教学环节与步骤：

第 1 课时

1. 导入（5 分钟）

(1) 展示长城图片，请学生回答问题：你登过长城吗？谈谈你对长城的印象。

(2) 针对课文内容提问：长城是在何时何地修建的？古人为什么要修筑长城？

2. 学习生词与课文（约 45 分钟）

(1) 请学生朗读生词，教师纠音并提问。

(2) 逐段学习课文，请学生朗读课文，教师针对课文内容提问。

课文

1. 长城是世界上规模最大的军事防御工程。它因历史悠久、长度惊人、工程浩大和建筑技术高超而闻名中外。

问：长城有哪些特点？为什么闻名中外？

2. (1) 长城位于中国北方，东起鸭绿江，西至嘉峪关，从东向西经过辽宁、河北、天津、北京、山西、内蒙古、陕西、宁夏、甘肃、青海等 10 个省、自治区、直辖市，全长 6700 多公里，约 13400 里，所以被称为"万里长城"。

问：鸭绿江和嘉峪关分别在长城的哪一边？

长城从东向西经过哪些省、自治区、直辖市？

为什么人们把它称为"万里长城"？

(2) 长城平均高 6 至 7 米，宽 4 到 5 米，春秋战国时期即已开始修筑，至今已有 2000 多年的历史。中国历史上先后有 19 个朝代修建过长城，加起来有 10 万公里以上，可以环绕地球两周多。现在我们看到的长城，主要是始建于 14 世纪的明代长城。

问：长城是从什么时代开始修筑的？至今有多少年的历史？
历史上的长城有多长？现在看到的长城，主要建于哪个朝代？

3. (1) 古人为什么要修长城呢？据历史记载，春秋战国时期，战争四起，当时的七个诸侯国为了防御敌人，都在自己的国土上修建长城。

问：古人为什么要修筑长城？

(2) 后来，秦始皇在战争中消灭了其他六国，统一了中国，建立起一个强大的多民族国家——秦朝。秦始皇派 30 万人花了 10 余年时间，把原来秦、燕、赵三国的长城连接了起来，并继续修筑长城。从此，"万里长城"在中国北方出现了。想想当时的情况：在一座座高山之间，修筑长达万里的城墙，没有任何机械，全部劳动都由人力完成，是多么的艰难！

问："万里长城"是怎么在中国北方出现的？
　　为什么长城的修建万分艰难？

4. 长城是中国人的骄傲。第一，长城是用来防御敌人的，不是用来进攻的。体现了"以和为贵"的思想。第二，长城高超的建筑艺术，"因地形，用险制塞"的布局经验，"就地取材、因材施用"的建筑原则都体现出中国古人的智慧和力量。

问：在这段话中，"以和为贵"的意思是什么？
　　为什么说长城体现了"以和为贵"的思想？
长城在哪些方面体现了中国古人的智慧和力量？

5. (1) 今天，长城虽然失去了军事上的功能和意义，但它已经成为中华民族精神力量的象征。"起来！不愿做奴隶的人们！把我们的血肉筑成我们新的长城！"这是中国国歌《义勇军进行曲》中的一句歌词，鼓励着中华儿女为中华民族的复兴而团结奋斗。

问：为什么长城在今天成为中华民族精神力量的象征？

(2) "不到长城非好汉"，所有的中国人都希望在一生中至少一次亲自登上长城，欣赏雄伟壮丽的风景，感受悠久的中华文明，当一个"好汉"，当一个有骨气的中国人。

问："不到长城非好汉"是中国人常说的一句话。你怎么理解它的含义？

第 2 课时

3. 观看视频，回答问题（5 分钟）
（建议每段视频时间控制在 1~2 分钟内）
(1) 春秋战国（中国历史时期）。
https://baike.baidu.com/item/%E6%98%A5%E7%A7%8B%E6%88%98%E5%9B%BD/53913?fr=aladdin.

（2）长城——世界文化遗产（播放片段）。

4. 分组进行成段表达练习（10分钟）

说一说长城的规模和修筑过程（要求用下面的词语）。

全长……；据历史记载……；春秋战国时期；防御敌人。

5. 课堂讨论（20分钟）

方式：先小组讨论，再由各组选派代表在全班交流。

（1）你怎样理解"以和为贵"的思想？

（2）长城在哪些方面体现了古代中国人的智慧和力量？

（3）你怎么理解"不到长城非好汉"这句话？

（4）为什么说长城是中华民族精神力量的象征？

6. 今天我来讲（约10分钟）

（学生课前准备PPT，课堂发表报告，每人3~5分钟，每次课2~3人）

本课题目：

（1）介绍一处你自己国家的名胜古迹。

（2）介绍一下你自己国家的国歌。

（当一个学生报告完毕后，其他学生可向他提问以促进交流）

7. 小结（约3分钟）

（1）长城是世界上规模最大的军事防御工程。它历史悠久、长度惊人、工程浩大、建筑技术高超，因此闻名中外。1987年12月被列入世界文化遗产。

（2）长城位于中国北方，春秋战国时期已开始修筑，至今已有2000多年的历史。

（3）长城是用来防御敌人的，体现了"以和为贵"的思想；长城高超的建筑艺术、布局经验和建筑原则，体现了中国古人的智慧和力量。

（4）今天的长城虽失去了军事的功能和意义，但它已成为中华民族精神力量的象征。（体现在中国国歌《义勇军进行曲》的歌词中）

8. 布置作业和预习任务（2分钟）

（1）在学习通上完成课后练习一、二、三。

（2）预习下一课课文、生词，标记重点和难点。

（三）课后练习阶段

将每课练习提前放在学习通上，让学生课后及时复习并巩固所学的知识，自行检验学习效果，提高自主学习与自我反思能力。

本课练习包括：①选词填空；②判断对错；③选择正确答案（客观题）；④课堂讨论；⑤今天我来讲（口头表达练习题）。

说明：建议二上每课教学时长为2课时；二下每课教学时长为4课时。教师可根据学生水平灵活调整教学计划，不必拘泥于教材和教案设计，如学生感到内容较难，教师可放慢进度，比如将二上 2 课时调整至 3 或 4 课时，以使学生充分理解和掌握本课要点，最终实现知识、能力与思政相结合的教学目标。

附件：本节课课件实例（详见本课 PPT）

幻灯片 1

二上《中国文化基础》课程

舒燕
北京语言大学汉语国际教育学部汉语学院
Email: shuyan@blcu.edu.cn

幻灯片 2

热身（导入）

世界文化遗产：万里长城

幻灯片 3

第一课 长城

1. 你登过长城吗？谈谈你对长城的印象。
2. 长城是在何时何地修建的？
3. 古人为什么要修筑长城？
4. 你怎样理解"不到长城非好汉"这句话？

幻灯片 4

生词（一）

1. 规模：~很大
2. 军事：~工程
3. 防御：（反义词）进攻
4. 工程：防御~
5. 悠久：历史~
6. 建筑：~技术高超

幻灯片 5

生词（二）

7. 位于：~北方
8. 鸭绿江　　下面哪些地方是自治区？
9. 嘉峪关　　哪些城市是直辖市？
10. 自治区　辽宁、河北、天津、北京、山西、
11. 直辖市　内蒙古、陕西、宁夏、甘肃、
12. 春秋战国　青海
13. 环绕：~地球
14. 周：两~多

幻灯片 6

生词（三）

15. 记载：据历史~　　春秋战国
16. 敌人：防御~　　　诸候国
17. 消灭：~敌人　　　秦始皇
18. 统一：~中国　　　秦朝、燕国、赵国
19. 机械：没有任何~　修筑
20. 艰难：十分~、多么　城墙

幻灯片 7

生词（四）

21. 骄傲：长城是中国人的~（值得自豪的事物）
22. 以和为贵：
　（对"和"的解释：和平、和睦、和谐、和好、和气）
23. 塞：要~（险要的地方）；险：险峻（jun,四声）
24. 就地：~取材
25. 施用：因材~（使用）
26. 智慧：古人的~

幻灯片 8

生词（五）

27. 奴隶：不愿做～
28. 《义勇军进行曲》
29. 复兴：民族的～
30. 团结：～一心
31. 奋斗：团结～
32. 雄伟：～的城楼
33. 壮丽：～的风景
34. 骨气：有～
（骨气：刚强不屈的气概）

幻灯片 9

课文

1. 长城是世界上规模最大的军事防御工程。它因历史悠久、长度惊人、工程浩大和建筑技术高超而闻名中外。

问：长城有哪些特点？为什么闻名中外？

幻灯片 10

课文

2.(1) 长城位于中国北方，东起鸭绿江，西至嘉峪关，从东向西经过辽宁、河北、天津、北京、山西、内蒙古、陕西、宁夏、甘肃、青海等10个省、自治区、直辖市，全长6700多公里，约13400里，所以被称为"万里长城"。

问：(1) 鸭绿江和嘉峪关分别在长城的哪一边？
(2) 长城从东向西经过哪些省、自治区、直辖市？
(3) 为什么人们把它称为"万里长城"？

幻灯片 11

课文

2.(2) 长城平均高6至7米，宽4到5米，春秋战国时期即已开始修筑，至今已有2000多年的历史。中国历史上先后有19个朝代修建过长城，加起来有10万公里以上，可以环绕地球两周多。现在我们看到的长城，主要是始建于14世纪的明代长城。

问：长城是从什么时代开始修筑的？至今有多少年的历史？
历史上的长城有多长？现在看到的长城主要始建于哪个朝代？

幻灯片 12

课文

3.（1）古人为什么要修长城呢？据历史记载，春秋战国时期，战争四起，当时的七个诸侯国为了防御敌人，都在自己的国土上修建长城。

问：古人为什么要修筑长城？

幻灯片 13

课文

3.（2）后来，秦始皇在战争中消灭了其他六国，统一中国，建立起一个强大的多民族国家——秦朝。秦始皇派30万人花了10余年时间，把原来秦、燕、赵三国的长城连接了起来，并继续修筑长城。从此，"万里长城"在中国北方出现了。想想当时的情况：在一座座高山之间，修筑长达万里的城墙，没有任何机械，全部劳动都由人力完成，是多么的艰难！

问："万里长城"是怎么在中国北方出现的？
　　为什么长城的修建万分艰难？

幻灯片 14

课文

4.长城是中国人的骄傲。第一，长城是用来防御敌人的，不是用来进攻的。体现了"以和为贵"的思想。第二，长城高超的建筑艺术，"因地形，用险制塞"的布局经验，"就地取材、因材施用"的建筑原则都体现出中国古人的智慧和力量。

问：（1）在这段话中，"以和为贵"是什么意思？
　　（2）为什么说长城体现了"以和为贵"的思想？
　　（3）长城在哪些方面体现了中国古人的智慧和力量？

幻灯片 15

课文

5.（1）今天，长城虽然失去了军事上的功能和意义，但它已经成为中华民族精神力量的象征。"起来！不愿做奴隶的人们！把我们的血肉筑成我们新的长城！"这是中国国歌《义勇军进行曲》中的一句歌词，鼓励着中华儿女为中华民族的复兴而团结奋斗。

问：为什么长城在今天成为中华民族精神力量的象征？

幻灯片 16

幻灯片 17

幻灯片 18

幻灯片 19

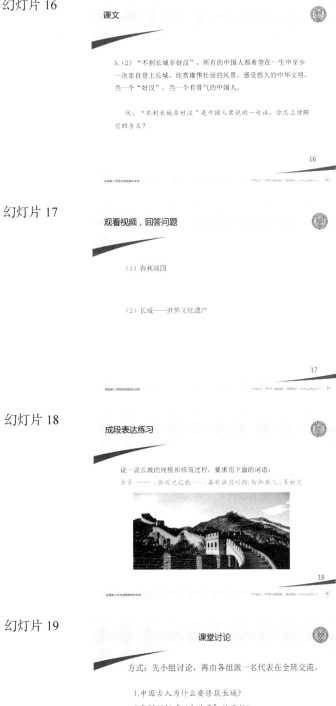

幻灯片 20

今天我来讲

（学生课前准备PPT，课堂发表报告，每人3~5分钟，每一次课2~3人）

本课题目：
介绍一处你自己国家的名胜古迹，或者你自己国家的国歌。

（当一个学生报告完毕后，其他2~3个学生可以向他提问）

幻灯片 21

小结

1. 长城是世界上规模最大的军事防御工程。它历史悠久、长度惊人、工程浩大、建筑技术高超，因此闻名中外。1987年12月被列入世界文化遗产。

2. 长城位于中国北方，春秋战国时期已开始修筑，至今已有2000多年的历史。

3. 长城是用来防御敌人的，体现了"以和为贵"的思想；长城高超的建筑艺术、布局经验和建筑原则，体现了中国古人的智慧和力量。

4. 今天的长城虽失去了军事的功能和意义，但它已成为中华民族精神力量的象征。

幻灯片 22

作业

1. 在学习通上完成课后练习
一（选词填空）；
二（判断对错）；
三（选择正确答案）。

2. 预习下一课课文、生词，标记重点和难点。

文化专题讨论 ——《三字经》

一、课程总览

【课程名称】文化专题讨论（Discussion on Chinese Culture）。
【课程类型】汉语国际教育专业必修课。
【教学对象】三年级本科留学生。
【教学课时】每周4课时，两学期共128学时。
【课程学分】每学期4学分，两学期共8学分。
【使用教材】《文化专题讨论》（上下册），史艳岚编写，2018年修订。
【课程简介】本课程将文化知识学习与课程思政相结合，突出以学生为中心、以教师为指导的教学原则，采用线上线下混合式教学模式，培养学生自主学习的能力，既能加深学生对中国传统文化和当代文化的认识，又能切实提高学生的口语表达和书面表达水平，加强学生在多元文化背景下的跨文化交际能力。
【教学内容】本课程包括当代中国文化现象综述及评论、时代的变迁、中国人的精神和性格、中国人的朋友观、生活百态、中国古代神话故事、中国传统伦理道德、《三字经》和《弟子规》《增广贤文》、中国古典小说四大名著等。内容覆盖面广，从中国传统文化到当代文化，给学生提供了认识中国的不同视角，助其全面深入地了解中国文化和社会。
【教学目标】通过对中国文化专题文章的阅读，拓宽学生在文化方面的知识面，了解中国文化的风貌，深刻地理解中国文化的内涵，提高学生的语言表达能力，培养学生良好的道德情操和行为规范，使之能够进行成功的跨文化交际。

二、课程思政教学目标

习近平总书记说："国际社会对中国的关注度越来越高，他们想了解中国，想知道中国人的世界观、人生观、价值观，想知道中国人对自然、对世界、对历史、对未来的看法，想知道中国人的喜怒哀乐，想知道中国历史传承、风俗习惯、民族特征，等等。这些光靠正规的新闻发布、官方介绍是远远不够的，靠外国民众来中国亲自了解、亲身感受是有限的。而文艺是最好的交流方式，在这方面可以发挥不可替代的作用，一部小说，一篇散文，一首诗，一幅画，一张照片，一部电影，一部电视剧，一曲音乐，都能给外国人了解中国提供一个独特的视角，都能以各自的魅力去吸引人、感染人、打动人。……要讲好中国故事、传播好中国声音、阐发中国精神、展现中国风貌，让外国民众通过欣赏中国作家艺术家的作品来深化对中国的认识、增进对中国的了解。"

国际汉语教育的根本目标是"立德树人"、培养通晓中国语言和文化的高素质国际人才。文化专题讨论课将习近平总书记对中国文化的看法和基本理念融入课程内容中，使学生在了解中国文化的基本内涵、中国传统伦理道德、中国人的精神、传统文化的现代表达形式、当代中国文化的面貌的同时，也能深入认识中国文化的本质和社会主义核心价值观，鼓励学生讲中国故事，也讲世界故事，寻找不同文化之间的共同价值，从而使学生具备融通中外的跨文化交际能力。

三、课程思政教学重点和难点

（一）课程思政教学重点

将中国文化的基本理念融入课程内容中，使学生了解中国文化的基本内涵、中国传统伦理道德、中国人的精神、传统文化的现代表达形式、当代中国文化的面貌，特别是社会主义核心价值观。课程内容充分体现了国家层面的价值目标：富强、民主、文明、和谐；社会层面的价值取向：自由、平等、公正、法治；公民个人层面的价值准则：爱国、敬业、诚信、友善。本课程的内容立足于中国的传统文化和现代文化，在语言教学中同时着重强调对学生思想道德、价值观念的培养：为人要诚，立身要正，行为要符合道德规范，勤奋刻苦，有坚忍不拔的精神，与人为善、乐于助人。"大学之道，在明明德"，汉语国际教育也是"立德树人"的过程。

（二）课程思政教学难点

中国文化异于世界文化的一个独特因素就是语言文字。虽然人类的思想、感情都会有相同之处，但是语言的障碍，使得具有不同文化背景、使用不同语言的人之间存在隔阂。本课的内容包含很多中国文化特有的词汇、中国历史故事、中国古典诗词、名人警句、经典篇章等，都蕴含着深厚的文化意义，包括引申义、象征义、隐含义、附加新义以及独特的文化背景等。因此文化词汇、格言、古诗文作品、历史文化背景是学生学习时最大的难点。所以必须先帮助学生扫清语言障碍，使学生在基本了解语言意义的同时也能够掌握其内在的文化意义。

四、课程思政教学方法和过程

（一）教学方法

本课程的教学方法包括学生自学、教师讲解、课堂提问、小组讨论、学生演讲。

本课程的学习形式是"阅读"+"讨论"，上课的内容分为两个方面：学生在教师指导下进行课文预习和学习；学生在讨论课上就感兴趣的相关话题进行讨论。本课程采用线上线下混合教学的模式，让学生成为学习的主体，教师起到指导的"领路人"作用。立足于价值观的引领作用,把文化内容和思政元素紧密地融合在一起,对于学生世界观、人生观、价值观的培养和汉语学习都会有促进作用。

(二)教学过程

教学过程包括教师线上布置学习任务→学生根据教师的指导预习→完成线上预习练习→上课教师请学生讲解课文→学生就课文的内容展开讨论→师生共同解决问题→学生口语报告或演讲→课后作业巩固知识以及写作训练→课后学生自我评价和反馈。教师跟学生的互动贯穿在教学过程的始终,由学生来讲解课文内容,用中文来讲中国故事和不同国家的故事,教师起到指点和帮助的作用。不同文化之间的沟通和交流能够提高学生上课的兴趣,在多元文化环境下的互动学习中逐步形成良性循环。这门课在中国文化传播和推广方面起到了积极的作用,也能使学生具备和不同文化背景的人顺利进行跨文化交际的能力。

附:本节课课件实例

《三字经》(第一部分)教案

(一)教学准备

教师精选《三字经》中适合学生学习的部分,将阅读内容提前上传到教学平台。所有的句子都做好中文注释,要求学生提前预习并完成课前练习。

(二)教学内容

本次课学习《三字经》的第一部分。首先介绍《三字经》这本书,然后和学生一起理解并讨论一些重要的有教育意义的句子,要求学生掌握这些句子的含义,并且阐述自己对这些句子的看法。

鼓励学生对比不同国家的启蒙读物,谈谈儿童教育时期应该注重哪些方面。

(三)教学重点和难点

1. 教学重点

(1)《三字经》是一本什么样的书?内容是什么?在今天有什么现实意义?

(2)学习一些千古流传的名句和有教育意义的句子。例如:

人之初,性本善。性相近,习相远。

苟不教,性乃迁。教之道,贵以专。

昔孟母,择邻处。子不学,断机杼。

窦燕山,有义方。教五子,名俱扬。

玉不琢,不成器。人不学,不知义。

2. 教学难点

《三字经》课文中虽然有中文注释,由于班级学生水平有很大差距,有的学生不能理解一些词句的意思,需要教师和助教一对一辅导。比如"香九龄,能温席。孝于亲,所当执"等句子就需要助教用讲故事的方式给一些学生进行特别辅导。同时鼓励学生对一些句子发表自己的看法。

（四）教学时长

100分钟。

（五）教学步骤

时长	教学内容	教学行为	思政要点
10分钟	导入话题： （视频或图片） 1. 简要介绍《三字经》的视频或图片。 2. 动画片：孟母三迁。 3. 播放中国儿童诵读三字经的视频片段。 （根据学生的实际学习情况播放视频）	用视频向学生简要介绍《三字经》的内容以及在现代社会中的教育意义。 引导学生讨论： 1. 你小的时候读过什么儿童启蒙读物？ 2. 儿童启蒙读物一般有什么特点？ 3. 你觉得《三字经》是一本什么样的书？（儿童道德教育、启蒙）	习近平总书记2014年10月15日在文艺工作座谈会上的讲话："中华民族在长期实践中培育和形成了独特的思想理念和道德规范，有崇仁爱、重民本、守诚信、讲辩证、尚和合、求大同等思想，有自强不息、敬业乐群、扶正扬善、扶危济困、见义勇为、孝老爱亲等传统美德。中华优秀传统文化中很多思想理念和道德规范，不论过去还是现在，都有其永不褪色的价值。"
15分钟	《三字经》概述： 在中国浩如烟海的传统文化古籍中，蒙学教材占有不可替代的地位，而在传统的蒙学教材中，流传最广、影响最大、最得世人喜爱的无疑就是《三字经》《百家姓》《千字文》了。 在"三、百、千"盛行的时代，无论是在繁华都市，还是在偏僻乡村都能见到"三、百、千"；无论是学者大儒，还是布衣白丁，无论是白发老翁，还是黄口孺子，都能随口诵出"三、百、千"中的语句。其流传之广、影响之巨，少有其他书籍相匹敌。	（学生提前预习课文，《三字经》精选出来的每句话都有现代汉语注释。让学生初步了解《三字经》） 上课时教师带领学生朗读课文，之后提问： 1. 蒙学教材是什么样的内容？ 2. 什么是"三、百、千"？ 3. 用哪些例子来说明古代"三、百、千"的盛行？ 4. "布衣白丁"是什么意思？ 5. "黄口孺子"是什么意思？	习近平总书记2019年1月25日在中共十九届中央政治局第十二次集体学习时的讲话："我们要把握国际传播领域移动化、社交化、可视化的趋势，在构建对外传播话语体系上下功夫，在乐于接受和易于理解上下功夫，让更多国外受众听得懂、听得进、听得明白，不断提升对外传播效果。现在，国际上理性客观看待中国的人越来越多，为中国点赞的人也越来越多。我们走的是正路，行的是大道，这是主流媒体的历史机遇，必须增强底气、鼓起士气，坚持不懈讲好中国故事，形成同我国综合国力相适应的话语权。"

续表

时长	教学内容	教学行为	思政要点
	《三字经》全用三言，句短而易读，符合儿童的阅读习惯，而且它的故事很多，知识性强，把伦理道德、自然万物、历史、文学等各方面知识很好地综合在一起。 《三字经》被译成俄、英、日、朝等多种文字在海外传播。1990年，《三字经》被联合国教科文组织选入《儿童道德丛书》，向全世界发行。这说明，优秀的蒙学读物不仅具有民族性，也具有世界性。	6. 请解释"少有其他书籍相匹敌"的意思。 7. 请用"无论……还是，都……"结构说一句话。 8. 为什么这本书叫《三字经》？它有什么特点？ 9. 《三字经》的大致内容是什么？ 10. 在你的国家能看到中国的原版书或者中文翻译成母语的书吗？如果有，请介绍一下。 11. "不仅具有民族性，也具有世界性"的含义是什么？	
15分钟	《三字经》的内容分为六个部分： 1. 从"人之初，性本善"到"人不学，不知义"，讲述教育和学习对儿童成长的重要性。 2. 从"为人子，方少时"至"首孝悌，次见闻"强调儿童要懂礼仪、孝敬父母、尊敬兄长。 3. 从"知某数，识某文"到"此十义，人所同"介绍生活中的名物常识（三纲、四时、五行、六谷、七情、八音、九族、十义）。 4. 从"凡训蒙，须讲究"到"文中子，及老庄"介绍中国古代的重要典籍和儿童读书的顺序。	教师介绍《三字经》全书的六个部分内容，请学生选出他们最感兴趣最想学的部分。学生的选择顺序如下： 1. 第一部分：学习的重要性。 2. 第二部分：懂礼仪，孝敬父母，尊敬兄长。 3. 第六部分：用很多故事来强调儿童要刻苦学习，长大才能有所作为。 4. 第五部分：简要介绍中国历史。 5. 第三部分：生活中的名物常识。 6. 第四部分：中国古代的重要典籍。	习近平总书记在2014年2月24日十八届中央政治局第十三次集体学习时说："在树立道德理想方面，强调'大道之行也，天下为公'，人要止于至善，有社会责任感，追求崇高理想和完美人格，倡导'兼善天下'，'利济苍生'，'修身齐家治国平天下''见贤思齐，见不贤而内自省也'，做君子，成圣贤。我们要利用好中华优秀传统文化中的这些宝贵资源，增强人们的价值判断力和道德责任感，不断提高人们道德水平，提升人们道德境界。"

续表

时长	教学内容	教学行为	思政要点
	5. 从"经子通，读诸史"到"通古今，若亲目"讲述从三皇开始的朝代更替，体现了中国史的基本面貌。 6. 从"口而诵，心而惟"至"戒之哉，宜勉力"强调学习要勤奋刻苦，打下良好基础，长大才能有所作为。还讲了很多勤勉好学的故事。 内容体现了循序渐进的教育思想。首先强调学习、父母教育对一个人成长的重要性。教育儿童要重在礼仪孝悌，知识的传授则在其次，即"首孝悌，次见闻"。儿童从小就要了解天下万物以及人伦。 儿童要先识字，然后读经部子部的书，再学习史书，最后强调学习的态度和目的，告诫子孙要努力学习，成才以后报效国家。	上述顺序是学生考虑内容的重要度、难度和实用性得出的结论。因为上课的时间有限，根据学生的具体情况和学期的时间安排，教师可以选择其中的某些部分来介绍，而不是全部的内容。学习水平比较高的学生可以自学所有的课文，课文中的句子都有现代汉语的解释，如果有疑问可以询问教师和助教。学习程度中等或偏下的学生要求学习必学部分（第一、二、六部分），会读句子，会解释含义，可以发表自己的看法和评论。 提问： 1. 什么是"循序渐进"的教育思想？ 2. 概括《三字经》的内容包括哪几个部分？	习近平总书记2018年5月2日的北京大学师生座谈会上强调："古人说：'师者，人之模范也。'在学生眼里，老师是'吐辞为经、举足为法'，一言一行都给学生以极大影响。教师思想政治状况具有很强的示范性。要坚持教育者先受教育，让教师更好担当起学生健康成长的指导者和引路人角色。"
25分钟	《三字经》第一部分： 讲述教育和学习对于儿童成长的重要性。 人之初，性本善。 人出生的时候，本性是善良的。 性相近，习相远。 人的本性虽然相近，但是由于每个人学习的情况、习惯、环境不同，长大以后就会相差很远。	虽然课前已经布置学生预习课文、了解《三字经》每句话的意思，但由于是古文，上课的时候先由教师带领学生朗读课文，然后再请学生来讲解课文的意思。鼓励学生不要担心说错，把自己的想法大胆地说出来。 教师确认学生的解释是否正确，并进一步分析，引导学生正确理解每句话的含义。之后教师提问：	习近平总书记2016年12月12日在会见第一届全国文明家庭代表时说："尊老爱幼、妻贤夫安、母慈子孝、兄友弟恭、耕读传家、勤俭持家、知书达礼、遵纪守法、家和万事兴等中华民族传统家庭美德，铭记在中国人的心灵中，融入中国人的血脉中，是支撑中华民族生生不息、薪火相传的重要精神力量，是家庭文明建设的宝贵精神财富。"

续表

时长	教学内容	教学行为	思政要点
	苟不教，性乃迁。 如果不进行教育，孩子的本性是会改变的。 教之道，贵以专。 教育的方法，最重要的就是专心致志。 昔孟母，择邻处。 古代孟子的母亲，为了孟子有好的学习和成长环境选择居住场所而三次搬家。 子不学，断机杼。 孟子有一次不想学习逃学回家，孟母就剪断织布机上将要制成的布，告诫孟子不能半途而废一事无成，而要持之以恒。 窦燕山，有义方。 窦燕山用正确的方法教育孩子，使孩子们懂得礼仪孝悌、见识广博。 教五子，名俱扬。 他教导的五个孩子，长大以后都成为很有名的有用之才。"五子登科"是指孩子都很有成就，名扬天下。	1. 你同意"人之初，性本善"吗？ 2. 为什么孩子出生的时候本性都差不多，可是长大以后本性就不同了？ 3. 教育的作用是什么？ 4. 你学习的时候是"专心致志"还是"三心二意"？ 5. 谈谈孟母教育孩子的方法。怎么看"孟母三迁"？ 6. 教育孩子的目的是让孩子将来扬名天下吗？做一个平凡的人、普通的人可以吗？	

续表

时长	教学内容	教学行为	思政要点
25 分钟	养不教，父之过。 父母之养育孩子却不教育孩子，使孩子不爱学习、行为不端、不能成才，是父母的过错。 教不严，师之惰。 老师对学生教育不严格，学生不学习、荒废学业，这是老师太懒惰。 子不学，非所宜。 孩子不学习是不应该的。 幼不学，老何为。 年幼的时候不努力学习，长大了以后会一事无成。 玉不琢，不成器。 玉石不经过反复精细的雕琢，不会成为精美的玉器。 人不学，不知义。 一个人如果不学习，就不会知道礼仪道理。将来就不会成器、成才（学习的过程就像雕琢玉石的过程一样，如果通过学习成为道德品质高尚、知识渊博的人，就是君子，"君子如玉"）。	教师请学生朗读句子并解释含义。请学生谈谈对这些句子的看法。 1. 你同意"养不教，父之过"吗？请谈谈理由。 2. 你觉得"教不严，师之惰"这句话有道理吗？说明理由。 3. 你的父母也会说"小的时候不学习，长大了就什么都干不了"吗？你的父母是怎么鼓励你学习的？ 4. "玉不琢，不成器"这句话是用"玉"来形容什么？ 5. 为什么中国人说"君子如玉"？	习近平总书记在 2015 年春节团拜会上指出："不论时代发生多大变化，不论生活格局发生多大变化，我们都要重视家庭建设，注重家庭、注重家教、注重家风，紧密结合培育和弘扬社会主义核心价值观，发扬光大中华民族传统家庭美德，促进家庭和睦，促进亲人相亲相爱，促进下一代健康成长，促进老年人老有所养，使千千万万个家庭成为国家发展、民族进步、社会和谐的重要基点。"

续表

时长	教学内容	教学行为	思政要点
9分钟	教师带领学生预习课文第二部分： 为人子，方少时。 亲师友，习礼仪。 一个人在年少时应该亲近好的老师和好的朋友（良师益友），学习礼仪道德，尊老爱幼，行为得当。 香九龄，能温席。 孝于亲，所当执。 东汉时候的黄香，九岁就知道在冬天给爸爸温暖床被，让爸爸睡得舒服，特别孝顺。他知道孝顺父母是每个人应该做的。 融四岁，能让梨。 弟于长，宜先知。 东汉时候的孔融，才四岁就懂得兄弟间要谦恭敬让的道理，把大的梨让给哥哥吃。弟弟要尊敬兄长，这一点应该早知道。 首孝悌，次见闻。 知某数，识某文。	请学生下一节课谈谈对下面问题和故事的看法。 1. 道德教育在儿童时代重要吗？ 2. 复述"黄香温席"这个故事。谈谈对这个故事的看法。 3. 复述"孔融让梨"这个故事。你会把大的梨让给别人吃吗？ 4. 为什么中国人认为道德是最重要的，其次才是学习各种知识？	习近平总书记在2014年5月4日的北京大学师生座谈会上的讲话："修德，既要立意高远，又要立足平实。要立志报效祖国、服务人民，这是大德，养大德者方可成大业。同时还得从做好小事、管好小节开始起步，'见善则迁，有过则改'，踏踏实实修好公德、私德，学会劳动、学会勤俭，学会感恩、学会助人、学会谦让、学会宽容、学会自省、学会自律。"
1分钟	总结、布置作业。	1. 课后朗读课文。 2. 朗读并录音《三字经》学过的句子	"中华文明源远流长，蕴育了中华民族的宝贵精神品格，培育了中国人民的崇高价值追求。"——习近平

中国国情 ——《环境保护》

一、课程总览

1. 课程总体情况

【课程名称】中国国情（Chinese Situation）。
【课程类型】选修课。
【教学对象】三年级本科留学生。
【教学课时】每周2课时，两学期共64学时。
【课程学分】每学期2学分，两学期共4学分。
【使用教材】《中国概况教程》，肖立编著，北京大学出版社。
【课程简介】本课程将中国国情知识学习与课程思政相结合，突出以学生为中心、以教师为指导的教学原则，鼓励学生自主学习，探究更多更新的国情资讯，培养学生在充分掌握第一手资料的基础上对热点问题进行综述、分析和评价的能力。通过对本课程的学习，让学生了解中国国家整体概况，理解中国治国理念的基本内涵、中国经济的发展现状、人民的生活方式和思维方式的转变等，以便培养出更多知华友华爱华的国际人才。

【教学内容】课程分为四个部分：中国的自然和人文条件、中国政治、中国经济、中国社会。介绍中国在全面建设小康社会、经济发展、教育改革、文化繁荣、环境保护、生活方式的转变等各方面取得的历史成就，用大量的事实和数据来展现中国当前的现状、机遇和挑战。

【教学目标】使学生了解中国国情国力的最新信息和调查报告，直接掌握中国社会的第一手资料，拓宽学生在中国国情和社会方面的知识面，助其认识真正的中国，增强学生表述中国问题的能力。

二、课程思政教学目标

习近平总书记在2022年1月1日的新年贺词中说："'两个一百年'奋斗目标历史交汇，我们开启了全面建设社会主义现代化国家新征程，正昂首阔步行进在实现中华民族伟大复兴的道路上。……这一年还有很多难忘的中国声音、中国瞬间、中国故事。'请党放心、强国有我'的青春誓言，'清澈的爱、只为中国'的深情告白；'祝融'探火、'羲和'逐日、'天和'遨游星辰；运动健儿激情飞扬、奋勇争先；全国上下防控疫情坚决有力；受灾群众守望相助重建家园；人民解放军指战员、武警部队官兵矢志强军、保家卫国……无数平凡英雄拼搏奋斗，汇聚成新时代中国昂扬奋进的洪流。"习近平总书记的讲话言简意赅，概括了当前中国国情的生动画卷，可以作为课堂上最新的国情材料。中国国情课将习近平总书记的最新讲话和《习近平谈治国理政》的核心要义融入课程内容中，使学生站位更高、视野更广，掌握中国的最新面貌和国家发展的方向，对学生的知识积累、能力培养和未来发展会有很好的促进作用。

本课程以思政教育为目标，以提高国际学生的综合素养和学科视野为宗旨，全面介绍中国国情和社会，使学生能深入了解真正的中国，理解中国核心价值观，树立起正确、积极的中国观。鼓励学生对比中国和世界的情况，促进国际学生之间的互相沟通和交流。课程通过视听说的方式，让学生从多角度多方面立体化理解中国、认识中国，充分了解中国国情，知晓中国政府治国方略，成为具有中国视角、融通中外、具有国际传播能力的高水平国际中文人才。

三、课程思政教学重点和难点

（一）课程思政教学重点

本课程的教学重点是结合习近平总书记的治国理念来介绍中国最新国情。内容包括中国人文地理、中国历史、中国人口、中国的民族、中国的政治体制、中国经济、环境保护、教育改革、人民生活、科学技术、文化产业等。每一课的内容都和习近平总书记的治国理政思想融合起来，潜移默化地让学生理解中国领导人的治国方略，以及中国在现代化道路上政治、经济、文化等各方面取得巨大成就的原因。学生通过讨论、演讲、小组报告等形式参与课堂活动。通过本课程的学习，既能加深学生对中国当前国情和社会的认识，又能切实训练学生的口语表达能力。

（二）课程思政教学难点

中国国情包含的内容丰富，知识点也很细碎，学生不容易把握；有很多专业的词汇和句式以及当前最新的政治经济文化用语，都不在国际汉语教育的常用词汇表中，学生在阅读时会遇到不少语言障碍；有的学生不理解课文的内容，无法完成课后练习题，不能顺畅地表述自己的观点。这些都是中国国情思政教学的难点。解决问题的方案如下：教师精选国情部分内容，用学生听得懂的语言改写部分难度较大的段落，简化知识点；上课的时候给学生列出要点、结构图、关键词；有些特别的专有名词标注出中英双语解释；条件许可的情况下组成留学生和中国学生的"一对一"交流小组，帮助留学生解决学习问题。

四、课程思政教学方法和过程

（一）教学方法

本课程的教学方法包括学生自学、教师讲解、课堂提问、小组讨论、学生演讲。

本课程的学习形式是"视听说"。教师在上课前将学习材料和学习资源都上传到网络平台，学生可以提前预习课文、观看视频、完成练习题。上课的时候教师首先用反映最新中国国情的视频导入新课,请学生分享他们的感想和看法。上课过程中主要由学生来讲这一课的课文,有问题的时候师生一起讨论,对有争议的问题还可以展开辩论。为了了解每个学生的预习情况和对课文的理解程度,教师设计课堂练习题,让学生在规定时间内完成,题型有填空题、选择题、判断题、投票题等,学生的学习效果能从课堂练习题的完成情况和得分中显示出来。为了提高学生主动了解中国国情的积极性,在课堂上定期开展学生的国情调查报告活动,让每个学生都有一次为全班同学介绍最新国情的机会。鼓励学生从新华社、中国政府网、人民网、光明网等权威的网络媒体获取信息,查找资料,可以用视频、PPT 的方式展示最新中国国情。

(二) 教学过程

中国国情的教学过程包括教师线上布置学习任务→学生根据教师的指导预习→完成线上预习练习→上课教师请学生讲解课文→师生问答→就课文的内容展开讨论→师生共同解决问题→学生国情报告。教师跟学生的互动贯穿在教学过程的始终,由学生来讲解课文内容,教师起到指点和帮助的作用。教师的提问有助于厘清课文主要脉络,抓住核心内容。这门课可以督促学生自己主动用各种途径获取中国国情的资料,鼓励学生对比自己国家和中国的国情情况,知己知彼,有利于学生深入了解中国和世界,具备丰富的中国和国际知识,成为拥有开放、探索、包容精神的跨文化交际人才。

附:

中国国情《环境保护》教案

(一) 教学内容

环境保护是世界性的话题,全球变暖、各种地质灾害、环境污染加剧、生态环境失衡都是人类面临的共同问题。中国近些年来在环境保护方面做出了积极的努力和贡献。本课简要概述中国环境保护的现状、问题,以及中国参与全球环境保护方面的举措和规划。

(二) 教学目标

(1) 了解中国环境保护现状。
(2) 了解中国参与全球环境治理的情况。
(3) 了解习近平总书记对中国环境保护问题的观点。
(4) 学生就环境保护问题展开讨论。

(三) 教学对象

各专业具有中高级汉语水平的留学生。

(四) 教学重点、难点

1. 教学重点
(1) 中国环境保护的现状。
(2) 世界环境问题。

（3）习近平总书记关于环境保护的思想。
2. 教学难点
（1）环境保护的术语。
（2）全球环保问题的描述。
（3）如何引入习近平总书记的环保思想。
（五）**教学时长**
100分钟，两节课。
（六）**教学步骤**

时长	教学内容	教学行为	思政要点
10分钟	导入话题： 视频或图片：中国和世界的环保问题。 视频1：全球面临的环保问题。 视频2：地球一小时（Earth Hour）是世界自然基金会（WWF）应对全球气候变化所提出的一项全球性节能活动，提倡于每年三月最后一个星期六的当地时间晚上20：30开始熄灯一小时。	（视频、图片、PPT展示） 引导学生讨论： 1. 地球面临着什么危险？ 2. 中国有什么环保问题？ 3. 你们国家有什么环保问题？ 4. 你会参加"地球一小时"活动吗？	《习近平谈治国理政》（第三卷）：人类是命运共同体，保护生态环境是全球面临的共同挑战和共同责任。（第360页） 《习近平谈治国理政》（第二卷）：生态环境特别是大气、水、土壤污染严重，已成为全面建成小康社会的突出短板。扭转环境恶化，提高环境质量是广大人民群众的热切期盼。（第389~390页）
10分钟	中国环境概况： 中国宪法明确规定："国家保护和改善生活环境和生态环境，防止污染和其他公害。"中国刑法还对破坏环境资源罪有专门规定。2005年中国政府制定了《国家突发环境事件应急预案》，对突发环境事件的报告、处理、分析和发布，提出明确要求。预案涉及水污染、大气污染、危险化学品污染、核与辐射污染等各种情况。	教师带领学生朗读，之后提问： 1. 中国宪法对环境保护有什么规定？（"国家保护和改善生活环境和生态环境，防止污染和其他公害。"） 2. 中国刑法规定了和环境相关的什么罪？（破坏环境资源罪） 3. 国家突发环境事件包括哪些方面？（水污染、大气污染、危险化学品污染、核与辐射污染）	《习近平谈治国理政》（第二卷）：生态环境破坏和污染不仅影响经济社会可持续发展，而且对人民群众健康的影响已经成为一个突出的民生问题，必须下大力气解决好。（第392页）

续表

时长	教学内容	教学行为	思政要点
	中国的环境管理体制是：各级政府对当地环境质量负责，环保部门统一监督管理。中华人民共和国环境保护部在2018年3月改组为中华人民共和国生态环境部。	4. 各级政府对什么负责？（当地环境质量） 5. 现在中国政府的哪一个部门负责环境保护问题？（中华人民共和国生态环境部）	树立"绿水青山就是金山银山"的强烈意识。加快推动绿色、循环、低碳发展，形成节约资源、保护环境的生产生活方式。建设美丽中国，维护全球生态安全。（第393页）
30分钟	介绍《2020年中国环境状况公报》： 《公报》重点介绍了2020年中国大气、淡水、海洋、土壤、自然生态、辐射、气候变化与自然灾害等内容。 《公报》显示，全国337个地级及以上城市平均优良天数比例为87.0%，细颗粒物浓度PM2.5为33微克/立方米，同比下降8.3%。PM10年平均浓度为56微克/立方米，同比下降11.1%。全国各地蓝天的天数显著增多。打赢了"蓝天保卫战"。 淡水环境方面，全国地表水水质优良比例为83.4%，地下水水质良好，城市生活用水达标。重点水利工程水质为优。 全国已建立国家级自然保护区474处，国家级风景名胜区244处，国家地质公园281处，国家海洋公园67处。 2020年，全国平均气温10.25℃，比常年偏高0.7℃。全国平均降水量比常年偏多。中国气象灾害总体偏轻。其中暴雨洪涝灾害偏重，旱情比常年偏轻，台风偏少。	（视频、图片、PPT展示） 说明： 中国每年都发布上一年的环境状况，对中国的环境进行动态跟踪和科学监测。 提问： 生态环境主要包括哪些内容？ PM2.5指的是什么？ PM10指的是什么？ 打赢了"蓝天保卫战"在这里是什么意思？ 水质、城市生活用水需要有什么样的要求？ 为什么要建立国家自然保护区？ 你去过哪些中国的风景名胜区？有什么感想？ 人类怎样面对全球变暖？ 人类怎样面对自然灾害？	人类发展活动必须尊重自然、顺应自然，否则就会遭到大自然的报复。（第394页） 正确处理经济发展和生态环境保护的关系，像保护眼睛一样保护生态环境，像对待生命一样对待生态环境，坚决摒弃损害甚至破坏生态环境的发展模式，坚决摒弃以牺牲生态环境换取一时一地经济增长的做法。让良好生态环境成为人民生活的增长点，成为经济社会持续健康发展的支撑点，成为展现我国良好形象的发力点，让中华大地天更蓝、山更绿、水更清、环境更优美。（第395页） 加大环境污染综合治理，要以解决大气、水、土壤污染等突出问题为重点，全面加强环境污染防治。（第396页）

续表

时长	教学内容	教学行为	思政要点
	二氧化碳（CO_2）排放量比2015年下降18.8%，超额完成"十三五"下降18%的目标。 全国城市生活垃圾无害化处理能力和城市污水处理能力显著提高。很多城市实施了垃圾分类制度。 《公报》显示，2020年，全国大气和水环境质量进一步改善，海洋环境总体稳中向好，生态系统格局总体稳定，核与辐射安全有效保障，人民群众切实感受到生态环境质量的积极变化。	二氧化碳排放对地球有什么影响？ 你的城市是怎么处理垃圾的？ 怎么看待垃圾分类？ 你认为中国的生态环境还应该改善哪些方面？	生态环境问题，归根结底是资源过度开发、粗放利用、奢侈浪费造成的。资源开发利用既要支撑当代人过上幸福生活，也要为子孙后代留下生存根基。要树立集约循环利用的资源观，用最少的资源环境代价取得最大的经济社会效益。 倡导推广绿色消费。加强生态文明宣传教育，强化公民环境意识，推动形成节约适度、绿色低碳、文明健康的生活方式和消费模式，形成全社会共同参与的良好风尚。
20分钟	工业污染防治： 工业污染是指工业生产过程中所形成的废气、废水和固体排放物对环境的污染。污染主要是由生产中的"三废"（废水、废气、废渣）及各种噪声造成的。工业生产排放的废水、废气、废渣是当今污染环境的主要因素。它严重污染河流、土壤、地下水、大气，破坏环境，损害建筑物和设备，危及人类健康和生存。二氧化碳大部分来自化石能源的燃烧和利用，中国正在逐步减少对煤炭的利用，用清洁能源替代煤炭。	（视频、图片、PPT展示） 提问： 为什么工业污染防治很重要？ 什么是"三废"？ 怎么处理"三废"问题？ 你的国家是怎么解决工业污染防治问题的？ 为什么中国逐步减少对煤炭的利用？ 什么是"清洁能源"？	《习近平谈治国理政》(第三卷)：坚决打好污染防治攻坚战。加快形成绿色发展方式，是解决污染问题的根本之策。只有从源头上使污染物排放大幅降下来，生态环境质量才能明显好上去。 绿色生活方式涉及老百姓的衣食住行。要倡导简约适度、绿色低碳的生活方式，反对奢侈浪费和不合理消费。

续表

时长	教学内容	教学行为	思政要点
	中国实行严格的核与辐射环境安全管理。1984年，国务院决定成立国家核安全局，并赋予其监督管理中国民用核设施安全的职责和重任。中国建立了一套既与国际接轨，又符合中国国情的核与辐射安全监管体系，目前共有运行的核电站10座、在建的核电厂4座，没有出现重大核安全问题。核电占全国累计发电量的4.94%。	怎么看待建设"核电站"？ 你支持建设更多的"核电站"吗？请谈谈原因。	当前，重污染天气、黑臭水体、垃圾围城、农村环境已成为民心之痛、民心之患，严重影响人民群众生产生活，老百姓意见大、怨言多，甚至成为引发社会不稳定的重要因素，必须下大力气解决好这些问题。 坚决打赢蓝天保卫战是重中之重。以北京为重点，基本消除重污染天气，还老百姓蓝天白云、繁星闪烁。（第366~368页）
9分钟	中国环保民间组织发展迅速。1978年中国环境科学学会成立。1994年"自然之友"成立，保护金丝猴和藏羚羊。1995年"绿色江河"在四川成立，保护长江源的生态环境和生物多样性。1999年"北京地球村"开展绿色社区试点。	（视频、图片、PPT展示） "自然之友"的任务是什么？ "绿色江河"的任务是什么？ 在你的国家有什么民间环保组织？起到什么作用？	习近平主席在2021年10月《生物多样性》第十五次缔约方大会领导人峰会上发言：中国正式设立三江源、大熊猫、东北虎豹、海南热带雨林、武夷山等第一批国家公园，启动北京、广州等国家植物园体系建设。
20分钟	环保领域的国际合作： 中国重视环境保护领域的国际合作，积极参与联合国等国际组织开展的环境事务。中国参加了《联合国气候变化框架公约》及其《京都议定书》等50多项设计环境保护的国际公约，并积极履行这些条约所规定的义务。中国加强和推动与其他国家的环保合作，先后与42个国家签署合作协议，帮助一些国家开展环境专业人员培训。	(视频、图片、PPT展示) 中国在环境保护国际合作方面还应该做些什么？ 可以为了环境保护而降低经济发展速度吗？ 所有国家的环境保护标准是否应该一致？	《习近平谈治国理政》（第三卷）：生态文明建设关乎人类未来，建设绿色家园是人类的共同梦想，保护生态环境，应对气候变化需要世界各国同舟共济、共同努力。任何一国都无法置身事外、独善其身。我国已成为全球生态文明建设的重要参与者、贡献者、引领者，主张加快构筑崇尚自然、绿色发展的生态体系，共建清洁美丽的世界。要深度参与全球环境治理，增强我国在全

续表

时长	教学内容	教学行为	思政要点
	2020年，中国政府向世界宣告中国环保行动目标：中国二氧化碳排量放力争于2030年前达到峰值（碳达峰），努力争取2060年前实现二氧化碳"净零排放"（碳中和）；到2030年，中国单位GDP二氧化碳排放量将比2005年下降65%以上，非化石能源占一次能源消费比重将达到25%左右，森林蓄积量将比2005年增加60亿立方米，风电、太阳能发电总装机容量将达到12亿千瓦以上。 习近平主席在2021年10月12日的《生物多样性公约》第十五次缔约方大会领导人峰会上发言：绿水青山就是金山银山。要有创新、协调、绿色、开放、共享的新发展理念，共同构建地球生命共同体，共同建设清洁美丽的世界。	什么叫"碳达峰"？ 什么叫"碳中和"？ 你怎么看待风能发电、太阳能发电？ "绿水青山就是金山银山"的意思是什么？ "新发展理念"有什么特点？ 你怎么理解"地球生命共同体"？	球环境治理体系中的话语权和影响力，积极引导国际秩序变革方向，形成世界环境保护和可持续发展的解决方案。要坚持环境友好，引导应对气候变化国际合作，要推进"一带一路"建设，让生态文明的理念和实践造福沿线人民。（第364页） 习近平主席在2021年10月12日《生物多样性公约》第十五次缔约方大会领导人峰会上发言：良好生态环境既是自然财富，也是经济财富，关系经济社会发展潜力和后劲。我们要加快形成绿色发展方式，促进经济发展和环境保护双赢，构建经济与环境协同共进的地球家园。
1分钟	总结。	布置下一讲预习任务。	绿水青山就是金山银山。——习近平

当代中国话题——《家庭是社会的细胞》

一、课程总览

【课程名称】当代中国话题。

【课程类型】必修课（经贸方向学生除外）。

【课程目标】"当代中国话题"是一门将语言教学与文化理解结合在一起的课程，因此其课程目标可从语言技能训练和文化理解两方面来设定。

在语言技能方面，课程以当代中国的热门话题（比如读万卷书行万里路、城市情调空间、身心健康、大学生就业、中国家庭、财富观等）为对象，兼顾高级阅读和高级口语表达。"读"与"说"并重，以"读"导入并充实"说"，以"说"检验并深化"读"，力图培养学生高层次的阅读与口语表达能力。

在国情文化方面，学生可以通过热门话题的阅读与口语表达，全面了解中国社会。

【教学对象】四年级本科留学生。

【学时】每周4课时。

【教学安排】每个话题包括两部分：阅读与口语表达，平均用时8课时。在阅读阶段，学生通过阅读当下国内主流媒体的新闻报道，一方面加深对中国社会的了解，另一方面提升其汉语新闻的阅读能力；在口语表达阶段，学生须使用正式语体进行高级口语表达（主要形式：讨论、演讲和辩论），要求观点明确、结构合理、条理清晰、逻辑性强、表达流畅。教师针对学生的口语表达进行讲评，并提供相关建议。

【教学方法】讲授、问答、讨论。

二、课程思政教学目标

当代中国话题课既是一门语言技能课，也是一门中国国情课，因此，本课程思政内容主要体现在话题内容方面。下面将以《家庭是社会的细胞》为例分析本课程思政的教学目标。

（1）注重家庭、家教、家风。家庭和睦则社会安定，家庭幸福则社会祥和，家庭文明则社会文明，因此应该重视并正确看待家庭与社会之间的关系。家庭是孩子的第一个学校，父母是孩子的第一任老师。在家庭教育中，最重要的是对孩子道德品质的教育，即关于如何做人的教育。家风是指一个家庭或家族的传统风尚或作风，它不仅会造福当代，也会惠及后人。因此要注重家庭、家教、家风。

（2）了解中华民族传统文化中的精华。在分析家庭与社会的关系时，让学生领略中国传统儒家思想中"修身、齐家、治国、平天下"的人生奋斗目标；在分析一个人的品质时，让学生懂得中国传统文化中"仁、义、礼、智、信"的含义。

三、课程思政教学重点和难点

（一）课程思政教学的重点

（1）家庭与社会的关系。
（2）正确理解家庭在子女品质修养方面起到的作用（包括对对中国文化中"修身、齐家、治国、平天下"的理解）。
（3）理解"家庭是孩子的第一所学校"。
（4）从个人和社会两个层次理解"家和万事兴"。
（5）注重家庭、家教、家风。

（二）课程思政教学的难点

（1）《礼记》关于"修身、齐家、治国、平天下"的论述。

作者引用《礼记》中"修身、齐家、治国、平天下"的内容，揭示了中国人对身、家、国、天下之间关系的理解，强调一个人要想在社会上立足并干出一番事业，首先要从"修身"开始，而"修身"的主要场所为家庭。由于《礼记》为古代文献，且学生的文化背景各异，这就给留学生理解中国文化中的身、家、国、天下之间的关系带来了一定的困难。

（2）中国传统文化中的"仁、义、礼、智、信"。

在论述构建美好现代家庭时，作者引用古人的"仁、义、礼、智、信"来说明中国美好家庭建设的传统文化基础。由于涉及中国传统文化，因此，对于来自世界各国的留学生来说，该项也是课程思政教学的难点之一。

四、课程思政教学方法和过程

《家庭是社会的细胞》教案

（以第一次课为例，2课时，阅读课）

教学过程	思政要点
一、引入（15分钟） **热身话题** 1. 请用一句话概括"家是什么"？ 2. 家在孩子成长过程中起到的作用大不大？请结合自己的例子说明你在哪些方面受到了家庭的影响？受到了怎样的影响？ 3. 家庭与社会是怎样的一种关系？ 老师：请同学们思考以下两个问题：（展示PPT） 学生1：家就是亲人，家就是爸爸妈妈姐妹。 学生2：一提到家，我就感到很自由。 学生3：家很安全。 学生4：家是让我们无论走多远都想回到的地方，不管遇到什么困难，都能给我支持与安慰的地方。 …… 老师：大家从不同角度概括出了"家"的各种特点，非常好。家与房子不同，房子侧重于物质建筑，而家却侧重于人的存在。下面就来说一说家里的人，尤其是爸爸妈妈在我们成长的过程中都起到了哪些作用？ 学生1：教会我们吃饭、走路等基本生活能力。 学生2：父母爱干净，我也爱干净；父母爱看书，我也爱看书。 学生3：父母教会我怎么处理人际关系。他们的一言一行都是孩子模仿的对象，家长是榜样。 学生4：父母教会我尊老爱幼，助人为乐。 …… 老师：在孩子成长的过程中，父母是孩子的第一任老师，家庭是孩子的第一所学校，父母在很多方面对孩子成长产生着重要影响，具体有哪些影响，大家可以结合课文加以理解。 第三个问题："家庭与社会是怎样的一种关系"？ 学生1：社会是由许多的家庭组成的，没有家庭就没有社会。 学生2：家庭好，社会才会稳定；如果家庭不好，社会就可能不稳定。 …… 老师：同学们思考得非常深入，表达得也很准确。中国有句话："家是最小国，国是千万家。"家是构成社会的基本细胞，没有家庭就无法构成社会。今天我们将一起探讨家庭对社会的重要作用。	对家庭教育的内容进行初步探讨，理解家庭教育的重要性。

续表

教学过程	思政要点
二、生词 1. 齐读生词 缩影、风尚、传承、典籍、格物、端正、论断、企望、贡献、一点一滴、克勤克俭、取之不尽、用之不竭、以身作则、榜样、为人处世、遵纪守法、幸事、一蹴而就、一朝一夕、耳濡目染、逐渐、收拾、质疑、情操、正能量。 2. 重点讲解 （1）格物：探究万物的规律。 （古文中使用，现代汉语较少出现，了解词的含义） （2）克勤克俭：既能勤劳，又能节俭。克：能够。 例：尽管现在日子富裕了，她还是保持着克勤克俭的习惯。 （3）取之不尽、用之不竭：形容财富、资源等极其丰富。二词经常连用。 例：自然资源不是取之不尽、用之不竭的，我们必须要合理利用。 （4）以身作则：把自己的行为作为对方学习的榜样。 例：作为领导，在工作中必须以身作则才能带动大家一起进步。 （5）为人处世：指做人与处理事情的观念、方法、行为等。 例：他为人处世很真诚，大家都愿意和他做朋友。 （6）遵纪守法：遵守纪律和法律。 例：要让孩子养成遵纪守法的好习惯，父母必须以身作则。 （7）一蹴而就：踏一步就会成功，比喻事情很容易做。常用于否定句。 例：做学问不可能一蹴而就，必须踏踏实实进行学习和研究。 （8）一朝一夕：早上和晚上，借指很短的时间。常用于否定句或反问句。 例：任何一种观念都不是一朝一夕形成的，而观念的改变也是一个长期的过程。 （9）耳濡目染：耳朵经常听到，眼睛经常看到，不知不觉地受到影响。 例：他生长在书香门第，父母都热爱文学，他从小耳濡目染，文学修养也不错。	
三、课文 说明：课文讲解按段进行，学生先读，然后根据阅读提示回答问题，理解课文内容。 第1段 老师：请同学们用40秒的时间快速阅读第1段，回答（展示PPT）： （学生阅读第1段） 第1段（40秒） 1. 用一句话来概括家庭与社会之间的关系。 2. 对于一个国家来说，良好的家庭关系与家庭风尚具有什么重要作用？为什么？	

续表

教学过程	思政要点
老师：请同学们用一句话来概括家庭与社会之间的关系。 学生：社会是由千千万万个家庭组成的，家庭是社会的细胞。 老师："家庭是社会的细胞"是一种比喻的表达形式，人体由千千万万个细胞组成，社会就像人体一样，是由千千万万个家庭组成的。然而，就像人体与细胞的关系一样，如果想要健康，那么就必须保证每个人体细胞都是正常的；如果细胞出现了问题，那么也就意味着这个人的健康出现了问题。因此，每个国家都会提倡要建立良好的家庭关系，树立良好的家庭风尚，为什么呢？ 学生：不仅能够给家庭带来幸福，而且能够利国利民，促进整个社会的繁荣与发展。 老师：也就是说，建立良好的家庭关系、树立良好的家庭风尚对家庭和社会都有好处。那么，为什么良好的家庭关系与家庭风尚会具有这些作用呢？ 学生：家庭文明状况不仅是社会文明状况的缩影，而且可以影响甚至改变社会风气。 老师："缩影"一词表达的是反映与被反映的关系，即：家庭文明状况可以反映整个社会文明的状况，或者社会文明可以通过家庭文明反映出来。后半句强调的是家庭文明对社会风气的作用——影响甚至改变社会风气。怎么理解呢？ 中国领导人习近平主席曾经说："家庭是社会的基本细胞，千千万万个家庭的家风好，子女教育得好，社会风气好才有基础。"家庭与社会之间的关系是："家庭和睦则社会安定，家庭幸福则社会祥和，家庭文明则社会文明。"这些都是对"影响甚至改变社会风气"的最好诠释。习近平主席不仅在说，也在做。请看下面的几幅图片。（展示三幅习近平主席的图片） 里面的主角是谁？ 学生：中国国家主席习近平。 老师：是的。在习近平主席办公室里，在醒目的位置上摆放着很多不同年代的家庭生活照。比如：习近平主席拉着母亲的手，陪母亲在公园里散步；习近平主席用轮椅推着年老的父亲，和妻子、女儿一起散步。这两张照片向社会传递出什么家庭观念或价值观？ 学生：孝敬老人。 老师：珍视家庭、孝敬父母这一中华民族传统美德深深植根在习近平主席心中，他是一位非常重视家庭、家风、家教的领导人。领导人在这方面的影响力是不可小看的，领导人为中国家庭做出了表率，所以中国千千万万个家庭也会为其点赞、效仿他，如果千千万万个家庭都重视家庭、家风、家教，社会风气自然会好。	将习近平主席有关家庭的论述嵌入到教学中，说明家庭文明对社会风气的作用。 方法：引用。 结合习近平主席的有关照片，使学生了解习近平主席，了解习近平主席重视家庭、家风、家教的思想。 方法：引用。

续表

教学过程	思政要点
课文的第一个小标题：家庭是我们立足于社会的基础 老师：（展示PPT）请大家读文章的第一个小标题，并理解这句话的含义。  一、家庭是我们立足于社会的基础  学生：家庭是我们立足于社会的基础。如果想在社会上站住脚，有一番作为，那么家庭将起到很大的作用。 **第2段** 老师：请同学们用3分30秒的时间快速阅读第2段，理解（展示PPT）： （学生阅读第2段） 第2段（3分30秒） 1. 作者引用哪部古书来证明"家庭是我们立足于社会的重要基础"这个道理？ 2. 在"修身、齐家、治国、平天下"这一著名论断中，哪一项是基础？ 3. "一屋不扫，何以扫天下"这句话包含着什么道理？ 老师：第2段的第一句话即为这一段的中心句，也是作者的观点，认为一个人的幸福与否和成功与否在很大程度上取决于他的家庭。为了证明这个观点，作者引用了哪部古书中的内容？ 学生：《礼记》。 老师：《礼记》记载了先秦礼制的重要典章制度，体现了儒家最重要的思想观念，是研究中国儒家思想与先秦社会的重要资料。《礼记》中的那段著名的话大家读懂了吗？ 学生：没有。（注：课文有难度，因为是古文，因此很可能答不上来） 老师：由于是古文，所以老师读一下原文，然后解释句子的含义。 （老师读《礼记》中的古文："古之欲明明德于天下者，……国治而后天下平。"）这段话主要解释了"修身、齐家、治国、平天下"之间的逻辑关系。	

续表

教学过程	思政要点
古代想要在天下弘扬光明正大品德的人，先要治理好他的国家；要想治理好他的国家，要先管理好他的家庭家族；要想管理好他的家庭家族，就先要修养他的品性；要想修养他的品性，就要先端正他的思想；要想端正他的思想，就先要使他的意念真诚；要想使他的意念真诚，就要先获得知识，获得知识的途径在于认识和研究万事万物。通过对万事万物的认识与研究从而获得知识，获得知识后才能意念真诚，意念真诚后才能思想端正，思想端正后自身的品性才能修养好，自身的品性修养好了以后才能管理好家庭家族，管理好家庭家族以后才能治理好国家，治理好国家以后才能使天下太平。 　　这是中国儒家思想中知识分子特别推崇的信条，是几千年来无数读书人的最高理想，也是他们的人生奋斗方向。简单来说，即以自我完善为基础，治理家庭，进而平定天下。 　　在"修身、齐家、治国、平天下"这一著名论断中，哪一项是基础？ 　　学生：修身。 　　老师：修身，即修养品德品性。而修身发生的重要场所是在哪里呢？家庭、社会还是学校？ 　　学生：家庭。 　　老师：这段话说明了什么道理？可以从课文中找出来。 　　学生：家庭是我们立足于社会的重要基础。 　　老师：以上是从正面论述家庭对于个人立足社会的影响，下面则从反面来论述，作者在此引用了中国的哪句古话？ 　　学生：一屋不扫，何以扫天下？（齐答） 　　老师：这句话是什么意思？包含着什么道理？ 　　学生1：连一间屋子都不打扫，怎么能够治理天下呢？ 　　学生2：一个人必须从一点一滴的小事做起，才能成就一番大事业。 　　老师：非常好！这句话背后还有一个典故。东汉时期，有个人叫陈蕃，他学识渊博，胸怀大志，少年时代发愤读书，并且以天下为己任。一天，他父亲的一位老朋友前来做客，见他的院子杂草丛生、杂物满地，就对他说："你怎么不打扫一下屋子，来招待宾客？"陈蕃回答："大丈夫做事情，应当以扫除天下的祸患这件大事为己任。为什么要在意一间房子呢？"薛勤当即反问道："一屋不扫，何以扫天下？"陈蕃听了无话可说，觉得很有道理。这个故事告诉我们什么道理？ 　　学生：心怀大志是好事，但一定要从生活中的一点一滴做起，从现在做起。 　　老师：理解得非常好！也希望我们在座的各位同学铭记这一点。 　　这一段作者通过引用古文从正、反两个方面对观点进行了论述，强调家庭对于子女成才的重要性，是子女立足于社会的基础。	通过讲解，一方面使学生认识中国传统文化包含着的精神财富（修身、齐家、治国、平天下），另一方面使其认识到家庭对于个人能够立足于社会的重要意义。 　　方法：讲解。

续表

教学过程	思政要点
第 3 段 老师：请同学们用 1 分钟的时间快速阅读第 3 段，理解（展示 PPT）： （学生阅读第 3 段） > **第 3 段（1 分钟）** > 1. 什么是家庭给予子女最宝贵的财富，同时也是他们在社会中的立身之本？ > 2. 现代家庭更美好的表现有哪些？ > 3. 重点词语："不一而足""取之不尽，用之不竭"。 老师：什么是家庭给予子女最宝贵的财富，同时也是他们在社会中的立身之本？ 学生：一个人良好的品质。 老师：对！虽然学校也会开一些课程，比如思想品德课，教我们怎么做人做事，但家庭教育却是孩子成长的重要基础，学校的道德教育是家庭教育的补充。 　　良好的品质也是一个人在这个社会上立足或存在的根本。一个受过良好家庭教育的人，品德高尚、容易成功，而一个没有受过良好家庭教育的人，道德败坏，不仅可能损人而且还可能会害己。 　　现代家庭更美好的表现有哪些？大家齐读这部分内容。 学生：或家庭和睦，邻里友爱；或克勤克俭，勤劳致富；或本分做人，尽职做事；如此等等，不一而足。 老师：这部分内容包括哪些方面呢？ 学生：家庭内部要和睦相处，不吵架。跟邻居要友爱，互相帮助。 学生：要勤劳致富，不要懒惰，还要勤俭持家，不要浪费，不过奢侈的生活。 学生：做人要老实本分，做事要尽职尽责，做好本职工作。 老师："如此等等，不一而足"，说明现代家庭更美好的表现只限于以上三个部分吗？ 学生：不是，还有很多。 老师：哪个词表达数量还很多？ 学生：不一而足。 老师：那么，大家还能举出其他方面的表现吗？ 学生：……（如果对中国家庭不够了解，回答此题是有难度的） 老师：比如：尊老爱幼、母慈子孝、兄友弟恭、知书达礼、遵纪守法…… 　　这些良好的品质，不仅会使人一辈子受益，同时也会成为推动社会向前发展的取之不尽、用之不竭的宝贵财富。这里的"取之不尽、用之不竭"形容的是什么？ 学生：这种宝贵财富十分丰富。 老师：非常好！请同学们掌握"不一而足""取之不尽、用之不竭"这些成语，并尽量运用在后面的口语表达中。	做事不要好高骛远，而是要脚踏实地，从小事做起，从现在做起。 **方法**：引用、讲解。

续表

教学过程	思政要点
下面思考：怎样才能让现代家庭更美好？我们应该提倡哪些价值观？ 学生：古有仁、义、礼、智、信，今有勤、孝、谦、和、思。 老师：古代传统文化中的精华我们要继承和发扬，让它在现代社会中继续保持旺盛的生命力，比如"仁、义、礼、智、信"。大家知道它的含义吗？ 学生：仁是仁爱，礼是礼貌，智是聪明，信是守信用。（学习能力强、学过古汉语的同学来回答） 老师：回答得非常好！老师帮助大家简单认识中国古代的仁、义、礼、智、信。 仁：仁爱，有爱心，别人遇到困难，要去帮助别人。义：正义，就是做该做的事情，比如有人落入水中，去救就是一种正义的做法，比如有小偷在偷东西，你去制止他，那也是一种正义之举。正义，就是可能面临着自身利益受损而去做该做的事情（救他人可能自己没上岸，制止小偷偷东西，可能自己会被小偷手中的匕首刺伤），所以虽然并不是人人都能做到义，但在中国文化中却对义非常重视。礼：礼仪，人与人之间讲究礼仪，讲礼貌。智：崇尚知识，追求真理。信：诚实守信，说话算话。 跟古代相比，现在提倡的价值观有哪些呢？ 学生：勤、孝、谦、和、思。 老师：它们是什么意思？ 学生：勤：勤奋、勤劳。孝：孝顺。谦：谦虚。和：和气、和谐。思：好学、善于思考。 老师：古人推崇的价值观与现代人推崇的价值观有相同的地方，比如"智"与"思"，也有不同的地方，所以，二者相辅相成，互相补充，互相促成，共同使现代家庭更美好。从这里可以看出，深厚的文化积淀为现代家庭提供了丰富的营养，正如很多国家的传统文化也可以为现代社会提供营养一样，我们要珍惜传统文化。 **课文的第二个小标题：家庭是孩子的第一所学校** 老师：在人的一生中，我们一般会经历三个教育阶段：家庭教育、学校教育和社会教育。其中，家庭教育是人生教育的基础，是伴随人一生的教育。习近平主席指出："家庭是人生的第一所学校，家长是孩子的第一任老师，要给孩子讲好'人生第一课'，帮助扣好人生第一粒扣子。"那么，"人生第一课"都有哪些内容呢？家长又应该怎样帮孩子"扣好人生的第一粒扣子"呢？	正确认识家庭教育和学校教育的关系。 方法：讲解。 使学生认识中华民族的家庭美德，并且结合"如此等等，不一而足"进行适当的内容拓展，比如尊老爱幼、妻贤夫安、母慈子孝、兄友弟恭、知书达礼、遵纪守法、家和万事兴等。使学生进一步理解中华民族传统家庭美德，"铭记在中国人的心灵中，融入中国人的血脉中，是支撑中华民族生生不息、薪火相传的重要精神力量，是家庭文明建设的宝贵财富。" 方法：讲解。

教学过程	思政要点
 二、家庭是孩子的第一所学校 习近平指出："家庭是人生的第一所学校，家长是孩子的第一任老师，要给孩子讲好'人生第一课'，帮助扣好人生第一粒扣子。" **第 4 段** 老师：请同学们用 1 分 30 秒的时间快速阅读第 4 段，理解（展示 PPT）： （学生阅读第 4 段） 第 4 段（1 分 30 秒） 1. "家庭是孩子的第一所学校，父母是孩子的第一任教师"强调的是什么的重要性？ 2. 家庭会在哪些方面影响孩子的成长？ 3. 父母是怎样影响孩子的？ 4. 在孩子在成长中，应该学会哪些为人处世的方法？ 5. 重点词语："举足轻重""以身作则""潜移默化"。 老师：首先，"举足轻重"这个成语表达的是家庭教育对孩子的成长起的作用怎么样？ 学生：非常重要。 老师："家庭是孩子的第一所学校，父母是孩子的第一任教师"强调的是什么的重要性？请注意"学校""教师"这些关键词。 学生：家庭教育。 老师：孩子的哪些方面是在家庭中学会的？（即"人生第一课"） 学生：思想品德、生活方式、人生观念。 老师：非常好！现在组成小组，说一说你在成长过程中受到了父母哪些方面的影响。 （学生 3~4 人一组，进行话题交流） 老师：根据大家交流的情况，我们还可以增加一些内容，比如"生活能力"（即吃饭、穿衣、说话、走路）、"交际原则"（如何与他人相处）、价值观，等等。 那么，作者认为，父母在孩子面前应该怎么做？ 学生：以身作则。	通过讲解使学生认识中国传统文化中的重要价值观——仁、义、礼、智、信，了解现今社会的价值观——勤、孝、谦、和、思。 方法：讲解。 结合习近平主席的讲话让学生体会家庭教育的重要性。 方法：引用。

续表

教学过程	思政要点
老师:"以身作则"是什么意思？ 学生:要用自身的行为作孩子的榜样。比如要想让孩子多读书，家长就不要在旁边玩游戏。 老师:非常好。作者认为教育孩子的方式一般可以分为"身教"和"言教"，这是什么意思？ 学生:"身教"就是用行动、行为教育孩子，"言教"就是用语言教育孩子，即讲道理。 老师:作者认为"身教"和"言教"哪个更重要？ 学生:身教。 老师:是的。那么"潜移默化"强调了父母对孩子的影响具有什么特点？ 学生:是不知不觉的。 老师:这就要求家长要时时刻刻注意自己的每句话、每个行为，因为孩子会模仿。 在孩子在成长中，应该学会哪些为人处世的方法？ 学生:养成尊老爱幼的传统美德、遵纪守法的行为规范、乐观向上的生活态度。 老师:"为人处世"就是一个人做人做事的观念、方法、行为等。尊老爱幼、遵纪守法、对生活乐观向上，不仅是中国家庭推崇的价值观，很多国家的家庭也是这样教育孩子的。想想自己的父母是不是也这样教育过你呢？虽然各种文化之间存在着差异，但有些价值观却是相通的。如果大家感兴趣，可以在口语表达环节对比不同国家家庭价值观的异同。 如果每个孩子都能具有健全的人格和良好的习惯，那将是孩子与社会的双重幸事。"双重幸事"指的是什么？ 学生:对孩子与社会来说都是非常幸运的事情。 老师:非常好！因此，我们每个国家都应该充分认识到家庭教育的重要性。 **第5段** 老师:请同学们用1分40秒的时间快速阅读第5段，理解（展示PPT）: （学生阅读第5段） 第5段（1分40秒） 1. "家庭教育既非一蹴而就之事，也非一朝一夕之功"的意思是什么？ 2. 父母要培养孩子哪些方面的素质或能力？ 3. 重点词语:"耳濡目染""正能量"。 老师:家庭教育固然重要，但做起来却不是一件容易、轻松的事情。课文中是怎么表达的？ 学生:家庭教育既非一蹴而就之事，也非一朝一夕之功。	

续表

教学过程	思政要点
老师：这句话强调了什么？ 学生：家庭教育既需要努力，也需要时间。 老师：理解得非常好！"一蹴而就"指做事怎么样？ 学生：很容易，一下子就能成功。 老师："一朝一夕"指的是时间长还是短？ 学生：时间短。 老师：作者认为家庭教育既不是很容易做到的事，也不是在短时间内能够完成的，而是需要长期的熏陶和积淀。 而父母对孩子良好行为习惯的培养，往往是通过什么方式来实现的？ 学生：耳濡目染的方式。 老师："耳濡目染"跟上一段中的哪个成语意思相近？ 学生：潜移默化。 老师：非常好。"潜移默化""耳濡目染"都强调了不知不觉的特点，但谁能分辨二者的不同之处？ 学生："潜移默化"强调的是慢慢的不知不觉的影响，不强调影响的方式，而"耳濡目染"虽然也是长时间的不知不觉的影响，但"耳""目"强调了影响的方式，是长时间听、看而形成的影响。前者多指性格或习惯，后者多指在技能方面受到的影响。（汉语水平较好的同学回答） 老师：区分得非常到位！希望大家在使用这两个成语时注意二者的区别。父母要培养孩子哪些方面的素质或能力？ 学生：行为的对错、基本的道理、自己的事情自己做、自己的问题自己解决等。 老师：如果孩子具备了高尚的品德与情操，那么给社会带来的是正能量还是负能量？ 学生：正能量。 老师：大家能从下面的选项中挑选出正能量吗？ A. 好逸恶劳　　B. 艰苦奋斗　　C. 爱岗敬业　　D. 助人为乐 学生：BCD 都是正能量，A 不是。 老师：A 这个成语怎么读？是什么意思？ 学生：愿意过舒服的生活，而不喜欢劳动。这是个贬义词。 老师：非常好！	从中国传统的家庭美德推广到不同文化的家庭美德，缩小中外文化差距，使学生亲近中国、亲近中国文化。 方法：讲解。 认识到家庭教育的复杂性和长期性。 方法：问答。 结合"正能量"一词，帮助学生分辨是非，树立正确的价值观。 方法：问答。
四、课堂小结 老师：今天阅读的课文主要包括三部分内容。第一部分是课文的开头，说明了家庭与社会的关系。请同学们用一句话概括一下。 学生：社会是由千千万万个家庭组成的，家庭是社会的细胞。	

续表

教学过程	思政要点
老师：第二部分重点说明了"家庭是我们立足于社会的基础"。作者首先从正面引用《礼记》中的话来证明这个道理。其中在"修身、齐家、治国、平天下"中，哪一项是其他三项的基础？ 学生：修身。 老师：修身主要在哪儿修？ 学生：家庭。 老师：因此，如果修身都修不好，那么，他就很难在社会上站住脚，干出一番事业来。 接着作者又从反面引用了"一屋不扫，何以扫天下"这句话，它包含着什么道理？ 学生：一个人必须从一点一滴的小事做起，才能成就一番大事业。 老师：第三部分重点说明"家庭是子女的第一所学校"。其中，家庭会在哪些方面影响孩子的成长？ 学生：思想品德、生活方式、人生观念。 老师：作者提倡的教育方式是什么？ 学生：以身作则，身教重于言教。 老师："以身作则"的意思是什么？ 学生：要用自身的行为作孩子的榜样。（找汉语水平较低的学生回答） 老师：这种影响的发生是很明显的还是不明显的？请用一个成语来回答。 学生：潜移默化。 老师：家庭教育很重要，但实施起来却不能一蹴而就，不能一朝一夕就完成。"一蹴而就"的意思是什么？ 学生：做事很容易，一下子就能成功。 老师："一朝一夕"的意思呢？ 学生：时间短。 老师：大家回答得都特别好。最后总结一下： 习近平主席是一位非常重视家庭、家风、家教的领导人，他认为，"不论时代发生多大变化，不论生活格局发生多大变化，我们都要重视家庭建设，注重家庭、注重家教、注重家风"，"千家万户都好，国家才能好，民族才能好"。 实际上，这不仅符合中国的国情，也广泛适合于很多国家。未来，我们也将要建立家庭、为人父母，我们要勇于承担父母的重任，把下一代教育好，"给孩子讲好'人生第一课'，帮助扣好人生第一粒扣子"，因为它关系到个人的成长也关系到社会的发展。	在小结部分，对学过的内容进行总结，并引用习近平主席的论述，再次强调家庭的重要性。 方法：引用。

教学过程	思政要点
五、作业 （1）书面作业。完成课后练习第三题（阅读理解：选择正确答案）：1~14小题。 （2）预习课文的第二部分。 　①生词：27~38。 　②课文：第6段~第8段。 （3）思考"家和万事兴"的含义。 （4）对口语题目进行初步筛选，并试着写出"说明1""说明2"的中心句。	

附：板书

```
                     家庭是社会的细胞

开头：家庭与社会的关系
一、家庭是我们立足于社会的基础
正面："修身、齐家、治国、平天下"
反面："一屋不扫，何以扫天下？"
二、家庭是孩子的第一所学校
内容：思想道德、生活方式、人生观念
方式：以身作则、身教重于言教
特点：潜移默化
实施：既非一蹴而就，也非一朝一夕
```

附：课文全文

家庭是社会的细胞

社会是由千千万万个家庭组成的，家庭是社会的细胞。家庭文明状况不仅是社会文明状况的缩影，而且可以影响甚至改变社会风气，因此，良好的家庭关系与家庭风尚的形成与传承不仅能够给家庭带来幸福，而且能够利国利民，促进整个社会的繁荣与发展。

一、家庭是我们立足于社会的基础

一个人幸福与否，成功与否，在很大程度上取决于他的家庭。中国古代典籍《礼记》中有这样一段著名的话："古之欲明明德于天下者，先治其国；欲治其国者，先齐其家；

欲齐其家者，先修其身；欲修其身者，先正其心；欲正其心者，先诚其意；欲诚其意者，先致其知，致知在格物。物格而后知至，知至而后意诚，意诚而后心正，心正而后身修，身修而后家齐，家齐而后国治，国治而后天下平。"这一段话的意思是：古代想要在天下弘扬光明正大品德的人，先得治理好国家；要想治理好国家，先得管理好家庭；要想管理好家庭，先得修养品性；要想修养品性，先得端正思想；要想端正思想，先得使自己的意念真诚；要想使自己的意念真诚，先得获得知识，获得知识的途径在于认识、研究万事万物；通过对万事万物的认识研究才能获得知识，获得知识以后才能意念真诚，意念真诚后才能端正思想，端正思想以后才能修养品性，品性修养后才能管理好家庭，家庭管理好以后才能治理好国家，治理好国家以后天下就太平了。也即"修身、齐家、治国、平天下"。这个逻辑性很强的论断充分说明了"家庭是我们立足于社会的重要基础"这样一个道理。一个人如果家里的事都处理不好，你还能企望他对这个社会做出重要贡献吗？在这方面，古人还说了一句著名的话："一屋不扫，何以扫天下？"意思是连一间屋子都不打扫，怎么能够治理天下呢？强调的是一个人必须从一点一滴的小事做起，才能成就一番大事业。

良好的家庭环境可以培养一个人良好的品质，而这正是家庭给予每个成员最宝贵的财富，也是他们在社会中的立身之本。古有仁、义、礼、智、信，今有勤、孝、谦、和、思，二者相辅相成，让现代家庭更加美好：或家庭和睦，邻里友爱；或克勤克俭，勤劳致富；或本分做人，尽职做事；如此等等，不一而足。以上种种良好的品质都会使人终生受益，同时也会成为推动社会向前发展的取之不尽、用之不竭的宝贵财富。

二、家庭是孩子的第一所学校

家庭教育对孩子的成长起着举足轻重的作用。家庭是孩子的第一所学校，父母是孩子的第一任教师，家庭教育会影响孩子的一生。父母应以身作则，身教重于言教，对孩子的思想品德、生活方式、人生观念的培养起到榜样作用，他们的每句话、每种行为，甚至是看不见的精神世界，都会给孩子造成潜移默化的影响。因此在日常生活中，父母要注意自己的言行，通过身边一些具体的小事教育孩子，让他们在成长中学会为人处世，养成尊老爱幼的传统美德、遵纪守法的行为规范、乐观向上的生活态度等等。如果每个孩子都能具有健全的人格和良好的习惯，那将是孩子与社会的双重幸事。

对于孩子来说，家庭教育既非一蹴而就之事，也非一朝一夕之功，需要长期的熏陶与积淀。例如，父母要想培养孩子良好的行为习惯，就要用耳濡目染的方式：当孩子和小朋友在一起玩耍时，就要教育他们哪些行为是对的、哪些行为是错的，告诉他们可以做什么、不可以做什么。与此同时，还要让他们知道一些最基本的道理，如要有礼貌、不是自己的东西不能拿等等。当孩子逐渐长大了，父母应该教他们自己的事情自己做、自己的问题自己解决，如生活上自己收拾房间、学习上自己深入思考并学会质疑等等。要坚持培养孩子各方面的好习惯，进而让这些好习惯成为他们的自觉行为，这样孩子才能具备高尚的品德与情操，将来才能带给社会正能量，促进社会的进步与发展。

三、家和万事兴

中国从古至今都重视家庭关系与家庭风尚，认为家和万事兴，即家庭和睦才能兴旺发达。儒家经典《论语》中说："礼之用，和为贵。"和睦的家庭是人生的港湾，外面的世界很大，也很精彩，充满了各种各样的机遇与诱惑，在外面的世界你需要竞争与拼搏。当你在外面奔波操劳过后，回到家里就像倦鸟归巢一样，可以获得身体上的休息与精神上的放松。家庭是我们得以休憩的港湾，包括身体的休憩与心灵的休憩。在家中，一碗饭、一壶茶、一声问候、一阵细语就能缓解疲惫，把烦恼关在门外，老板的训斥、工作的繁重、客户的刁难等等都会烟消云散。当你第二天迎着太阳走向工作岗位时，你又将热情洋溢，精力充沛。

家庭是人生的港湾主要是针对个人而言的。从全社会的角度来说，家风具有更重要的意义。家风是社会风气的基础，一个家庭能够把先辈留下来的良好思想品德和生活方式继承下来并发扬光大，是造福当代、惠及后人的大事，对今天的社会风尚和未来的社会发展有着不可估量的作用。例如，"青少年对于社会是否认同，以及是否有亲社会意识和社会责任感，与社会是否繁荣与稳定密切相关，而在此方面家庭的作用至关重要。家庭可以塑造子女的心理特征，传递一套规范和价值，它对子女的生活习惯、行为、态度、信念的作用是其他任何机构都不能比拟的，其中对于国家与民族的认同和忠诚，直接关系到社会的繁荣与稳定，也关系到子女亲社会观念和行为的养成。于是，家庭的价值又有了新的内涵。总之，稳定、和谐、功能正常的家庭是社会繁荣的根本，也是增强国家综合实力的基石。"[①]——这是家和万事兴之大义，是我们必须要重视和付诸行动的。

综上所述，家庭既是我们立足于社会的基础，也是孩子的第一所学校。家和万事兴是亘古不变的道理，家庭是社会的细胞，让我们都来关注家庭文明建设，让每个家庭都给社会带来一片温馨、一片祥和，这样我们的社会才会更加美好。

[①] 孟宪范（2008），《家庭：百年来的三次冲击及我们的选择》，《清华大学学报》（哲学社会科学版）第3期。

当代中国话题——《什么是真正的财富》

一、课程总览

【课程名称】当代中国话题。

【课程类型】必修课（经贸方向学生除外）。

【课程目标】"当代中国话题"是一门将语言教学与文化理解结合在一起的课程，因此其课程目标可从语言技能训练和文化理解两方面来设定。

在语言技能方面，课程以当代中国的热门话题（比如读万卷书行万里路、城市情调空间、身心健康、大学生就业、中国家庭、财富观等）为对象，兼顾高级阅读和高级口语表达。"读"与"说"并重，以"读"导入并充实"说"，以"说"检验并深化"读"，力图培养学生高层次的阅读与口语表达能力。

在国情文化方面，学生可以通过热门话题的阅读与口语表达，全面了解中国社会。

【教学对象】四年级本科留学生。

【学时】每周 4 课时。

【教学安排】每个话题包括两部分：阅读与口语表达，平均用时 8 课时。在阅读阶段，学生通过阅读当下国内主流媒体的新闻报道，一方面可以加深对中国社会的了解，另一方面可以提升汉语新闻的阅读能力；在口语表达阶段，学生须使用正式语体进行高级口语表达（主要形式：讨论、演讲和辩论），要求观点明确、结构合理、条理清晰、逻辑性强、表达流畅。教师针对学生的口语表达进行讲评，并提供相关建议。

【教学方法】讲授、问答、讨论。

二、课程思政教学目标

当代中国话题课既是一门语言技能课，也是一门中国国情课，因此，本课程思政内容主要体现在话题内容方面。下面将以《什么是真正的财富》为例，分析这一课的课程思政教学目标。

（1）树立正确的金钱观。首先，要正确看待金钱在生活中的地位，即"钱不是万能的，而没有钱是万万不能的"，反对"拜金主义""金钱至上"的观点。其次，获得财富的途径需要是正当的，做到"君子爱财取之有道"。鼓励人们通过自己的劳动诚实合法地获得财富，反对不劳而获，更不能获取不义之财。再次，学会正确使用金钱，反对肆意挥霍，更不能违法乱纪。

（2）建立正确的生态观。自然界的资源、能源、生物多样性都是人类赖以生存的环境与条件，通过教学应使学生进一步理解保护资源、合理使用能源的必要性，真正理解习近平总书记提出的"绿水青山才是金山银山"的生态理论。

（3）树立正确的幸福观。首先，幸福是一个总体性的范畴，是人的主观性感受；其次，实现幸福离不开一定的物质条件，但又不完全取决于物质。幸福的来源各种各样，但要肯定通过自己奋斗而创造幸福的观点。

（4）树立正确的时间观。时间最为公平且有不可逆性的特性，因此，我们应该珍惜时间，不要虚度青春。

（5）树立正确的快乐观。应该在奋斗中、平淡中寻找快乐，反对享乐主义（即把享乐作为人生目的，主张人生的唯一目的和全部内容就在于满足感官的需求与快乐的思想观念）。

（6）树立正确的朋友观。认识朋友的重要性，并珍惜真正的朋友。

三、课程思政教学重点和难点

（一）课程思政教学的重点

（1）树立正确的金钱观。首先，在当下社会，人们对物质的追求愈演愈烈。教师需要在教学过程中帮助学生正确认识物质财富在生活中的作用，切忌为了追求物质财富而忽视更高层次的精神追求。其次，强调金钱获得途径的合法性与正当性，形成勤劳致富的观念。最后，金钱的使用也要合理合法。

（2）建立正确的生态观。自然界的资源、能源、生物多样性，都是人类赖以生存的环境与条件，然而随着人类活动尤其是工业的快速发展，地球变暖和极端天气气候事件频发，生物物种多样性也受到了挑战。因此我们应该学会合理地使用能源、善待我们的环境，"绿水青山才是金山银山"。

（3）树立正确的快乐观。快乐是人生追求的目标之一，但应正确看待快乐。快乐在较多情况下是一种表面的、暂时的情绪，往往跟物质上的获得或者他人的出现有很大关系。目前在很多国家的年轻人当中，及时享乐盛行，忧患意识缺乏。因此，通过课文相关内容的学习，学生应树立正确的快乐观。

（二）课程思政教学的难点

荀子的"荣辱观"。

作者在讲"君子爱财，取之有道"时，引用了《荀子·荣辱篇》来解释其中的"道"。"道"本属于道德概念，加之《荣辱篇》为古代汉语，这给现代汉语水平还比较有限的留学生带来了一定的学习困难。"荣""辱"实质上是对"利义之辩"的延续，先义而后利者荣，先利而后义者辱。但"义"又是什么？道义、正义、侠义……"义"仍然是道德上的概念，在这里，只有把"义"理解为正义，才能准确理解传统文化的精髓。

四、课程思政教学方法和过程

《什么是真正的财富》教案

(以第一次课为例,2 课时,阅读课)

教学过程	思政要点
一、引入 老师:什么是财富? 学生:财富是指有价值的东西。 老师:那么,在你心目中,什么才算是财富呢? 学生:(答案可能五花八门)金钱、时间、资源、良好的心态、自由、梦想、健康…… 老师:对于不同人而言,对财富的理解也是有差异的。但在现实生活中,人们往往或者更容易将财富理解成什么? 学生:金钱。 老师:金钱应该是财富之一,但财富又不仅仅指金钱。今天我们的话题就是探讨一下金钱这种财富。	
二、生词 1. 齐读生词 津津乐道、外延、当下、困窘、驾驭、鄙夷、偏见、无可厚非。 2. 重点讲解 (1)津津乐道:形容非常感兴趣地一直在谈论。 津津:兴趣浓厚的样子。 例:①她对服装设计非常感兴趣,一提到时装表演就津津乐道。 ②看得津津乐道(这是一个错误的说法,此处注意区分"津津乐道"和"津津有味"的含义及使用) (2)无可厚非:不可过分责难的,指说话做事虽有缺点,但是可以理解或原谅。 例:年轻人都喜欢网购,如果没有超出自己的经济实力,也无可厚非。	
三、课文 说明:课文讲解按段进行,学生先读,然后根据阅读提示来回答问题,理解课文内容。 第 1 段 老师:请同学们用 50 秒的时间快速阅读第 1 段,回答(展示 PPT): (学生阅读第 1 段) 第 1 段(50 秒) 1. "津津乐道"是什么意思?人们对什么话题津津乐道? 2. 财富观的形成一般跟哪些因素有关?	

续表

教学过程	思政要点
老师：首先，"津津乐道"是什么意思？ 学生：形容非常感兴趣地一直在谈论。（指定汉语水平稍差一点的学生回答，因为生词部分刚刚讲过，所以问题难度较小） 老师：那么，人们对什么话题津津乐道、很感兴趣呢？ 学生：财富。（齐答） 老师：什么是财富？ 学生：财富指的是具有价值的东西。 老师：是的，这是"财富"的内涵，也就是它的概念。但"具有价值的东西"很多，大家能举例说明吗？ 学生：物质财富，比如车、房子；自然资源，比如水、空气；精神财富，比如幸福、快乐、亲情、友情、爱情等。 老师：这些回答非常好。这些就是"财富"的外延，外延指的是某一个概念所指向的具体事物。 知道了"财富"的内涵和外延之后，我们就来说一说，一个人的财富观的形成跟哪些因素有关？ 学生：社会环境、教育背景、家庭情况、个人因素。 老师：为什么说财富观的形成跟社会环境有关呢？ 学生：比如整个社会都比较看重钱，夸大钱的作用，唯利是图，那么我们就容易形成财富就是金钱的财富观；相反，如果整个社会都比较朴素，大家赚钱也比较本分，那么我们获得财富的时候也就不容易有违法的现象发生。 老师：为什么说财富观的形成跟教育背景有关呢？ 学生：学历低的人往往会把财富狭义地理解为金钱，而受过更高层次教育的人往往会意识到，除了金钱还有很多有价值的东西，比如健康、时间、幸福，等等。 老师：为什么说财富观的形成跟家庭情况有关呢？ 学生：家庭的经济状况会影响一个人的财富观念，比如经济条件不好的家庭对财富的理解往往是物质类的东西，金钱、房子，等等，因为这些物质条件还没有得到完全满足，所以他们首先想满足这些物质需求；而相比之下，经济条件好的家庭对金钱就不会十分在意了，因为他们想要什么就有什么，他们可能会去追求物质之上的精神层面的东西。 老师：为什么说财富观的形成跟个人因素有关系呢？ 学生：比如，对于一个癌症患者来说，健康可能是最有价值的东西；对于失去亲人的人来说，亲情可能是最有价值的东西；对于错失良机的人来说，时间或机会可能是最有价值的东西……财富观是因人而异的。 老师：大家理解得都非常到位。下面我们就先来关注一下人们最常提到的一类财富——物质财富，尤其是金钱。 **课文的第一个小标题：君子爱财，取之有道** 老师：（展示PPT）请大家读文章的第一个小标题。	财富观的形成受外因和内因的共同影响。 方法：问答。

续表

教学过程	思政要点
一、君子爱财，取之有道  学生：君子爱财，取之有道。 老师：大家听说过这句话吗？它是什么意思？ 学生：君子喜欢钱财，有他自己的道理。 老师：请大家注意这里的"君子"和"道"的含义。 　"君子"是谁？是你、我、他吗？如果想理解"君子"的含义，就要从中国传统文化讲起。"君子"的本义是"君之子"，是统治者的儿子，是阶级概念。由于有地位的人往往能够接受好的教育，有高尚的品德，因此，"君子"一词从阶级概念逐渐演变成道德概念，指的是道德高尚的人，与"小人"（即道德不高尚的人）相对。这句话是说，不仅是普通人喜欢钱财，道德高尚的君子也喜欢钱财。 　那么，"道"又是什么意思呢？"道"的本义是道路，但在这里指的是获得钱财的途径是正当的。因此，"君子爱财，取之有道"的含义是什么呢？ 学生：道德高尚的人虽然也喜欢钱财，但要用正当的方法获得。 老师：非常好！这一节我们将对金钱的地位、获得金钱的途径以及怎么正确使用金钱进行探讨。 **第 2 段** 老师：请同学们用 50 秒的时间快速阅读第 2 段，理解（展示 PPT）： （学生阅读第 2 段） 　　第 2 段（50 秒） 　1. 理解"钱不是万能的，而没有钱是万万不能的"的含义。 　2. 理解"金钱至上"的含义。 　3. 这一段的主要观点是什么？ 老师：怎样理解"物质财富是我们生活的基本保障"？ 学生：没有物质财富和金钱，我们就无法正常地生活，包括吃、穿、住、用、行等。 老师：因为金钱在生活中很重要，所以，有时有人会把金钱的多少当作衡量一个人是否成功的标准。对于成功的标准，可能不同的人会有不同的认识，你认为成功的标准是什么呢？	引导学生认识中国传统文化中包含着的精神财富。 方法：讲解。

续表

教学过程	思政要点
学生：赚很多钱、出名、有权力、取得成果、为社会做出了贡献…… 老师：或许钱的多与少可以在一定程度上反映一个人成功与否，因为成功的人往往拥有更多的金钱，比如马云，而失败的人往往拥有的钱财比较有限，但如果仅仅从金钱的角度来衡量是否成功，就有点狭隘了。 　　下面，我们来探讨一下"钱不是万能的，而没有钱是万万不能的"。首先，"钱不是万能的"是什么意思？ 学生：不是任何事情都能用钱买到。 老师：为什么"钱不是万能的"？也就是说，哪些东西是钱买不到的？ 学生：亲情、友情、爱情、时间、健康…… 老师：虽然有些东西是金钱买不到的，但没有钱行不行呢？ 学生：不行。 老师：课文中是怎样表达的？ 学生："没有钱是万万不能的"。 老师：在"钱不是万能的，而没有钱是万万不能的"这句话中，作者强调了前半句还是后半句？ 学生：后半句，即钱在生活中很重要。 老师：下一个问题是"金钱至上"是什么意思？ 学生：金钱最重要。 老师：非常正确！"至上"表达的是"最重要"的意思。"金钱至上"就是一个人最看重金钱，相信钱是万能的。那么，我们管那些崇拜金钱的人叫什么？ 学生：拜金主义者。 老师：非常好。现在请大家概括这一段的主要内容。 学生：金钱很重要。 老师：非常好。金钱在生活中如此重要，那么，我们应该怎么获得金钱呢？能不能去偷？去抢？ 学生：不可以。 老师：如果不可以，那么我们应该怎么去获得金钱呢？请用今天学过的一个句子来表达。 学生：君子爱财，取之有道。 老师：是的。下面学习课文第3段。	正确看待金钱在生活中的地位和作用。 方法：问答。
第3段 老师：请同学们用1分30秒的时间快速阅读第3段，并理解（展示PPT）： 　　（学生阅读第3段） 　　 　　第3段 　　1. 理解"君子爱财，取之有道""荣者常通，辱者常穷"的含义。 　　2. 理解《荀子》的荣辱观。 　　3. 概括这段话的主要观点。	通过了解中国传统文化中的义利观，来树立正确的荣辱观。 方法：讲解。

续表

教学过程	思政要点
老师："君子爱财，取之有道"是什么意思？ 学生：君子虽然喜欢钱财，但要用正当的方法获得。（可指定一位汉语水平不高的学生来回答） 老师：那么，什么样的方法是正当的方法呢？ 学生：诚实的，合法的。 老师：是的！这些都是正当的方法。关于正当与不正当，在中国传统文化中也有相关的论述。在中国传统文化中，儒家思想的代表人物荀子在其作品《荀子·荣辱观》一文中，提到的"荣"就是正当的方法。下面我们集中来读懂荀子的"荣"和"辱"。 首先来看"荣辱之大分，安危利害之常体"，它是什么意思？ 学生：荣与辱的最大区别，要根据一个人对安危利害的态度来判别。 老师：那么，什么是荣，什么是辱呢？ 学生：先义而后利者荣，先利而后义者辱。 老师：它的意思是什么？ 学生：把道义放在首位然后再考虑利益的是光荣的，把利益放在首位然后再考虑道义的是可耻的。 老师：是的。我们可以根据"利""义"的优先顺序来判定什么是"荣"和什么是"辱"。下面结合两个现实场景来加以理解。首先看图片1，事件发生在哪儿？里面的孩子怎么了？大人是怎么做的？根据漫画内容来判断其中岸上的人的行为是否是正义的行为？  学生：在河边，一个孩子落入了水中，大人看到后准备跳入水中救孩子。 老师：你认为大人的做法属于"荣"还是"辱"？ 学生：荣。 老师：对，这是荣的表现，是一种正义的行为，是符合道义的行为。那么，请大家想象一下，如果施救者等孩子家长先答应给他报酬然后再去施救，你认为这种做法是荣还是辱？ 学生：辱。 老师：再来看图片2，事件发生在哪儿？ 学生：公交车、地铁的车厢。 老师：里面这个人（老师指向小偷）在做什么？	

续表

教学过程	思政要点
学生：偷别人的东西。 老师：如果你看到了这样的事情，你会怎么做？ 学生：让小偷停止。 老师：对，如果制止小偷的行为，就是"荣"；那么，看到这种不好的事情发生，先想到的是：如果我去制止时，小偷拿刀要刺我怎么办？那么，这种做法还是"荣"吗？ 学生：不是荣，是辱，因为他首先考虑的是自己的利益。 老师：是的。对于金钱的获得又何尝没有荣与辱的区分呢？比如，一个人在路上走，看到地上有一捆钱，这时怎样做才算是"荣"？怎样做算是"辱"呢？ 学生：偷偷地将钱捡起来放到自己口袋里，是"辱"。 老师：怎样做才算是"荣"呢？ 学生：在那等主人出现或交到附近的派出所，请警察发布招领启事。 老师：以上我们结合例子理解了"荣"与"辱"以后，下面来看一看"荣"与"辱"的结果有什么不同。 学生：荣者常通，辱者常穷。 老师：它的意思是什么？ 学生：荣者处处通达，辱者处处困窘。 老师：非常正确！但请大家注意"通"与"穷"的含义。在古代汉语中，"贫"与"富"是一对词，表达的是是否有钱的问题；"通"或"达"与"穷"是一对词，是人的道路能不能走得通、走得顺的问题。"通"就是通达，就是做事行得通，走得通的意思，强调做事顺利；"穷"表达的则是做事行不通，走不通，也就是处处碰壁，课文中使用了"困窘"这个词来表达"穷"的意思。 "通者常制人，穷者常制于人，是荣辱之大分也。"它的意思是什么？ 学生：通达者可以驾驭别人，困窘者则受制于人。 老师：这又是什么意思呢？"通达者可以驾驭别人"，表达的是，通达的人可以让别人服从自己的意志，听从自己的安排，而处处困窘的辱者则常常被别人安排，即听从别人的意志。"是荣辱之大分也"这是什么意思呢？ 学生：这就是荣与辱的根本区别。 老师：是的。注意这里的"是"是"这"的意思，指代的是"通者常制人，穷者常制于人"。 最后请同学们概括这一段的主要观点。 学生：要想获取财富，必须通过正当的手段。 老师：正确。通过正当手段得到财富才是"荣"，"荣"才会处处通达。相反，那些获得不义之财的人，比如制造假货欺骗消费者的人早晚都会遇到麻烦或遭到法律的制裁。 以上通过引用《荀子·荣辱观》来进一步强调：获得财富应该要正当。下面看一下当下人们是怎样认识财富的获取方式的。	金钱的获得途径一定要正当、合法。 方法：讲解。 从正面引导学生要通过合法的手段诚实致富。 方法：问答。

续表

教学过程	思政要点
第 4 段 老师：请同学们用 1 分 50 秒的时间快速阅读第 4 段，理解（展示 PPT）： （学生阅读第 4 段） 　　　　　　　　　第 4 段（1 分 50 秒） 　1. 理解"阳光富豪"的含义。 　2. 找到廖庆宁、记者、文章作者各自的观点。 老师：这一段包含三个人的观点，分别是廖庆宁、记者和文章作者。首先，大学生廖庆宁对财富的获得方式这一问题持什么观点？ 学生：我们尊重那些靠智慧和经验抓住机遇的人，尊重那些靠合法手段诚实致富的人，而对那些为达到积聚财富的目的采用不公平和不光彩手段的人，我们一向持鄙夷的态度。 老师：廖庆宁认为应该怎么获得财富？你怎么理解？（可以举例子） 学生：靠合法手段诚实致富。 老师：他反对什么？你怎么理解？（可以举例子） 学生：采用不公平和不光彩的手段来积聚财富。 老师：再看记者的观点。记者在廖庆宁观点的基础上，进一步提出了什么观点？ 学生：随着市场化改革的推进，中国还将出现更多富人。一个明智的社会应该为致富提供更宽松的空间，让财富的源泉真正涌流。我们期待有更多富人能成为"阳光富豪"，毕竟人们并不仇视财富，鄙视的只是那些不光彩的财富。 老师：市场化改革，必然会引发人们对物质金钱的追求，因此，富人会越来越多。社会应该为人们获取财富提供更多的途径，让人们的物质更加丰富。 "阳光富豪"是什么意思？ 学生：赚更多的钱。 老师："富豪"是拥有很多财富的人。因为不光彩的一切在阳光的照耀下都将无法藏匿，所以这里的"阳光"强调的是正当合法的方式。"阳光富豪"指的是什么？ 学生：通过正当合法的方式来积累财富的人。 老师："毕竟人们并不仇视财富，鄙视的只是那些不光彩的财富"，意味着财富本身并没有什么错，人们只是看不起那些不通过正当手段获得的财富。 　　最后，再来看本文作者的观点。作者在记者调查的基础上，进一步提出了自己的观点，他是怎样看待财富的获得方式的？ 学生：人们对财富本身并无偏见，但对获取财富的方式却相当重视，因为它可以表明一个人是否具有良好的品德、一个社会是否足够公正。 老师：获得财富的方式能够反映一个人是否有良好的品德，一个社会是否足够公正。比如：通过正当的手段合法致富的人，一般是具有良好品德的人；有的人靠自己的劳动辛辛苦苦赚钱，有的人却在社会上不劳而获（即：不劳动就可以获得。现多指自己不劳动，而占有别人的劳动成果），这也是社会不够公正的体现。	结合财富的获得途径，让学生了解中国相关的法律规定。 方法：讲解。

续表

教学过程	思政要点
（展示PPT）请结合以下图片，说明哪些获得财富的方式是不合理、不正当的？  学生：（根据图片内容，依次回答）偷、抢、贩卖毒品、赌、拐卖人口、贪污。 （注意：在学生回答问题时，需要对赌博和毒品进行解释，因为在有些国家，赌博是合法的，对于毒品的认定也与中国不同，但此处应该强调在中国大陆范围内对于赌博收入与制贩毒品行为的相关处罚，使学生了解中国法律，避免触犯中国法律。） **第 5 段** 老师：请同学们快速阅读第 5 段，理解（展示 PPT）： （学生阅读第 5 段） 第 5 段（20 秒） 1. 重点词语："无可厚非"。 老师："简言之"是什么意思？什么时候使用？ 学生：简单地说，在归纳前面内容时使用。 老师：正确。"想要获取财富无可厚非，但获取财富的方法必须是正当的、合理合法的。"这里，"无可厚非"的意思是什么？ 学生：没有什么值得过分批评的。 老师：也就是，想要获得财富并没有大问题，不值得过分去批评，但获得财富的方法一定要正当、合理合法。 最后，作者强调"还应当正确地使用财富"，这要求我们获得了财富以后应该怎么做？获得财富以后可不可以肆意挥霍，或者去做违法乱纪的事情呢？ 学生：合理、正当地使用。不能肆意挥霍或者做违法乱纪的事情。 老师：大家认识下面的两位富豪吗？（展示 PPT：比尔·盖茨、马云两幅图片） 学生：认识，是比尔·盖茨和马云。 老师：他们获得财富以后，是怎么做的？他们创办基金会，投身公益事业，实现了他们对社会的关爱。现在假设你是富豪，你会怎么分配和使用你的财富呢？下面请分组讨论并汇报讨论结果。	引导学生对财富的使用要做到合理、合法。 方法：讲解。 通过对财富分配的讨论，引导学生树立扶危济困的信念，为社会为人类贡献自己的力量。 方法：讨论。

续表

教学过程	思政要点
假如你是富豪，你会怎么使用财富？  （学生3~4人一个小组，互相介绍自己的想法，最后由学生自由主动表达） 学生1：满足自己和家人的需求。 学生2：在满足自己和家人需要的基础上，拿出更多的钱去帮助非洲的孩子。 学生3：我愿意拿出钱来改善自己国家的医疗，建孤儿院，让孤儿健康地成长。 学生4：我想把钱用于医疗医药的研发，让人们远离痛苦，包括艾滋病等等。 …… 老师：大家谈的都非常好，希望大家能够正确获得财富、使用财富，让财富化为真正有价值的东西，让人们生活得更加美好。	
四、课堂小结 老师：财富是一个人们非常感兴趣去谈论的话题，大家可以用哪个成语表达这个意思？ 学生：财富是人们津津乐道的一个话题。 老师：关于什么是真正的财富，不同的人往往有不同的答案。今天讲的课文的第一部分是将财富理解为哪个层次的财富？ 学生：物质财富，尤其是金钱。 老师：关于金钱，作者是从哪三个角度来论述的？ 学生：从金钱在生活中的作用、金钱的获得途径、金钱的使用这三个方面来论述的。 老师：关于金钱在生活中的作用，我们可以用今天学过的哪句话来概括？ 学生：金钱不是万能的，而没有钱却是万万不能的。 老师：它是什么意思？ 学生：金钱不是什么都能买到的，但没有钱却也是不可以的。 老师：关于金钱的获得途径，我们可以用哪句话来概括？ 学生：君子爱财，取之有道。 老师：它是什么意思？ 学生：君子虽然喜欢钱财，但要用正当的方法获得。 老师：你怎么理解这里的"正当"的意思？即当下社会，我们提倡的获得财富的方法是什么？ 学生：靠合法手段诚实致富。	再次强调文章的观点，引导学生树立正确的金钱观。 方法：问答。

续表

教学过程	思政要点
老师：获得了财富以后，我们在使用财富时要注意什么？ 学生：正确地使用财富。 老师：在整个社会都在往"钱"看的时候，希望我们能够保持冷静的头脑，正确看待物质财富，树立正确的金钱观念。今天的课我们就学到这。	
五、作业 1. 书面作业 请完成课后练习第三题（解释划线的词语）：1~8 小题。 2. 预习课文的第二部分 （1）生词：9~24 （2）课文：第 6 段~第 10 段 3. 查资料并思考 为什么说自然资源是真正的财富？	

附：板书

财富观漫议

什么是财富？津津乐道
一、君子爱财，取之有道
1. 金钱的重要性：金钱不是万能的，而没有钱是万万不能的。
反对：金钱至上
2. 获得金钱的方法：君子爱财，取之有道。
希望：阳光富豪
3. 金钱的起个头：正当的

附：课文全文

财富观漫议

　　在当代社会，财富一直是人们津津乐道的话题。的确，我们的生活离不开财富，财富也可以让我们拥有更加精彩的人生。然而，财富的内涵到底是什么？它又可以拓展出多少外延？由于每个人的社会环境、教育背景、家庭情况、个人因素皆不相同，因而形成了不同的财富观，有关财富的问题也产生了数不清的答案。那么我们就探讨一下，当下人们主要的财富观有哪些。

一、君子爱财，取之有道

说到财富，人们首先会想到金钱、房产等等。毫无疑问，物质财富是我们生活的基本保障，有时甚至是衡量一个人是否成功的标准，就像电视剧《编辑部的故事》里一句广为流传的台词所说的那样："钱不是万能的，而没有钱是万万不能的。"在当代社会，即使你不持"金钱至上"的观点，也不可否认钱的重要性。

然而，中国有句俗话："君子爱财，取之有道。"意思是君子虽然喜欢钱财，但要用正当的方法获得。《荀子·荣辱》曰："荣辱之大分，安危利害之常体。先义而后利者荣，先利而后义者辱；荣者常通，辱者常穷；通者常制人，穷者常制于人，是荣辱之大分也。"这段话的意思是：荣与辱的最大区别，要根据一个人对安危利害的态度来判别；把道义放在首位然后再考虑利益是光荣的，把利益放在首位然后再考虑道义是可耻的；荣者处处通达，辱者处处困窘；通达者可以驾驭别人，困窘者则受制于人，这就是荣与辱的根本区别。由此可见，要想获取财富，必须通过正当的手段。

曾经有记者调查过中国年轻人的财富观，"中国年轻人对财富的看法反映了人们财富观的变迁。广西一位叫廖庆宁的大学生说：'我们尊重那些靠智慧和经验抓住机遇的人，尊重那些靠合法手段诚实致富的人，而对那些为达到积聚财富的目的采用不公平和不光彩手段的人，我们一向持鄙夷的态度。'随着市场化改革的推进，中国还将出现更多富人。一个明智的社会应该为致富提供更宽松的空间，让财富的源泉真正涌流。我们期待有更多富人能成为'阳光富豪'，毕竟人们并不仇视财富，鄙视的只是那些不光彩的财富。"[①]由此可见，人们对财富本身并无偏见，但对获取财富的方式却相当重视，因为它可以表明一个人是否具有良好的品德、一个社会是否足够公正。

简言之，想要获取财富无可厚非，但获取财富的方法必须是正当的、合理合法的，更进一步说，还应当正确地使用财富。

二、我们只有一个地球

说到财富，就不得不提环境保护，因为在很多时候，我们的财富是以破坏自然环境为代价获得的。目前，世界上的许多国家都在致力于发展经济，以提高与国计民生相关的各个方面的水平，使国民能够获得更多的财富，生活得更幸福。然而在发展经济的过程中，必然会从大自然中攫取各种资源，环境问题也会越来越突出，尤其是近年来频繁发生各种自然灾害，如洪水、火山喷发、地震、泥石流、森林大火等等。其实，造成这些灾害的原因除了自然因素以外，也不乏人为因素，如滥砍滥伐树木、过度开采地下矿藏等等。

毫无疑问，人类在地球上生活，需要靠自然资源生息、繁衍，阳光、空气、水源、土地、森林、草原、动物、矿藏等都是我们生命的支撑。然而，随着社会经济的发展，这些自然资源或多或少地遭到了破坏。最令人痛心的是，有些资源是不可再生的，无节制地开采这些自然资源，实际上是在毁灭自己。

首先，自然界很多资源的形成需要漫长的时间，而消耗起来则是旦夕之间的事情。例

---

① 王雯，《当今人们需要怎样的财富观》，《经济日报》，2004 年 3 月 24 日。

如，天然气是一种相对洁净、有益于环保的优质能源，无毒少害易挥发，比重比空气轻，不易积聚成爆炸性气体，是比较安全的燃气，造成的温室效应也较低，能够有效地为经济发展提供能源。但天然气是各种有机质在各种地质作用下经过漫长的时间形成的，绝非像工厂制造产品那么速成，过度消耗会导致供不应求，而且还会对环境造成恶劣影响。

其次，大自然中的一切并不是都"野火烧不尽，春风吹又生"的，不可复制、不能再生的资源比比皆是。例如，一些动物的灭绝会导致某种遗传基因的丧失，这会破坏地球上原本比较合理的生物链，造成物种失衡，进而使地球的生态环境遭到根本性的破坏，其影响将是永远难以消弭的。

由此可见，在财富方面我们必须引入生态理念。"不同于仅将商品作为财富的狭隘观点，生态理念是将空气、水等非商品财富纳入其中，强调非商品财富对于经济可持续发展的重要意义。自然界是人类赖以生存和发展的物质基础，人类文明的延续得益于自然界的持续给养。长期以来，我们对自然界的索取带有严重的破坏性，造成的很多生态问题需要几代乃至十几代人的时间才能修复，而有一些甚至不可逆转。"我们只有一个地球，地球是全人类共同的家园，地球上的自然资源是人类最宝贵的财富，自然资源枯竭了，这个家园也就被毁坏了，我们如何生存，我们的子孙后代何以为继？所以从根本上说，自然资源是真正的财富。

三、财富的更高层次

物质财富与自然环境是我们赖以生存的基本保证，这一点是毋庸置疑的。我们追求丰厚的物质财富和优美的自然环境，终极目的是让生活更幸福。然而，"幸福不幸福本来就是一种主观性的感受，再加上人的个体也有差异：有钱人不一定有一个好胃，山珍海味未必吃得够香；没钱的人不一定身子骨羸弱，五谷杂粮也能吃得津津有味。您能比较硬板床和席梦思的幸福指数吗？那得看谁睡在上边。即使住进帝王式的宫殿，享受超豪华装修，睡在高科技大床上，如果患有失眠症，睁着眼睛等天亮，那滋味也不好受……人文科学并不是提倡安贫乐道，这个成语有个相对应的说辞，就是'满意的矛盾状态'，那是人们无法掌握自身命运时的一种无奈。同时，科学和现状都证明幸福还有其他来源。人生在世，只要无衣食之忧，幸福的空间就广阔了，各有各的活法。有的人以工作为乐，有的人以天伦为乐，有的人以跳舞、扭秧歌、看足球、下象棋、养宠物为乐。如果您信奉知足者常乐，那金钱的边际效应拿您一点儿没辙。吃饱饭拍拍肚皮，神游神侃神琢磨，古今中外寰宇任逍遥，那乐子就更多了。"从幸福的种种内涵与外延出发，如果我们进行更加深入的思考便会发现，财富也有种种内涵与外延，而且与每个人的人生观、价值观、世界观密切相关。

有的人认为健康是真正的财富，因为没有健康就没有一切。假设一个人拥有良好的生活条件，包括大量的金钱和豪华的房屋，但是如果他身体不好就无法享受如此优越的物质生活，更不用说相应的精神生活了。有一个十分形象的比喻：财产就像一连串的"0"，越多越好，但它前面如果没有那个代表健康的"1"，就真的等于"0"，什么都不是。

有的人认为快乐是真正的财富，因为快乐应该是人生的目的。有些人富起来以后反而觉得不如以前幸福了，因为赚钱不容易，往往压力大、烦恼多，而且欲望是无止境的，无论有多少钱都想赚更多的钱。这种情况说明，物质财富和幸福有一定关系，但不是绝对因素，有多少钱才能过得幸福并没有一定的标准。相反，有些人并不是十分有钱，但把生活安排得井井有条，该工作工作，该享乐享乐，每天都开开心心的，正如一句俗话所说：知足常乐。

有的人认为时间是真正的财富，因为时间稍纵即逝，一去不复返。中国有句俗话说得好："一寸光阴一寸金，寸金难买寸光阴。"意思是时间和黄金一样昂贵，然而黄金却难以买到时间，比喻时间十分宝贵，决不能浪费。当你回顾过去，觉得如果这样更好或者如果那样更好，就说明你没有把握住时间这个财富。从时间的意义上说，生活中没有"如果"。

有的人认为能力是真正的财富，因为能力可以让人获得想拥有的一切。很多人年轻时一无所有，但如果他们有能力并把它发挥出来，若干年后就可以成为一个有事业、有成就、有财富的人；而如果没有能力，他们的梦想就无法实现，若干年后依旧是一穷二白。当然，这里所说的能力包括知识、技能、经验等等，不是天生的，也不会一蹴而就，要靠自己的努力去获得。

有的人认为朋友是真正的财富，因为朋友可以在人们最艰难的时候伸出援手，帮助他们摆脱困境。比如，在生意场上良好的人际关系可以带来无限商机，就是现在人们常说的人脉。商场如战场，朋友越多，获得的帮助就越多，取胜的可能性就越大，所以说，朋友是真正的财富。

……

综上所述，财富既是一个永恒的话题，也是一个可以无限拓展的话题。什么是真正的财富？对于这个问题，不同的人会有不同的答案。有些人认为金钱、房子、汽车、珠宝是真正的财富，但也有些人觉得这种认识太肤浅了，自然资源才是真正的财富。更进一步说，财富还可以有更加深刻的内涵和更加广阔的外延，如健康、快乐、朋友等等。随着时代的变迁，人们的财富观也在不断发生着变化。

走进中国：中国国情和社会——《中国的民主政治》

一、课程总览

【课程名称】走进中国：中国国情和社会（Approaching China: Chinese Actual Situation and Society）。

【课程类型】通识课。

【教学对象】中高级或四年级上学期留学生。

【教学课时】每周2课时，一学期共32学时。

【课程学分】2学分。

【使用教材】自编讲义。辅助教材：《中国概况》，郭鹏、程龙、姜锡良编著，高等教育出版社，2011年版；《中国概况教程》，肖立编著，北京大学出版社，2017年版。

【课程简介】本课程以思政教育为目标，以提高国际学生的综合素养和学科视野为宗旨，全面介绍中国国情和社会，使学生能深入了解真正的中国，理解中国核心价值观，树立起正确、积极的中国观。鼓励学生对比中国和世界的情况，促进国际学生之间的互相沟通和交流。本课程致力于传播中国文化、提高学生的跨文化交际能力，鼓励学生运用科学、理性、批判和比较分析的方法去审视中国和世界。授课内容将习近平总书记治国理政思想系统地融汇于教学文本之中。课程通过视听说等多模态的输入和输出，以润物细无声的方式，让学生从多角度多方面立体化理解中国、认识中国，充分了解中国国情，知晓中国政府治国方略，成为具有中国视角、融通中外、具有国际传播能力的高水平国际中文人才。

【教学内容】本课程内容包括中国文化、中国人文地理、中国历史的重要人物和事件、人口和民族、中国的政治体制、中国经济发展的成就和问题、环境保护、教育改革、人民生活、"一带一路"、中国走向世界等。学生通过讨论、演讲、小组报告等形式参与课堂活动。通过对本课程的学习，既能加深学生对中国当前国情和社会的认识，又能切实训练学生的口语表达能力，同时提高学生在多元文化背景下的跨文化交际能力。

【教学目标】

（1）使学生了解中国国情国力最新信息和调查报告，直接掌握中国社会的第一手资料，拓宽学生在中国国情和社会方面的知识面，助其认识真正的中国。

（2）学生通过对习近平总书记治国理政思想的学习，知晓中国政府的治国方略和今后的发展方向，真正了解中国国情和社会，为将来从事和中国相关的政治、经济、文化、教育等工作起到积极的作用。

（3）通过线上线下的学习和语言实践活动，增强学生表述中国问题的能力。使其能够对中国国情有正确的理解和认识,有一定的分析和概括能力,能表达自己对最新国情的看法和观点,能够进行成功的跨文化交际。

二、课程思政教学目标

国际汉语教育的根本目标是"立德树人""培养通晓中国语言和文化的国际人才"。走进中国:中国国情和社会课程将《习近平谈治国理政》的核心要义融入课程内容中,使学生通过对中国国情和社会情况全面而深入的掌握来理解中国治国理念的基本内涵。用大量的事实和数据来展现中国特色社会主义道路自信、理论自信、制度自信和文化自信;介绍中国在全面建设小康社会、经济发展、科技进步、消除贫困、教育改革、文化繁荣、生活方式的转变等各方面取得的历史成就,在物质文明和精神文明建设方面取得的进步,以及在社会主义核心价值观的普及和提倡方面取得的成效。本课程对学生的知识积累、能力培养和未来发展有很好的促进作用。

三、课程思政教学重点和难点

(一)课程思政教学重点

本课程的教学重点是结合习近平总书记的治国理念介绍中国国情和社会。本课程在三年级"中国国情"知识内容的基础上,更全面更深入地探讨最新的中国国情、社会现象以及人民生活等各方面的话题。每一课的内容紧密结合当前的国内和国际热点问题,选择重点篇目、文本和视频,多角度多途径地展现中国真实的面貌和今后发展的方向。将课程内容和习近平总书记的治国理政思想融合起来,潜移默化地让学生理解中国领导人的治国方略,提高学生的站位,开阔其国际视野。学生通过国情报告、课堂讨论、演讲、短视频等多种形式参与课堂活动。通过本课程的学习,既能加深学生对中国当前国情和社会的进一步认识,又能切实提高学生的口语表达能力,培养未来知华友华爱华的国际人才。

(二)课程思政教学难点

最新的中国国情和社会热点包含的内容丰富,学生不容易把握。学生大部分在自己的国家参加网络学习,外国媒体对学生的影响有可能更大,有些外国媒体对中国的报道有负面的倾向性,因而如何减少国内媒体和国外媒体之间的巨大落差,是课程思政教学最大的难点。国情和社会方面专业的词汇和句式以及当前最新的政治经济文化用语,对学生认识中国非常有用,但同时也是不可避免的语言障碍。有的学生由于从小受母语环境的影响,对中国有刻板的印象和偏见,在上课的过程中有可能会对一些问题提出不同意见,也有可能会引发争议。这些都是中国国情思政教学的难点。

解决问题的方案如下:教师选择中外媒体的对比报道,从中分析新闻的倾向性,从而培养学生从多角度考虑问题的能力;学生要基于自己的学识和理性进行判断,而不是人云亦云；降低文本难度，简化语言点和知识点，列出学习要点、结构图、关键词；在条件许可的情况下组成留学生和中国学生的"一对一"交流小组，帮助留学生零距离和中国接触，减少刻板印象和偏见。

四、课程思政教学方法和过程

（一）教学方法

本课程的教学方法包括视频展示、课堂提问、课堂讨论、学生演讲。

本课程的学习形式是用视频和新闻作为每节课的引导，生动直观地展现当前中国的面貌，学生基于视频或新闻内容发表自己的看法。课堂上以学生为主体，充分发挥学生的积极性和主动性，鼓励学生表达自己的感想和看法。为了让学生对中国国情有更加深入的认识，要定期组织学生对热点话题展开讨论，鼓励开展中外国情对比。要求学生从权威媒体获取信息资源，利用媒体数据库、互联网查找资料，对新的社会现象做出理性的综合评价。

（二）教学过程

本课程教学过程包括视频展示最新国情和社会现象→教师提出问题→学生展开讨论→师生共同解决问题→学生展示自己的国情报告视频。师生互动，共同解决问题，是这门课的特点之一。把学生作为学习的主体，教师帮助学生分析问题、解决问题。充分利用互联网得到真实可靠的一手信息和资料，以中国的现实情况为参照了解更多国家的情况，通过对比分析体现中国的特点和社会发展趋势。学生在学期末的"国情报告"中以翔实丰富的最新国情资料为基础，提出问题进行分析讨论，最后阐述自己的观点和看法。

附：

《中国的民主政治》教案

（一）教学内容

中国的政治制度集中体现在宪法当中，主要包括国体、国家的结构形式、政体等内容。中国的国体是工人阶级领导的、以工农联盟为基础的人民民主专政的社会主义国家。中国的政体是人民代表大会制度，人民通过全国和地方各级人民代表大会行使自己管理国家的权力。中国的民主是全过程的民主。

（二）教学目标

（1）了解中国的政治制度。
（2）了解中国的人民代表大会制度。
（3）了解习近平总书记对民主政治的观点。
（4）学生就中国的民主展开讨论。

（三）教学对象

各专业具有中高级汉语水平的留学生。

(四)教学重点、难点

1. 教学重点

(1) 中国的政治制度。

(2) 中国的民主政治。

(3) 习近平总书记关于民主政治的思想。

2. 教学难点

(1) 政治制度的术语。

(2) 中国的民主政治。

(3) 如何引入习近平总书记的民主政治思想。

(五)教学时长

100 分钟,两节课。

(六)教学步骤

时长	教学内容	教学行为	思政要点
10 分钟	导入话题: (视频或图片) 中国的人民代表大会。 视频 1:中国领导人是怎样炼成的? 视频 2:有关"两会"的新闻报道。	(视频、图片、PPT 展示) 引导学生讨论: 1. "两会"指的是什么? 2. 人民代表大会的作用是什么? 3. 你们国家的政治体制和中国有什么不同?	《习近平谈治国理政》(第二卷):坚定对中国特色社会主义政治制度的自信。(第 285 页) 《习近平谈治国理政》(第二卷):推进协商民主广泛多层制度化发展。(第 291 页)
10 分钟	1. 中国政治制度的形成。 广义的政治制度,包括国家政权的阶级实质(即国体,指社会各阶级在国家中的地位)、国家的结构形式(即单一制还是复合制,指国家的整体与部分,中央政权机关与地方政权机关之间的关系)和组织形式以及为保证国家机器运行的一系列基本的具体的制度。狭义的政治制度则是指国家组织形式和结构形式以及政党制度、选举制度等各种制度。 最为集中和最高级别地体现中国政治制度的,是中华人民共和国宪法。	用视频或图片、PPT 展示中国的政治制度之后提问: 1. "广义"和"狭义"的意思是什么? 2. 中华人民共和国的一切权力属于谁? 3. 中国是单一制国家还是复合制国家? 4. 中国的中央政权机关和地方政权机关之间有什么关系? 5. 狭义的政治制度指的是什么? 6. 最集中、最高级别地体现中国政治制度的是什么?	《习近平谈治国理政》(第二卷):我们要坚定不移地走中国特色的社会主义政治发展道路,继续推进社会主义民主政治建设、发展社会主义政治文明。(第 285 页) 政治制度是用来调节政治关系、建立政治秩序、推动国家发展、维护国家稳定的。(第 286 页)

续表

时长	教学内容	教学行为	思政要点
30 分钟	2. 中国政体，是人民代表大会制度。 在中国，一切权力属于人民。人民行使国家权力的机关是全国人民代表大会和地方各级人民代表大会。所以，人民代表大会制度成为中国的根本政治制度。 各级人民代表大会的代表通过选举产生，对人民负责，受人民监督。代表中有各界、各地区、各民族、各阶级和阶层的代表人物。人民代表大会举行会议之际，代表能够充分发表意见，也可向本级政府及其所属工作部门提出质询案，受质询的机关必须负责答复。选民或原选举单位有权依照法律规定的程序，罢免自己选出的代表。 全国人民代表大会： 中国宪法规定："中华人民共和国全国人民代表大会是国家最高权力机关。"也就是说，所有的国家机关都必须服从于全国人民代表大会（简称全国人大）。 全国人大代表由省、自治区、直辖市人大和解放军选举产生，他们组成 35 个代表团。代表总数不超过 3000 人。全国 55 个少数民族都有本民族的代表。一个代表团或者 30 名以上的代表，可以向全国人大会议提出议案。 全国人民代表大会每届任期五年，五年改选一次。 全国人民代表大会的最高法律地位和职权，是通过行使最高权力来体现的。	（视频、图片、PPT 展示） 说明： 中华人民共和国宪法宣示了：在中国，一切权力属于人民。 提问： 人民行使国家权力的机关是什么？ 中国的根本政治制度是什么？ 各级人民代表大会的代表是怎么产生的？ 人民代表大会的代表有什么职责？ 如果人大代表不履行职责或者违法乱纪会有什么后果？ 练习题： 1. 中国宪法规定中国的最高权力机关是什么？ 2. 全国人大代表是怎么组成的？一共有多少个代表团？ 3. 全国人大代表在人数上有什么限制？对少数民族代表有什么要求？ 4. 在全国人民代表大会当中，可能有以下哪一个代表团？	《习近平谈治国理政》（第二卷）：各国国情不同，每个国家的政治制度都是独特的，都是由这个国家的人民决定的，都是在这个国家历史传承、文化传统、经济社会发展的基础上长期发展、渐进改进、内生性演化的结果。（第 286 页） 评价一个国家政治制度是不是民主的、有效的，主要看国家领导层能否依法有序更替，全体人民能否依法管理国家事务和社会事务、管理经济和文化事业，人民群众能否畅通表达利益要求，社会各方面能否有效参与国家政治生活，国家决策能否实现科学化、民主化，各方面人才能否通过公平竞争进入国家领导和管理体系，执政党能否依照宪法法律规定实现对国家事务的领导，权力运用能否得到有效制约和监督。 经过长期努力，我们在这些重点问题上都取得了决定性进展。我们废除了实际上存在的领导干部职务终身制，普遍实行领导干部任期制度，实现了国家机关和领导层的有序更替。（第 287 页）

续表

时长	教学内容	教学行为	思政要点
		（1）蒙古族代表团。 （2）妇女代表团。 （3）青岛代表团。 （4）解放军代表团。 5. 谁可以向全国人大会议提出议案？ 6. 人大代表的最长任期是多少年？ 7. 简要概述全国人大代表有哪些最高权力。 8. 在中国谁制定法律？ 9. 请说说中国的四个直辖市是哪里？ 10. 国家主席能决定战争与和平问题吗？ 11. 中国的国家机关最高领导人是怎么选举出来的？ 12. 全国人民代表大会每年都召开一次吗？ 13. 非会议代表可以旁听大会吗？ 14. 大会表决的原则是什么？ 讨论题：对比一下你们国家类似于人民代表大会的机构。	我们不断扩大人民有序参与政治，人民实现了内容广泛、层次丰富的当家作主。

（教学内容续）这些最高权力包括：①修改宪法，监督宪法的实施，制定和修改刑事、民事、国家机构和其他的基本法律。②审查和批准国民经济和社会发展计划和计划执行情况的报告，以及国家的预算和预算执行情况的报告。③批准省、自治区和直辖市的建置，决定特别行政区的设立及其制度。④决定战争和和平问题。⑤选举、决定最高国家机关领导人员，即选举全国人民代表大会常务委员会组成人员，选举国家主席、副主席，决定国务院总理和其他组成人员的人选，选举中央军事委员会主席和决定其他组成人员的人选，选举最高人民法院院长，选举最高人民检察院检察长。全国人民代表大会有权罢免上述人员。

全国人民代表大会全体会议，每年召开一次。大会全体会议公开举行，设有旁听席，决议通过表决，按少数服从多数的原则作出。

续表

时长	教学内容	教学行为	思政要点
20分钟	3. 全过程民主。 中国人民一直在寻找适合中国国情的民主道路。它的历史进程大体可以分为四个阶段：新民主主义革命时期、社会主义革命和建设时期、改革开放和社会主义现代化建设时期、中国特色社会主义新时代。 探索民主的道路是艰辛和曲折的。有一幅版画名叫《豆选》，是彦涵于1948年创作的。为了让不识字的农民也能参加民主选举，用投豆子的方式来进行，谁得的豆子多谁当选。 "豆选"就是拿豆子代替选票，在每个候选人后面放一个碗，然后老百姓如果赞成这个候选人，就把豆子投到这个碗里面。 这种民主形式是在书本里见不到的，也是在西方民主发展史上见不到的，但是这就是发生在中国的实践探索。 把整个人民民主看成是全链条、全方位、全覆盖的民主，不只是看选举民主，还要看选举之后，人民还能不能对选出来的代表进行监督，还有人民能不能有权利参与国家治理和社会治理活动，这就是人民民主全过程的特点，中国的民主是全覆盖的。 全过程人民民主最重要的是表现以人民为中心，人民性是全过程人民民主最鲜明的底色。 全过程人民民主，坚持选举民主与协商民主相结合，贯通民主选举、民主协商、民主决策、民主管理、民主监督等各个环节，涵盖经济、政治、文化、社会、生态文明等各个方面。	（视频、图片、PPT展示） 播放视频：《焦点访谈》2021年12月12日《民主，中国走好自己的路》。 观看视频后提问： 1. 为什么中国的民主道路要适合中国国情？ 2. 寻找民主道路的历史进程有几个阶段？ 3.《豆选》这幅版画上画的是什么内容？ 4. 画面中用豆子代替什么？ 5. 通过这幅画表达了什么理念？ 6. 为什么中国要实践探索自己的民主形式？ 如何理解"把整个人民民主看成是全链条、全方位、全覆盖的民主"？ 人民民主全过程的特点是什么？ "全过程人民民主"最重要的表现是什么？ 什么是"选举民主"？ 什么是"协商民主"？ 为什么说"全过程民主"涵盖经济、政治、文化、社会、生态文明等各个方面？	《习近平谈治国理政》（第二卷）：我们要坚持国家一切权力属于人民，既保证人民依法实行民主选举，也保证人民依法进行民主决策、民主管理、民主监督。（第290页） 社会主义协商民主，是中国社会主义民主政治的特有形式和独特优势，是中国共产党的群众路线在政治领域的重要体现。 协商民主是中国社会主义民主政治中独特的、独有的、独到的民主形式，它源自中华民族长期形成的天下为公、兼容并蓄、求同存异等优秀政治文化……（第291页）

续表

时长	教学内容	教学行为	思政要点
20分钟	4. 一切权力属于人民。 中国宪法明确规定，中华人民共和国的一切权力属于人民。为了有效保证人民当家作主，在70多年的实践探索中，中国形成了一整套与自身相适配且成效显著的社会主义民主政治制度，包括人民代表大会制度、中国共产党领导的多党合作和政治协商制度、民族区域自治制度、基层群众自治制度等。 目前，全国人大常委会法工委设立的立法联系点共有22个，覆盖全国三分之二的省份，辐射带动各省市区的市人大常委会设立的立法联系点近4800个。这些立法联系点一头连着老百姓，一头连着立法机关，让全过程人民民主落实到基层，被形象地称为立法的"直通车"。 义乌基层立法联系点已向全国人大上报意见建议936条，其中61条被吸收进反食品浪费法、安全生产法等法律中。 设立基层立法联系点，是在当代中国实行全过程人民民主的一种有效途径和渠道，继续推广和发展对于完善国家的制度体系和国家治理体系有非常大的作用。	（视频、图片、PPT展示） 视频：《焦点访谈》2021年12月22日《中国民主：广泛 真实 管用》。 中国的一整套社会主义民主政治制度包括哪些制度？ 1. 人民代表大会制度。 2. 中国共产党领导的多党合作和政治协商制度。 3. 民族区域自治制度。 4. 基层群众自治制度。 为什么立法联系点被称为立法的"直通车"？ 你认为"立法联系点"是不是应该大力推广？	《习近平谈治国理政》（第二卷）：实行中国共产党领导的多党合作和政治协商制度，实行民族区域自治，实行基层群众自治制度，具有鲜明的中国特色。这样一套制度安排，能够有效保证人民享有更加广泛、更加充实的权利和自由，保证人民广泛参加国家治理和社会治理。（第288页） 一个国家的政治制度决定于这个国家的经济社会基础，同时又反作用于这个国家的经济社会基础，乃至于起到决定性作用。 坚定中国特色社会主义制度自信，首先要坚定对中国特色社会主义政治制度的自信。（第288页）

续表

时长	教学内容	教学行为	思政要点
9分钟	民主是多样的,世界是多彩的。中国的民主,丰富了人类政治文明形态。占世界人口近五分之一的14亿多中国人民真正实现当家作主,享有广泛权利和自由,为人类民主事业发展探索了新的路径,为人类政治文明发展贡献了中国智慧。中国基于本国国情发展全过程人民民主,既有鲜明的中国特色,也体现了全人类对民主的共同追求。	(视频、图片、PPT展示) 总结中国民主的特点。 请学生谈一谈不同国家的"民主"。	《习近平谈治国理政》(第二卷):在全面深化改革进程中,要积极稳妥推进政治体制改革,以保证人民当家作主为根本。 发展社会主义民主政治,是推进国家治理体系和治理能力现代化的题中应有之义。 完善和发展中国特色社会主义制度、推进国家治理体系和治理能力现代化。(第289页)
1分钟	总结: 中国社会主义民主政治具有强大的生命力,中国特色社会主义政治发展道路是符合中国国情、保证人民当家作主的正确道路。	建议有能力的学生课后阅读《中国的民主》白皮书。	我们要坚持国家一切权力属于人民,既保证人民依法实行民主选举,也保证人民依法实行民主决策、民主管理、民主监督。——习近平